Konrad Hofer
Isabella Skrivanek
Milica Tomić

Migration und Lehre

„Ich habe mich für die Lehre entschieden, obwohl sie nicht so hoch angesehen ist."

Über die Ursachen der unterschiedlichen Nutzung des österreichischen Lehrstellenangebotes

AF795363

ÖGB VERLAG

Alle Angaben in diesem Band sind von den Autoren und vom Verlag sorgfältig erwogen und geprüft, dennoch kann eine Garantie nicht übernommen werden. Eine Haftung der Autoren bzw. des Verlages und seiner Beauftragten für Personen-, Sach- und Vermögensschäden ist ausgeschlossen.

Verlag des Österreichischen Gewerkschaftsbundes GmbH
Johann-Böhm-Platz 1
1020 Wien
Tel. Nr. 01/662 32 96-0
Fax Nr. 01/662 32 96-39793
E-Mail: office@oegbverlag.at
Web: www.oegbverlag.at

Umschlaggestaltung: Thomas Jarmer

ISBN 978-3-99046-150-1

Medieninhaber: Verlag des ÖGB GmbH, Wien
© 2015 by Verlag des Österreichischen Gewerkschaftsbundes GmbH, Wien
Hersteller: Verlag des ÖGB GmbH, Wien
Verlags- und Herstellungsort: Wien
Printed in Austria

Studien und Berichte

Migration und Lehre

Inhaltsverzeichnis

Abkürzungsverzeichnis

AHS	allgemeinbildende höhere Schule
AK	Arbeiterkammer
AMS	Arbeitsmarktservice
BHS	berufsbildende höhere Schule
BKS	Bosnisch/Kroatisch/Serbisch
BMHS	berufsbildende mittlere und höhere Schule
BMS	berufsbildende mittlere Schule
DIHK	Deutscher Industrie- und Handelskammertag
EU	Europäische Union
HAK	Handelsakademie
HAS/HASCH	Handelsschule
HGA	Hotel- und GastgewerbeassistentIn
HTL	Höhere Technische Lehranstalt
IBA	integrative Berufsausbildung
KMS	kooperative Mittelschule
PTS	polytechnische Schule
SPF	sonderpädagogische Förderungen
TGM	Technisches Gewerbemuseum (eine HTL in Wien)
ÜAZ	überbetriebliches Ausbildungszentrum (Vorarlberg)
ÜBA	überbetriebliche Ausbildung
WIFI	Wirtschaftsförderungsinstitut
WKÖ	Wirtschaftskammer Österreich

1. Einleitung

Allgemein geht die Bereitschaft von Jugendlichen, nach Abschluss der Pflichtschule einen Lehrberuf zu ergreifen, kontinuierlich zurück. Gab es im Jahre 2008 noch 39.145 Lehrverträge, fiel diese Zahl 2011 auf 35.638 und liegt 2014 bei 33.000. Haben 1980 noch 47 Prozent aller Jugendlichen eine Lehre begonnen, beträgt dieser Anteil 2014 nur mehr 38,8 Prozent. (Vgl. WKO-Lehrlingsstatistik) Aus Alltagserfahrungen und Berichten aus Berufsschulen fiel den für den Lehrstellenmarkt zuständigen Expertinnen und Experten der Kammer für Arbeiter und Angestellte ein vergleichsweise niedriger Anteil von Lehrlingen mit Migrationshintergrund auf. Die AK-Wien beauftragte daraufhin die Universität Krems, eine Studie zum Thema: „Jugendliche mit Migrationshintergrund in der Lehre – Strukturen, Barrieren, Potentiale" (Biffl, Skrivanek 2015) zu erarbeiten. Ein zweiter Auftrag erging unter dem Arbeitstitel „Lehre und Migration" an das außeruniversitäre Forschungsinstitut für qualitative Arbeits- und Lebensweltforschung – IQUAL (Hofer, 2015). Beide Arbeiten brachten interessante Forschungsergebnisse, die hier erstmals einer breiteren Öffentlichkeit zugänglich gemacht werden.

Die zentrale Frage beider Untersuchungen ist, welche Faktoren dafür verantwortlich sind, dass nur verhältnismäßig wenige Jugendliche mit Migrationshintergrund den Weg einer Lehrausbildung einschlagen (können). Die Relevanz dieser Frage leitete sich aus verschiedenen Strukturinformationen der Schulstatistik ab:

- Während im österreichischen Gesamtdurchschnitt 20 Prozent der Schüler und Schülerinnen eine andere Umgangssprache[1] als Deutsch haben und der Anteil an den Neuen Mittelschulen und Polytechnischen Schulen bei 28 Prozent liegt, sind es an den Be-

1) Die in der Schulstatistik erhobene Umgangssprache wird hier als näherungsweiser Indikator für einen Migrationshintergrund verwendet. Als Jugendliche mit Migrationshintergrund gelten jene, die gemäß Schulstatistik eine andere Umgangssprache als Deutsch haben, als Jugendliche ohne Migrationshintergrund gelten jene mit der Umgangssprache Deutsch.

rufsschulen nur zwölf Prozent. (Vgl. Biffl, Skrivanek 2015, 10/Abbildung 1)

- An den Polytechnischen Schulen wechselt nur ein gutes Drittel der Jugendlichen mit Migrationshintergrund nach der Polytechnischen Schule in eine Lehrausbildung, aber mehr als drei Viertel der Jugendlichen ohne Migrationshintergrund. 31 Prozent der Jugendlichen mit Migrationshintergrund bleiben ohne weitere Ausbildung gegenüber „nur" 17 Prozent der Jugendlichen ohne Migrationshintergrund. (Vgl. Biffl, Skrivanek 2015, 70/Abbildung 27)
- An den weiterführenden Schulen brechen Jugendliche mit Migrationshintergrund im Durchschnitt den eingeschlagenen Bildungsweg häufiger ab als Jugendliche ohne Migrationshintergrund. (Vgl. Biffl, Skrivanek 2015, 60f./Abbildung 26, 27)

Welche Gründe es für diese auffälligen Unterschiede gibt, welche Faktoren und persönlichen Motive dabei eine besondere Rolle spielen, waren weitere wichtige Fragestellungen. Bislang hatte sich keine Untersuchung spezifisch mit der Unterrepräsentation von Jugendlichen mit Migrationshintergrund in der Lehrlingsausbildung befasst und über Perspektiven der Jugendlichen und ihrer Familien zur Lehrlingsausbildung war wenig bekannt. Vor diesem Hintergrund wurde das „Institut für qualitative Arbeits- und Lebensweltforschung" (IQUAL) von der AK-Wien beauftragt, eine interviewbasierte Studie durchzuführen. An diesem Forschungsprojekt beteiligte sich auch die AK-Vorarlberg, wo es nach Wien im Vergleich zur Gesamtbevölkerung den zweithöchsten Anteil von Jugendlichen mit Migrationshintergrund gibt. Insgesamt wurden in dieser Studie über 100 Lehrlinge mit Migrationshintergrund in Vorarlberg und in Wien kontaktiert. In intensiven Gesprächen mit den Lehrlingen, aber auch mit zahlreichen Eltern und Ausbildungspersonen, wurden Antworten auf die Forschungsfragen gesucht und schließlich auch gefunden.

Als dritte Forschungsquelle dient die Diplomarbeit von Milica Tomić, die seit einigen Jahren in der Beratung für Migrantinnen und Migranten in Wien tätig ist. Sie kennt das Image der „Lehre" und die Missverständnisse, die es in Zuwanderungsgruppen mit dem Begriff der „dualen Berufsausbildung" gibt, aus erster Hand.

Diese Publikation setzt sich somit aus drei unabhängig voneinander verfassten Forschungsarbeiten zusammen: der literatur- und datenbasierten Analyse von Isabella Skrivanek, den Ergebnissen aus der qualitativen Feldforschung von Konrad Hofer und aus der Diplomarbeit von Milica Tomić.

Die literatur- und datenbasierte Studie konzentrierte sich auf die systematische Erhebung vorhandener Daten vor allem aus der Lehrlings-, Schul- und Arbeitsmarkt-Statistik sowie bestehende Forschungsarbeiten, um Ursachen und Einflussfaktoren der Unterrepräsentation auszuwerten und Empfehlungen für Handlungsansätze abzuleiten.

Die qualitative Feldforschung interessierte sich für die subjektiven Sichtweisen von Lehrlingen mit Migrationshintergrund, ihren Eltern und Ausbildungspersonen. Diese Personengruppen wurden in Wiener und Vorarlberger Berufsschulen, überbetrieblichen Ausbildungseinrichtungen und Vereinslokalen kontaktiert.

Einen weiteren Zugang zum Thema bot der direkte Zugang zu Zuwanderungsgruppen im Rahmen der beruflichen Beratungstätigkeit von Migrantinnen und Migranten vor allem in Bezug auf Fragen der Lehrlingsausbildung.

Die beiden Autorinnen und der Autor dieser Publikation haben sich bemüht, aus drei eigenständig durchgeführten Forschungsarbeiten ein einheitliches Ganzes zu machen. Inhaltlich wurde dabei so vorgegangen, dass sich die unabhängig voneinander verfassten Studien sowohl einzeln als auch ergänzend lesen lassen. So stammen alle Kapitel mit der Überschrift „Daten und Fakten" von Isabella Skrivanek, das Kapitel von Milica Tomić ist als solches namentlich ausgewiesen und alle übrigen Kapitel stammen von Konrad Hofer. Es war für uns drei spannend zu beobachten, wie sich die einzelnen Ergebnisse ergänzten und sich die unabhängig voneinander gewonnenen Erkenntnisse wie Puzzleteile zu einem eindrucksvollen Gesamtbild zusammenfügten. Wir haben uns bemüht, die zahlreichen persönlichen Sichtweisen der Lehrlinge mit Migrationshintergrund in eine klare Struktur von Daten und Fakten sowie in theoretische Hinweise einzubetten, um das Buch leicht lesbar und gut verständlich zu gestalten.

1.1 Forschungsfragen und methodische Vorgangsweisen

Diese Studie beschäftigt sich mit der wichtigen Nahtstelle zwischen Sekundarstufe I und Sekundarstufe II, also dem Übergang vom Ende der Pflichtschule in eine weiterführende Ausbildung. Die zentralen Forschungsfragen lauten:

- Warum entscheiden sich Jugendliche mit Migrationshintergrund nach Abschluss ihrer Pflichtschulausbildung für eine Lehrstelle, andere für den Besuch einer BMS oder einer anderen weiterführenden Schule?
- Warum bleibt ein Drittel der Poly-Absolventinnen und -Absolventen mit anderer Familiensprache als Deutsch danach ohne weitere Ausbildung?
- Welche Unterschiede lassen sich zwischen Jugendlichen mit türkischer, einer bosnisch-kroatisch-serbischen (BKS) und einer mit deutscher Erstsprache erkennen?
- Gibt es Unterschiede zwischen Jugendlichen, die in Wien leben, und jenen in Vorarlberg? Wenn ja – wo liegen die Gründe?

Um Antworten auf diese Fragen zu gewinnen, wurden zum einen die bestehende Forschungsliteratur und die verschiedenen Statistiken ausgewertet sowie wurde zum anderen der enge Kontakt zu den Untersuchungspersonen gesucht. Die Lehrlinge wurden in Berufsschulen in Wien (drei) und Vorarlberg (zwei) kontaktiert und über ihren persönlichen Ausbildungsverlauf befragt. Zusätzlich wurden Gespräche mit Lehrlingen in überbetrieblichen Lehrwerkstätten durchgeführt, die von „Jugend am Werk“, „bfi“ Wien und „ÜAZ“ in Vorarlberg organisiert werden. Auch Lehr- und Ausbildungspersonen in Berufsschulen wurden zu diesem Themenkomplex befragt. Die Perspektive der Eltern wurde über Gespräche mit Mitgliedern von Vereinen unterschiedlicher Communities und über Beratungsgespräche abgedeckt.

Was die Anzahl der Interviewpartnerinnen und -partner im qualitativen Teil betrifft, wurde nach der üblichen „Verdichtung“ vorgegangen. So zeichneten sich nach den ersten rund vierzig Gesprächen mit Lehrlingen in Berufsschulen und überbetrieblichen Ausbildungseinrichtungen wiederkehrende Antwortmuster ab, die mit vielen weiteren Interviews ergänzt wurden und schließlich zu weitgehend sicheren „intersubjektiven" Aussagen führten. (Vgl. Girtler, 2001) Insgesamt wurde mit 102 Jugendlichen und zahlreichen Erwachsenen über die verschiedenen Facetten der Berufsausbildung gesprochen. Ergänzt wurden die Informationen mit Gesprächen, die mit Lehr- und Ausbildungspersonen in Berufsschulen und in der überbetrieblichen Berufsausbildung durchgeführt wurden. Die Gespräche mit Eltern fanden zum Großteil in verschiedenen Vereinslokalen statt, wo sich Erwachsene freiwillig bereit erklärten, über ihre Einschätzung der beruflichen Zukunft ihrer Kinder zu sprechen. Alle Gespräche wurden auf Tonband aufgenommen und danach transkribiert.

Die umfangreichen Gesprächsprotokolle bilden den Kern des qualitativen Teils dieser Forschungsarbeit. Die Auswertung der qualitativen Daten orientiert sich an jenen Themen, die von den verschiedenen Interviewpersonen in den weitgehend offenen Gesprächen dargelegt wurden. Themen, die wiederholt angesprochen wurden, haben eine höhere Bedeutung als einzelne subjektive Aussagen mit einem eher geringen Übereinstimmungsgrad.

Es muss betont werden, dass diese Art der Gesprächsführung, in der die Untersuchungspersonen weitgehend das mitteilen, was ihnen wichtig ist, den wesentlichen Unterschied zu standardisierten Vorgehensweisen ausmacht. Bei dieser Art von Datengewinnung ist es außerordentlich wichtig, eine möglichst gute Gesprächsatmosphäre herzustellen, was selbstverständlich nicht immer ganz einfach ist. Eine gute Gesprächsatmosphäre ist gegeben, wenn „nur" aktiv zugehört werden muss, um den Redefluss der Gesprächspartnerinnen und -partner zu fördern. Weniger ideal verlaufen Gespräche, bei denen sich durch ständiges Fragen und angereichert mit vielen persönlichen Inputs die Forschungsperson in den Mittelpunkt des Geschehens stellen muss, um die wichtigsten Informationen zu bekommen.

Nicht immer gelang es in dieser Forschungsarbeit, die Jugendlichen zum Erzählen zu bewegen. Zum Glück überwogen insgesamt die angeregten Gespräche.

Es stellte sich heraus, dass es günstig war, mit Lehrlingen in Dreier- bis Fünfergruppen zu sprechen. Ob sich die jungen Leute persönlich gut kannten oder nicht, spielte dabei kaum eine Rolle. Nicht selten kam es zu spontanen Diskussionen untereinander, die nur mehr in geordnete Bahnen gelenkt werden mussten.

Mit den Lehr- und Ausbildungspersonen sowie Erwachsenen gab es nicht selten zeitliche Probleme. Viele gaben an, nicht viel Zeit zu haben, wodurch sich nicht immer eine ideale Gesprächsatmosphäre entwickeln konnte.

Auch das räumliche Angebot war sehr unterschiedlich. Die Gespräche wurden in lauten Übungswerkstätten oder in sterilen Besprechungszimmern durchgeführt, in denen sich die Jugendlichen nicht sonderlich wohl fühlten. In ruhigen Klassenräumen funktionierte die Unterhaltung mit den jungen Leuten besser als auf einer Übungsbaustelle von Maurern unter freiem Himmel.

Wie diese Hinweise zeigen, bedarf es einiger Flexibilität, um sich bestmöglich auf die jeweiligen Gesprächspartnerinnen und -partner einzustellen. Die Gespräche wurden weitgehend offen gestaltet. Dass es sich meist um Gespräche und nicht um ein bloßes Abfragen, wie es für Interviews typisch ist, handelte, zeigte sich auch in den Fragen, die die Lehrlinge stellten. Sie wollten wissen, was ich gelernt habe, woher ich komme, wie ich mein Geld verdiene und warum ich für diese Befragung vorwiegend Lehrlinge mit einer anderen Familiensprache als Deutsch ausgesucht habe.

2. „Es hat nicht jeder das Glück, in einer Firma eine Lehrstelle zu bekommen" Lehrlinge in überbetrieblicher und betrieblicher Ausbildung erzählen

Zu Beginn dieser Forschungsarbeit kommen Lehrlinge mit Migrationshintergrund, um die es in dieser Forschungsarbeit primär geht, zu Wort. Es werden die Aussagen von zwei verschiedenen Gruppen dargestellt. Eine Gruppe von Wiener Lehrlingen erzählt von ihren Erfahrungen in einer überbetrieblichen Ausbildungseinrichtung und eine zweite Gruppe von Vorarlberger Lehrlingen von ihrer betrieblichen Ausbildung.

Die Aussagen der Lehrlinge wurden umformuliert, Wiederholungen vermieden und Gesprächssequenzen, die keinen erkennbaren Bezug zum Thema hatten, entfernt. Auf diese Weise wurde die Lesbarkeit erhöht, wobei selbstverständlich der Sinn des Gesagten bewahrt wurde. Die Namen der Jugendlichen wurden geändert.

Gesprächspartnerinnen:

Carina (17) – kein Migrationshintergrund
Shirin (18) – Eltern stammen aus Syrien
Niki (18) – Eltern sind in Serbien geboren
Denise (16) – Mutter stammt aus Tschechien, Vater aus Rumänien
Sabine (16) – Eltern stammen aus Serbien

Alle fünf Jugendlichen leben in Wien und befanden sich zum Zeitpunkt des Gespräches am Ende des ersten Lehrjahres einer überbetrieblichen Berufsausbildung als Bürokauffrau. Die Ausbildnerin stellte mich in der Gruppe kurz vor und danach setzten sich diejenigen, die mit mir über den Übergang von der Schule in die Berufsausbildung reden wollten, an einen großen Tisch.

Ich begann das Gespräch mit Carina, die neben mir Platz genommen hatte. Schon bald mischten sich die anderen jungen Frauen ins Gespräch ein. Vor allem Niki erwies sich als sehr gesprächig. Die Ausbildnerin hielt sich während der Unterredung in einem Nebenraum auf. Nur zwei Lehrlinge blieben während des Gespräches an ihren Plätzen sitzen und beteiligten sich nicht an unserer Unterhaltung. Die folgenden Gesprächsaufzeichnungen wurden von mir gekürzt und thematisch geordnet, um die Lesbarkeit zu erleichtern:

Carina (sie hat keinen Migrationshintergrund): *„Ich besuchte die Hauptschule, ging dann in die Poly und habe danach ein Jahr Pause gemacht. Die Poly hätte ich nicht mehr besuchen müssen, weil ich in der Hauptschule eine Klasse wiederholt habe. Meine Mutter wollte aber unbedingt, dass ich diesen Abschluss noch mache. Vom Poly aus habe ich einmal im Kindergarten und einmal in der Gastronomie geschnuppert. Beide Arbeiten haben mir nicht gefallen, vor allem die Kindergartenarbeit habe ich mir anders vorgestellt. Ich wurde schon nach zwei Tagen krank, weil sich die Kinder beim Niesen nicht die Hände vorhalten können.*

Nach der Schule war ich insgesamt ein Jahr zu Hause, weil ich faul bin. Nach einem halben Jahr habe ich langsam angefangen eine Arbeit zu suchen. Ich wurde von ‚WUK Monopoly' (eine vom AMS finanzierte Einrichtung) betreut, ich habe viele Bewerbungen geschrieben, es sind aber keine Antworten gekommen. Man fühlt sich ungeliebt, wenn keine Antwort auf ein Bewerbungsschreiben kommt."

Niki: *„Normalerweise ist das, was Carina da erzählt, bei uns Ausländern so. Bei uns ist die letzte Silbe im Namen ein ‚vic', und schon kommt man bei Bewerbungen in den Papierkorb. Es wird sehr oft nur auf den Namen geschaut und nicht auf den Inhalt des Bewerbungsschreibens."*

Carina: *„Ich habe erfolglos Bewerbung um Bewerbung geschickt. Dann kam ich über das AMS hierher zum Aufnahmegespräch. Zuerst habe ich auch hier eine Absage bekommen, nach zwei Monaten kam dann der Anruf, dass ich doch aufgenommen bin und seit Oktober letzten Jahres bin ich nun in dieser überbetrieblichen Lehrausbildung."*

Niki: *„Die Aufnahme wird hier nach der Testauswertung beurteilt. Carina hat den Platz bekommen, weil Jaqueline, so hat ihre Vorgängerin geheißen, in den ersten beiden Monaten fast nie anwesend war und auch in der Berufsschule kein Interesse zeigte."*

Denise: *„Ich weiß nicht, ob sie sich nicht interessiert hat oder einfach nur zu dumm war."*

Niki: *„Dumm war sie nicht, wenn man will, schaffen es hier alle. Die Berufsschule ist jetzt noch leicht, wird dann aber immer schwieriger. Es gibt Englisch, Buchhaltung, kaufmännisches Rechnen, Textverarbeitung. Wir alle haben im September angefangen, Carina erst Ende Oktober. Drei von uns absolvieren gerade ein Praktikum in einer Firma, deswegen sind sie heute nicht da. Zum Praktikum kommen bei uns alle dran. Die Ausbildnerin fragt genau nach, was auf der jeweiligen Praktikumsstelle von uns verlangt wird. Wenn eine von uns bestimmte Stärken in einem Fachgebiet hat, schickt sie diejenige von uns hin. Zum Beispiel ist Salina in der Buchhaltung sehr gut. Auf ihrer derzeitigen Praktikumsstelle muss sie vor allem Buchhaltung machen. Kerstin hat gute EDV-Kenntnisse, deswegen ist sie auf einer Stelle, wo das verlangt wird. Es wird darauf geschaut, dass wir während der Ausbildung von einer Firma übernommen werden. Das ist unser oberstes Ziel. Wir wollen zwar in einen Betrieb gehen, aber wenn es sich nicht ergibt, bleiben wir drei Jahre da und machen die Ausbildung fertig."*

Shirin: *„Vor uns war hier eine Gruppe, da waren alle bis zum Schluss da. Dabei handelte es sich aber um eine Integrationsklasse. Diese Leute brauchen länger, um alles zu verstehen, und ihre Ausbildungszeit dauert auch vier anstatt drei Jahre. Außer einem haben alle die Abschlussprüfung geschafft. Der eine, der die Prüfung nicht geschafft hat, war kaum anwesend."*

Niki: *„Wenn man immer anwesend ist und von Anfang an mitmacht, dann geht es. Wir haben die Möglichkeit, den Stoff von der Berufsschule zu üben. Hier können wir uns auch auf die Prüfungen und Tests vorbereiten und die Ausbildnerin fragen, wenn wir uns nicht auskennen. Wir haben Dienstag und Donnerstag Berufsschule."*

Denise: *„Die Kolleginnen, die in einer Firma arbeiten, können nicht gut lernen, sie müssen in den Büros sitzen und das machen, wofür sie eingeteilt sind. Sie müssen in der Freizeit lernen und können das nicht so wie wir am Tag erledigen."*

Niki: *„Ihr Vorteil ist aber, dass sie viel mehr verdienen als wir. Wir bekommen im ersten und im zweiten Lehrjahr jeweils zwölf Mal im Jahr 294 Euro. Im dritten Lehrjahr bekommen wir dann 680 Euro. 294 Euro im zweiten Lehrjahr ist schon heftig. Im ersten Lehrjahr geht es* *noch, aber im zweiten nicht mehr. Im ersten Jahr ist der Unterschied zur betrieblichen Entlohnung 100 Euro. Im zweiten Lehrjahr wäre es gut, wenn wir weitere 100 Euro dazu bekommen könnten. 100 Euro mehr würden schon reichen." „Tausend nehme ich auch"*, sagt Carina (alle lachen).

Niki: *„Mein Bruder arbeitet als Elektriker. Im ersten Lehrjahr verdient er über 600 Euro, im zweiten sind es 900 Euro, und ich bleibe auf meinen mickrigen 294 Euro sitzen. Ich muss aber auch jeden Tag aufstehen und hierher kommen. Unser Arbeitstag dauert von halb acht bis halb fünf, er ist sehr lange.*

Es gibt bei uns aber auch viele, die ihre Arbeit nicht ernst nehmen, oft in Krankenstand gehen und nichts tun, dann versteh ich auch, warum die Entschädigung niedrig bleibt. Man sollte auf diejenigen Leute schauen, die immer kommen und fleißig sind. Da sind 294 Euro nicht ausreichend. Wir werden älter, manche von uns würden gerne eine eigene Wohnung haben. Wir müssen bei den Eltern bleiben. Selbst etwas aufzubauen geht unter solchen Bedingungen leider nicht.

Im Großen und Ganzen ist die Ausbildung gut, nur der Lohn passt nicht. Der Lohn ist für niemanden hier zufriedenstellend. Wenn es hier um etwas geht, dann um den Lohn, sonst gibt es nichts, worüber sich die Leute beklagen. Es muss nicht 14 Mal im Jahr sein, aber wir fordern für das zweite Lehrjahr 100 Euro mehr!"

Denise: *„In den Betrieben bekommt man mehr Geld. Der Wechsel ist aber nicht einfach. Die Ansprüche der Firmen steigen, wie soll man da aufgenommen werden? Die wollen nur mehr 1er und 2er im Zeugnis, die meisten von uns haben aber zu kämpfen, um positive Schulnoten zu bekommen. Die Firmen schauen fast immer nur auf die Zeugnisse, die praktischen Fähigkeiten zählen kaum, denen ist nur wichtig, dass die Noten stimmen."*

Niki: *„Das war auch bei mir so. Bevor ich hierhergekommen bin, habe ich als Friseurin gearbeitet. Die Berufsschule war leider sehr krank. Die haben von uns verlangt, dass wir jedes Mal mit einer anderen Frisur in die Schule kommen und dass man gestylt ist. Ich wollte nicht wie ein Vogel ausschauen, der einmal rot-, einmal schwarz- und einmal grüngefärbte Haare trägt.*

In der Arbeit wollten sie meine Kenntnisse im Rechnungswesen überprüfen. Was bitte hat das mit dem Friseurberuf zu tun? Das braucht man nur, wenn man einen eigenen Salon hat. So habe ich gesagt: ‚Geh scheißen' und bin gegangen.

Dann habe ich mich wieder beworben und eine Chefin gefunden, die nicht auf das Zeugnis geschaut hat. Sie hat nur verlangt, dass ich es bringen soll, damit sie die Unterlagen hat. Am Anfang hat sie mit mir nur Deutsch gesprochen. Als sie erkannt hat, dass ich mich gut ausdrücken kann, hat sie auch serbisch mit mir gesprochen. Auf das Aussehen hat sie immer großen Wert gelegt.

Ich hätte die Ausbildung fertig machen können, bin aber aus der Berufsschule geflogen. Wir hatten technisches Zeichnen. Ich musste ein Gesicht und die Haare zeichnen. Die Lehrerin hat mein Blatt zerrissen, weil sie eine Abweichung von einem Millimeter nicht akzeptieren konnte. Sie hat gesagt: ‚Das ist falsch!' Ich habe gesagt: ‚Das kann ich auch wegradieren', aber sie erlaubte das nicht. Ich habe sie gefragt, ob sie noch normal ist, weil sie sich wegen einem Millimeter aufregt. Ich habe mit ihr diskutiert. Dann war ich mit ihr in der Direktion, und dann hat die Direktorin gesagt, ich muss mir eine andere Berufsschule suchen.

Ich hatte immer zwei Traumberufe: Friseurin oder Bürokauffrau. Weil ich als Friseurin gescheitert bin, mache ich jetzt die Ausbildung zur Bürokauffrau. Nach der Schule habe ich einen BOKU-Kurs (=Ber*ufsorientierungskurs) vom AMS gemacht, da hat man verschiedene Berufe anschauen können, das war Hotel- und Gastgewerbe, Büro und die Schmuckwerkstatt. Meine Betreuerin hat gesehen, dass hier eine Bürokauffrau gesucht wird, sie hat meine Bewerbung und den Lebenslauf geschrieben und mich hier angemeldet. Einfach so. Sie hat gesagt, dass ich das machen soll. Es gab eine Besprechung, den Aufnahmetest und dann haben sie mir Bescheid gesagt, dass ich aufgenommen bin.*

Während des AMS-Kurses habe ich übrigens mehr Geld bekommen als hier, 360 Euro waren es. Beim Friseur hatte ich bereits im ersten Jahr 400 Euro mit Trinkgeld. Das hat sich ausgezahlt. Man lebt beim Friseur halt nicht vom Lohn, sondern auch vom Trinkgeld. Ich habe nicht nur als Friseurin, sondern auch als Kosmetikerin und Nageldesignerin gearbeitet.

Ich habe die Volksschule, Hauptschule und ein Jahr FMS (= Fachmittelschule = ähnlich organisiert wie Poly) *gemacht und mich gleich danach als Friseurin beworben. Ich habe eineinhalb Jahre als Friseurin gearbeitet und bin dann ein halbes Jahr in diesem BOKU Kurs gewesen. Jetzt bin ich hier.*

Nach der Schule war ich ein paar Monate zu Hause. Ich habe viele Bewerbungen geschrieben und keine Zusagen bekommen – ‚vic' und tschüss. Ich habe mir schon überlegt, einen österreichischen Namen hinzuschreiben, aber spätestens beim Vorstellungsgespräch wäre das dann schwierig geworden, weil ich nicht wie eine Österreicherin aussehe."

Shirin: *„Ich besuchte die Volksschule und danach fünf Jahre das Gymnasium. Ich habe die dritte Klasse wiederholt. Ich habe damals zu wenig gelernt, das war eine komische Zeit. In der vierten Klasse gab es dann erneut Probleme, da hatte ich ein negatives Zeugnis. Es gab auch Probleme mit den Lehrern, die waren nicht gerecht zu mir. Ich hatte drei Fünfer im Zeugnis und bin dann nicht mehr in die Schule gegangen. Ich habe dann die Polytechnische Schule gemacht. Ich dachte, dass dieses Abschlusszeugnis mein schlechtes Zeugnis aus der vierten Klasse Gymnasium ersetzt, aber leider ist es nicht so. Es ist aber besser als gar nichts. Die Poly war okay.*

Nach der Poly habe ich fast ein ganzes Jahr nichts gemacht. Dann habe ich doch Bewerbungen geschickt, das „WUK Monopoly" hat mir geholfen. Da kriegt man kein Geld, das ist kein durchgehender Kurs, man hat nur Sozialarbeitertermine. Von Freundinnen habe ich dann gehört, dass sie in einer überbetrieblichen Ausbildung waren. Ich habe gefragt, ob es so etwas auch für Bürokaufleute gibt. Ich finde, das ist ein guter Beruf. Zuerst bekam ich eine Absage, weil der Kurs schon voll war, doch dann ist zum Glück eine ausgefallen. Seither bin ich hier."

Niki: *„Dieser Aufnahmetest ist nicht gut. Er ist schriftlich, da geht es um Fragen wie: Wer ist in Österreich Bundespräsident? Wie viele Bundesländer gibt es? Wie heißen die Nachbarländer Österreichs? Es gibt Menschen, die sehr motiviert sind, aber noch nicht lange in Österreich leben und diese Fragen nicht beantworten können. Was nützt es, wenn jemand diese Fragen beantworten kann, aber keine Motivation hat, diesen Beruf zu lernen?"*

Shirin: *„Beide Aspekte sollten berücksichtigt werden. Wenn manche überhaupt keine Grundkenntnisse haben, dann wird es auch nicht gehen,* die sind dann umsonst hier. Im Aufnahmegespräch sollte erkannt werden, ob jemand diesen Beruf wirklich lernen will. Nur wenn es auch die Motivation gibt, sollte eine Aufnahme erfolgen."

Niki: *„Das ist es, was ich meine. Ich kenne 15-,16-Jährige aus Serbien, die hierherkommen, aber noch nicht viel wissen. Sie können schon vieles verstehen, wissen aber nicht, wie die 23 Bezirke in Wien heißen. Sie sind aber sehr motiviert.*

Bei den Firmen sollten ebenfalls mehrere Aspekte berücksichtigt werden, nicht nur das Zeugnis. Es gibt die Tests, manche sind sogar online. Das ist ein völliger Blödsinn. Ich kenne eine Freundin, für die hat ihre Betreuerin alles ausgefüllt und sie ist dann zum Gespräch eingeladen worden."

Shirin: *„Beim Gespräch kommen sie dann drauf, dass sie das nicht selbst ausgefüllt hat. Wenn ich den Test selbst ausfülle und dann noch ein Gespräch stattfindet, dann ist dieser Test okay."*

Denise: *„Es ist überhaupt ein Akt der Unhöflichkeit, wenn man auf ein Bewerbungsschreiben keine Antwort bekommt. Da schreibt man eine Bewerbung und es kommt nichts zurück. Wenigstens ein: „Nein danke, wir suchen andere" müsste als Antwort kommen, das wäre höflich, aber einfach ignorieren, das ist schlimm."*

Shirin: *„Ich habe von vielen Firmen überhaupt keine Antwort bekommen, nicht einmal eine Absage, von ein paar Firmen schon, aber von den meisten nichts. Vielleicht haben sie die Bewerbung nicht einmal angeschaut."*

Niki: *„Vielleicht haben sie gesehen: Ausländerin, nein die nicht! Bei mir ist es so: Ich habe die serbische Staatsbürgerschaft. Ich wurde hier in Wien geboren. Wenn ich mich bei den Wiener Linien, ÖBB oder irgendwo bewerben möchte, schauen sie auf die Staatsbürgerschaft. Mein Onkel ist bei den Wiener Linien, er hat die österreichische Staatsbürgerschaft und mein Vater arbeitet bei Dr. Richard, er hat die serbische Staatsbürgerschaft."*

Sabine: *„Das stimmt nicht. Mein Vater hat auch nicht die österreichische Staatsbürgerschaft und wurde dennoch bei den ÖBB aufgenommen."*

Niki: *„Mein Vater, mein Bruder und ich haben keine österreichische Staatsbürgerschaft. Mein Onkel hat sie. Wir wollen die Staatsbürgerschaft nicht. Wir beherrschen die Sprache, sind hier geboren, die Staatsbürgerschaft macht für mich keinen Unterschied. Vielleicht macht das für manche Firmen einen Unterschied, aber ich bin nicht schuld daran. Wenn sie mich nicht kennen lernen wollen, dann ist das nicht meine Schuld. Das Problem ist, wenn die Firmen sehen, ich habe die serbische Staatsbürgerschaft, dann glauben sie, ich bin in Serbien geboren und kann nicht Deutsch. Ich habe mich schon erkundigt wegen der Staatsbürgerschaft. Da ich in Wien geboren bin, brauche ich den Deutschtest nicht zu machen. Ich kriege die Staatsbürgerschaft auch so. Ich könnte sie jederzeit bekommen, aber ich brauche sie nicht."*

Sabine: *„Ich war beim AMS und sollte dort als Assistentin arbeiten, ich hatte einen Test und danach habe ich gleich die Chefs kennengelernt. Zuerst haben sie gesagt, sie melden sich noch, aber dann habe ich eine Absage bekommen. Beim Test hatte ich mit dem Matheteil Probleme. Ich habe die Aufgabe nicht verstanden."*

Niki: *„Ich hatte bei Wien Energie einen Aufnahmetest. Einen solchen Test habe ich noch nie gesehen, der war über zwanzig Seiten lang! Da musste ich die Quadratmeter von Räumen, die völlig schräg aufgezeichnet waren, schätzen. Ich hatte keine Ahnung. Dann gab es Zeichnungen in einem Raum, die ich verbinden musste. Das habe ich auch nicht geschafft, keine Chance. Das sollte man alles in der Schule üben. In der Berufsschule sollte man das auch noch machen."*

Shirin: *„Ich war im Gymnasium, da wurde ich überhaupt nicht auf die Lehre vorbereitet. Das gibt es dort nicht, da ist man in einer KMS besser dran, da wird auf die Lehre hingearbeitet, es gibt Schnuppertage, Berufskunde, Bewerbungstrainings etc."*

Sabine: *„Nach der KMS war ich zwei Jahre in der HASCH. Ich wollte diese Schule fertig machen, aber ich wurde rausgeschmissen. Mein Klassenvorstand hatte etwas gegen Serben, er hat alle nacheinander rausgeschmissen. Dann war ich drei Monate lang zu Hause. Ich habe nicht viele Bewerbungen geschrieben und nicht immer eine Antwort bekommen. Sie haben mir vorgeworfen, kein Abschlusszeugnis vom letzten Schuljahr zu haben. Dann wurde ich vom AMS hierhergeschickt."*

Shirin: *„Bei mir hat es die Probleme hauptsächlich wegen dem Zeugnis gegeben. Die Bewerbungen waren gut, die vom ‚WUK Monopoly' haben mir geholfen, alles richtig zu formulieren, und mein Deutsch ist ohnehin nicht schlecht. Aber ich musste immer das Zeugnis von der vierten Klasse Gymnasium, das mit den drei Fünfern, schicken. Das finde ich nicht gut, ich hatte damals andere Probleme, und die wirkten sich bei der Arbeitssuche stark aus."*

Denise: *„Ich war nach der KMS in der FMS. Habe keinen Lehrplatz gefunden und so habe ich hier angefangen. Damals hatte ich meine letzten Ferien, jetzt gibt es nur mehr Urlaube."*

Carina: *„Erinnere mich nicht daran. Mir fehlen die acht Wochen Ferien. Jetzt* (es ist gerade Karwoche) *hätten wir Ferien, müssen aber hierher gehen."*

Denise: *„Mich haben sie erst gar nicht in der HASCH aufgenommen. Ich habe in Physik und Chemie, also in Fächern, die niemand braucht, Vierer gehabt. Beide Fächer brauche ich in einer HASCH nicht. Diese beiden Fächer haben mich nie interessiert, da war ich zu faul, etwas zu machen."*

Shirin: *„Ich habe diese Fächer gehasst. Lehre mit Matura wäre auch eine Option. Ich würde die Matura gern machen, aber ich glaube, es geht sich zeitlich nicht aus. Mich haben immer Fächer im sozialen Bereich interessiert, für viele braucht man Matura. Vielleicht geht es sich aus, wenn ich älter werde. Man könnte es probieren, weil man ja immer noch abbrechen kann."*

Niki: *„Ich finde es schon heftig, neben der Arbeit noch die Matura zu machen. Hier bin ich von halb acht bis halb fünf, und dann müsste ich einmal pro Woche gleich weiter bis 21.00 Uhr in die Schule gehen. Manche kommen vom 21. und 22. Bezirk, die sind dann noch lange unterwegs, bis sie nach Hause kommen. Vielleicht geht es nächstes Jahr, da haben wir nur einen Berufsschultag pro Woche. Jetzt geht es nicht, aber ab nächstem Jahr müsste es sich schon ausgehen. Ich wollte immer eine Eheberaterin werden. Da braucht man auch die Matura. Ich wollte früher auch den armen Kindern helfen, aber da man dafür studieren muss, geht es nicht."*

Denise: *„Meine Mutter hat immer gesagt, man braucht einen Plan B. Ich bin jetzt im Plan B. Plan A wäre gewesen, etwas zu studieren. Steuerberaterin wäre gut. Das würde ich auch gerne machen."*

Shirin: *„Für mich ist diese Berufsausbildung zunächst mal eine Absicherung, das sehe ich so."*

Auf meine Frage, welcher Arbeit ihre Eltern und Geschwister nachgehen, bekam ich folgende Antworten:

Sabine: *„Meine Mutter ist Krankenpflegerin mit Spezialausbildung, mein Vater arbeitet bei der ÖBB, er ist dort Teamleiter bei den Busfahrern. Mein kleiner Bruder besucht die HTL, in der Schule geht es ihm ganz gut."*

Denise: *„Meine Mutter ist Bürokauffrau, sie arbeitet im Sekretariat. Mein Stiefvater fährt mit dem Lkw durch Wien, mein älterer Bruder studiert Jura, ich habe aber keinen Kontakt zu ihm. Die kleine Schwester geht in den Kindergarten."*

Niki: *„Mein Vater arbeitet bei Dr. Richard als Busfahrer, meine Mutter ist Ordinationshilfe. Sie ist gelernte Einzelhandelskauffrau, sie wurde während der Lehre mit mir schwanger. Sie hat die Lehre dann fertig gemacht und arbeitet jetzt als Ordinationshilfe. Ich habe einen Bruder, er arbeitet als Elektriker und macht gerade die Lehre. Er hat das Gymnasium abgebrochen. Mein Vater wollte unbedingt, dass er die Matura schafft, er hat viel Geld für Nachhilfe ausgegeben, leider umsonst. Die Lehrstelle hat mein Bruder nur bekommen, weil mein Vater den Chef kannte.*

Mein Bruder war jetzt zwei Monate in der Berufsschule, er hatte Blockunterricht, was ich auch besser finde. Da geht man einmal für mehrere Wochen in die Berufsschule und macht den Stoff von einem halben Jahr. Dann macht man den zweiten Block und muss sich ansonsten das ganze Jahr nicht mehr um die Schule kümmern. Er wohnte zwei Monate lang in einem Internat in Baden."

Einige aus der Runde sind mit dem Blockunterricht nicht einverstanden, worauf Niki ihre Argumentation mit folgenden Worten vertieft:

Niki: *„Im ersten Lehrjahr bist du nur fünf Wochen dort. Du bekommst danach sofort das Zeugnis und hast den Rest vom Jahr Ruhe. Mit den einzelnen Berufsschultagen ist die Woche unruhig. Wir sind jetzt zwei Tage die Woche in der Schule, machen dort viele verschiedene Gegenstände und wenn du nach einer Woche wieder hingehst, hast du die Hälfte vergessen.*

Beim Blockunterricht bist du dagegen durchgehend in der Schule, hast pro Woche immer die gleichen Fächer und am Ende gibt es jeweils die Schularbeit. Bei uns sind das sechs Wochen Unterricht pro Semester, das ist besser als zwei Mal die Woche in die Berufsschule zu fahren.

Bei uns ist das doch scheiße, Entschuldigung. Wir haben am Dienstag und am Donnerstag verschiedene Fächer, die anderen Tage arbeiten wir. Wie soll ich mir merken, was ich vorigen Dienstag gemacht habe? Da kommt man total durcheinander.

Beim Blockunterricht ist das anders. Nach dem Unterricht kann man die Lehrer um Unterstützung bitten, wenn man sich nicht auskennt. Mein Bruder konnte zwei Stunden lang mit einem Lehrer üben. Mein Bruder hat im Berufsschulzeugnis nur Einser und Zweier, obwohl er im Gymnasium viele schlechte Noten hatte. Da er jeden Tag Schule hat, ist er im System und konzentrierter.

Hier in der überbetrieblichen Ausbildung können wir für die Schule lernen, obwohl wir auch hier viel zu tun haben. Vor den Schularbeiten geht die Ausbildnerin alles mit uns durch. Das ist positiv, das hilft uns.“

Denise: *„Ich hatte die Möglichkeit eine betriebliche Ausbildung zu machen. Das hat mir die Firma, in der meine Mama arbeitet, angeboten. Aber ich hätte die Ausbildung in Oberösterreich machen müssen. Ich wäre von Montag bis Freitag in Oberösterreich gewesen und nur über das Wochenende hätte ich nach Hause fahren können. Ich bin ein Familienmensch, ich kann mir nicht vorstellen, so lange von zu Hause wegzubleiben. Ich war auf dieses Angebot nicht vorbereitet und fühlte mich zu jung.“*

Niki: *„Ich würde das sofort machen, obwohl ich auch ein Familienmensch bin und meinen Bruder immer in meiner Nähe haben möchte. Aber ich sehe es bei ihm, er war im Internat und nur am Wochenende da. Wenn der Block vorbei ist, ist alles wieder ganz normal.“*

Denise: *„Ich hätte dort in Oberösterreich meinen Ausbildungsplatz gehabt, das heißt, ich hätte alle drei Jahre in Oberösterreich verbringen müssen."*

Niki: *„Ja, das finde ich auch übertrieben."*

Shirin: *„Meine Mutter arbeitet momentan überhaupt nicht, weil sie gesundheitliche Probleme hat. Sie hat vorher als Hilfsarbeiterin gearbeitet. Mein Vater arbeitet in einem Hotel als Rezeptionist. Ich habe keine Geschwister.*

Carina: *„Meine Mutter ist Securitychefin und mein Vater arbeitet bei der MA 48. Mein Bruder macht jetzt den Lehrabschluss bei Mc Donald's."*

Denise: *„Unterm Strich bleibt nur das Problem mit der Bezahlung. Gut, wir arbeiten sicher langsamer als in einem Betrieb, aber so wenig auch wieder nicht, dass wir hier nur die Hälfte der betrieblichen Lehrlingsentschädigung verdienen."*

Shirin: *„In diesem Unternehmen, das uns überbetrieblich ausbildet, gibt es auch Abteilungen für Menschen mit Lernschwächen. Viele glauben, dass wir Dummköpfe sind."*

Sabine: *„Viele sagen, dass unsere Lehrabschlussprüfung nicht gleich viel zählt wie eine betriebliche. Aber Lehrabschluss ist Lehrabschluss und geschenkt wird uns hier nichts. Viele finden im Zuge der Praktika einen betrieblichen Lehrplatz.*

In der Berufsschule werden wir als die Dummen bezeichnet, weil wir uns hier ausbilden lassen. Die Lehrer denken das zum Teil auch, sie sagen, wir sind die Dummen, weil wir keine betriebliche Ausbildung machen. Es hat nicht jeder das Glück, in einer Firma eine Lehrstelle zu bekommen."

Niki: *„Ich will nicht wissen, wenn ich in einem Betrieb arbeiten würde, welche Noten ich dann in der Berufsschule hätte. Ich hätte sicher nur Fünfer und Vierer. Man hat dort keine Zeit zu lernen."*

Denise: *„Ich finde es auch gut, dass die Ausbildnerin uns nett behandelt. In der Schule hat mir eine Kollengin erzählt, dass mit ihr im Praktikum kein Wort geredet worden ist. Das hat sie psychisch sehr belastet.*

Eine andere Kollegin in der Schule hat berichtet, dass sie im Büro Fenster putzen muss."

Niki: *„Das haben sie zu mir im ersten Friseurladen auch gesagt. Ich sollte die Auslage putzen. Ich habe ihnen daraufhin gesagt: ‚Steht da auf meiner Stirn, dass ich putzen soll? Ich bin hier, um Friseur zu lernen. Einkaufen und Putzen gehören nicht zur Ausbildung.' Wenn man in einem Büro ein Praktikum macht, sollte man das arbeiten, was eine Bürokauffrau zu tun hat und nicht etwas anderes. Okay, wenn man an einem Tisch sitzt, ist es normal, dass man diesen sauber hält und zum Schluss aufräumt, aber zum Reinigen kann man Putzfrauen anstellen.*

Die Chefin hat tatsächlich zu mir gesagt: Ich soll die Fenster putzen. Einmal habe ich das auch gemacht, aber als sie mir das das zweite Mal aufgetragen hat, habe ich ihr gesagt: ‚Ich will nicht Putzfrau, ich möchte Friseurin werden, Fenster haben mit Haaren nichts zu tun.' Als ich später bei der Serbin gearbeitet habe, hatte ich schon meine eigenen Kunden. Da ist schon was weitergegangen, ich habe Haare gewaschen, Haare gefärbt, Wimpern gezupft und nach einem halben Jahr habe ich schon Männern die Haare geschnitten."

Sabine: *„Meine Freundin arbeitet als Zahnarztassistentin. Ihre Kolleginnen verhalten sich nicht gut zu ihr, sie lässt sich zu viel gefallen, sie ist zu lieb und wird ausgenützt. Sie muss immer für ihre älteren Kolleginnen einkaufen."*

Niki: *„Ich würde einmal einkaufen gehen, aber sicher nicht immer. Ich würde sagen, dass mir das nicht passt. Ich lasse mir das nicht gefallen. Wenn ich einmal einkaufen gehe, ist das okay, wenn ich einmal putzen muss, auch, aber sicher nicht immer. Im Friseursalon muss man alles sauber halten, das Reinigen des Bodens gehört dazu, das ist kein Problem, aber die Fenster zu putzen und das Einkaufen gehören sicher nicht zu diesem Beruf. Heute mache ich es, morgen mache ich es, und dann wird es normal. Man muss gleich sagen, dass man das nicht dauernd machen will, weil es sonst selbstverständlich wird."*

Sabine: *„Ich war in einem Geschäft als Verkäuferin, und da mussten wir auch die Fenster putzen. Das war während eines Praktikums im Textilverkauf, sie haben mich ausgenutzt. Damals war ich noch jünger, aber das würde ich jetzt nicht mehr machen. Ich musste dort alles machen: im*

Lager schlichten, dies machen und jenes, aber ja keinen Kontakt mit den Kunden halten. Die Stammbelegschaft hat nichts gearbeitet, ich bin mir da richtig blöd vorgekommen."

Niki: *„Selbst wenn zu mir der Oberchef dieser Textilfirma kommen würde und verlangt, den Boden zu schrubben, würde ich das nicht tun. Einen Schaß würde ich machen. Wenn ich in einem ordentlichen Betrieb arbeite, dann sollten sie Putzkräfte haben und nicht 15-jährige Mädchen ausnützen. Heute gibt es viele Menschen, die keine Arbeit haben und die das Putzen gerne übernehmen würden. Firmen, die kostenlose Praktikanten ausnützen, sollten der Arbeiterkammer gemeldet werden. Es gibt viele Leute, die zu wenig Geld verdienen, wie sollen sie zu einer Arbeit kommen, wenn das Praktikanten für sie machen?*

Ich war im Friseursalon, und da ist ein Mann vorbeigekommen, der der Chefin durch die Auslage gezeigt hat, er würde gerne die Fenster putzen. Die fünf Euro pro Stunde waren ihr zu viel. Aber ich sollte das machen? Wieso? Am liebsten hätte ich ihm die fünf Euro von meinem Geld gegeben. Mich hat sie dann beauftragt, ich habe aber gesagt, ich habe mich nicht als Putzfrau beworben, sondern als Friseurin. Ich verstehe es, wenn sie sagt: ‚Räum die Haare weg! Geh mit dem Staubsauger drüber!' Das gehört dazu, das verstehe ich gut, aber nicht, wenn sie sagt: ‚Putze die Fenster!'"

Nach diesem über eine Stunde dauernden Gespräch, das durch das Glockenzeichen, das die Pause einläutete, beendet wurde, bedankte ich mich bei meinen Gesprächspartnerinnen für das anregende Gespräch.

2.1 *„Wenn man was erreichen will, muss man sich anstrengen"* – ein Gespräch mit Lehrlingen in Vorarlberg, die eine betriebliche Berufsausbildung machen

Das folgende Gespräch habe ich in einer Berufsschule im „Ländle" geführt. Ich saß in einem ruhigen Besprechungszimmer an einem großen Tisch mit folgenden Gesprächspartnerinnen und -partnern, deren Namen geändert wurden, zusammen:

Jessica (22), ihre Eltern sind in Serbien geboren
Joco (18), er ist in Serbien geboren
Makka (20), sie und ihre Eltern kommen aus Tschetschenien

Alle drei Lehrlinge befinden sich im dritten Ausbildungsjahr Einzelhandel.

Jessica: „*Nach der Poly habe ich Verschiedenes gemacht. Ich lebte damals in Innsbruck und habe in einem Café als Kellnerin gearbeitet, ich war auch in einem Geschäft, wo ich Schuhe verkauft habe. Das waren Jobs ohne Berufsausbildung.*

Ich habe mir gesagt, dass eine Berufsausbildung besser für meine Zukunft ist, und habe eine Ausbildung als Fitnessbetreuerin gemacht. Jetzt mache ich die Lehre für Einzelhandel. Es ist nicht schlecht, wenn man mehr Ausbildungen hat. Für die Fitnessausbildung habe ich bloß ein einziges E-Mail geschrieben und bereits nach fünf Minuten eine Zusage bekommen. Als Fitnesstrainerin musste ich aus gesundheitlichen Gründen aufhören. Ich hatte Gewichtsprobleme, brachte immer weniger Kilo auf die Waage.

Für die Einzelhandelsausbildung habe ich auch nur ein paar Tage auf eine Zusage gewartet. Im Möbelhaus zu arbeiten war eine spontane Idee. Das AMS habe ich nicht gebraucht. Im Betrieb bin ich nun schon mit der Ausbildung fertig, weil ich früher angefangen habe. Jetzt muss ich nur noch das Schulische beenden. Im Juli gibt es dann die Lehrabschlussprüfung. Ich bin jetzt schon Abteilungsleiterin auf Probe. Wenn ich den Lehrbrief in der Tasche habe, schaue ich mal, was der Chef sagt, und dann überlege ich mal, was ich sage.“

Joco: „*Ich komme wie meine Kollegin aus Serbien, ich bin dort geboren und im Alter von zwei, drei Jahren nach Vorarlberg gekommen. Ich habe die Pflichtschule besucht, zum Schluss die Poly und dann habe ich die Lehre im Möbelhaus angefangen. Nach der Poly habe ich nicht lange gesucht, ich habe eine Bewerbung geschickt, geschnuppert und gesehen, dass die Metalltechnik nicht zu mir passt. Als ich ins Möbelhaus kam, ist schnell etwas geworden. Bin jetzt das dritte Jahr dort, ich mache auch im Juli den Abschluss und habe vor, dort zu bleiben.*“

Beide erzählen: *„Auf die Noten in der Berufsschule wird bei uns in der Firma nicht geschaut, das interessiert dort niemanden. Wichtig ist es, sich auf die verschiedenen Kunden einzustellen. Wir müssen die richtige Balance zwischen Freundlichkeit und nicht aufdringlich sein finden. Man macht nicht immer dasselbe. Das hängt aber vom Eigeninteresse ab. Da muss man sich schon selber kümmern. Arbeit gibt es genug, und wenn es mal nichts gibt, kann man putzen. Das Putzen gehört zum Verkauf dazu, das ist keine minderwertige Arbeit. Wenn ich eine Ware verkaufen will, dann muss ich darauf achten, dass sie sauber ist. Die Präsentation ist sehr wichtig. Bei uns nehmen auch die Angestellten den Putzfetzen in die Hand."*

Joco: *„Bei mir putzt daheim die Mutter, aber im Betrieb ist es kein Problem für mich."*

Makka: *„Ich arbeite im Elektrohandel. Ich bin mit zehn Jahren hierhergezogen, vorher war ich in Russland, mein Vater ist ein Tschetschene und meine Mutter hat ihre Wurzeln in Tatarstan. Zehn Jahre bin ich jetzt da. In der Volksschule konnte ich kein Wort Deutsch. Durch die Schule und im Umgang mit den Kollegen habe ich die Sprache bald gelernt. Mein Vater spricht kaum Deutsch, aber meine Mutter besucht jetzt mehrere Deutschkurse und kann schon ganz gut reden.*

Am Anfang habe ich die dritte Klasse Volksschule wegen zu geringer Deutschkenntnisse wiederholt. Die vierte Klasse habe ich mit ausgezeichnetem Erfolg absolviert, eine Volksschullehrerin hat mich damals sehr gut unterstützt, sie hat mir die Sprache beigebracht. Stundenlang habe ich mit ihr gelernt, wir sind der Sache so nachgegangen, dass ich am Ende der Volkschule sogar die Möglichkeit gehabt hätte, in ein Gymnasium zu gehen. Ich bin dann aber doch in die Hauptschule gegangen, dort bin ich gut gewesen, Zweier, Dreier – keine schlechtere Note. Nach der vierten Klasse Hauptschule habe ich mich in einer fünfjährigen privaten Wirtschaftsschule angemeldet. Dort wollte ich die Matura machen. Weil wir nach der Scheidung meiner Eltern umziehen mussten, ist es aber doch nicht gegangen. Das Schulgeld war zu teuer für mich und meine ältere Schwester. Sie hat die Schule erfolgreich beendet und ich habe eine Lehrstelle gesucht. Meine Schwester besuchte danach die Krankenpflegeschule und diese Ausbildung wird sie jetzt im Oktober abschließen.

Die Lehrstellensuche war nicht einfach, sie hat ein ganzes Jahr gedauert. Dazu muss ich aber sagen, dass ich erst nach einem halben Jahr intensiv gesucht habe. Ich habe mir zuerst überlegt, was ich machen soll. Am Anfang wollte ich eigentlich eine Büroarbeit, da ich aber keine Computerkenntnisse hatte, habe ich mich schließlich für den Einzelhandel entschieden. Ich kann auch noch den Beruf Bürokauffrau mit ein paar Kursen nach dieser Lehre anschließen.

Die Berufsreifeprüfung gibt es auch, da habe ich mich informiert und es auch probiert. Ich bin im zweiten Lehrjahr eingestiegen, aber es wurde mir zu viel. Mein Chef wollte das nicht richtig, weil ich zeitlich wenig anwesend war. So hatte ich den Druck von seiner Seite und den Druck von der Schule, das wurde mir dann zu viel. Jetzt mache ich das, was ich machen kann, und das Andere kann ich noch später nachholen. Es wäre mir schon lieber, wenn ich das parallel machen könnte, aber ich bin noch jung, mir läuft nichts davon.

Die Lehrstellensuche war nicht einfach für mich. Ich hatte keine Poly und in der Hauptschule bin ich darauf nicht vorbereitet worden. Ich wusste nicht, wie man sich bewirbt, das lernt man in der Poly, dieses Wissen habe ich nicht gehabt. Wie präsentiere ich mich? Wie soll ich eine Bewerbung schreiben? Wie soll ich auftreten? Aus diesen Gründen bin ich immer gescheitert. Ich habe mir dann Videos auf YouTube angeschaut, ich war beim AMS und wurde dort gut unterstützt. Ich hatte einen Kurs, da konnte ich zwei Wochen lang in einem Betrieb schnuppern. Von dort aus habe ich dann auch die Stelle gefunden, wo ich jetzt arbeite. Ich habe zunächst zwei Wochen lang in diesem Betrieb geschnuppert, sie waren mit mir zufrieden, und so habe ich die Zusage für die Lehrstelle bekommen.

Notenmäßig hatte ich bei der Lehrstellensuche kein Problem, es war eher mein Auftreten. Meiner Meinung nach war es die Unsicherheit. In zwei Wochen kannst dich mehr beweisen als in zwei Tagen. Du kannst dein Können und dich als Person zeigen, und so hat es auch gut funktioniert. Man bekommt einen Einblick in den Betrieb, du weißt, was zu tun ist. In zwei Tagen bekommt man kaum was mit.

Jetzt im November mache ich den Abschluss. Dann bleibe ich noch eine Weile, und danach geht es wahrscheinlich auch in Richtung Krankenpflege. Es ist nie zu spät. Bei meiner Schwester sind auch Ältere dabei, man kann immer eine Zusatzausbildung machen.

Mit dem Vater habe ich seit der Trennung meiner Eltern keinen Kontakt mehr. Meine Mutter macht den Deutschkurs, und jetzt hat sie eine Stelle im Verkauf als Regalbetreuerin bekommen. Die ältere Schwester schließt jetzt bald mit der Krankenpflegeausbildung ab und meine jüngere Schwester besucht die fünfjährige Tourismusschule. Wenn man was erreichen will, muss man sich anstrengen."

Ich weise in der Runde darauf hin, dass es Makka schwer hat, weil sie hier keine große Familie und Verwandtschaft hat, die ihr eine Stütze sein könnte. Die beiden Lehrlinge im Möbelhandel sagen daraufhin: *„Heutzutage kann man sich auf die Familie nicht mehr verlassen. Heute arbeitet jeder für sich."*

Dann frage ich nach der Berufstätigkeit von Eltern und Geschwistern:

Jessica: *„Mein Vater ist Taxifahrer, meine Mutter arbeitet in einem Shoppingcenter. Mein Bruder arbeitet in einer Firma, ich weiß nicht genau, er hat Einzelhandel gelernt."*

Joco: *„Mein Vater ist im Gastgewerbe und die Mama im Moment im Krankenstand. Papa ist gelernter Koch und Mama war auch im Gastgewerbe. Ich habe noch einen jüngeren Bruder, er geht in die Hauptschule und jetzt redet er davon Polizist, Pilot oder Schiffskapitän zu werden."*

In einer kurzen Gesprächspause fragen mich meine jugendlichen GesprächspartnerInnen: *„Sie sind aus Wien? Aus welchem Bezirk? Welchen Beruf haben Sie gelernt? Bei der Auswahl der Interviewpartner ist uns aufgefallen, dass es sich immer um Leute mit ausländischem Namen handelt? Welchen Grund hat diese Auswahl?"*

Ich freue mich über ihr Interesse und gebe wahrheitsgemäß Auskunft. In Bezug auf die Auswahl verweise ich auf bereits vorliegende Daten, die zeigen, dass Jugendliche mit Migrationshintergrund weniger häufig einen Lehrberuf ergreifen als andere. Ich will mit dieser Umfrage erforschen, warum das so ist.

Daraufhin entwickelt sich die folgende Diskussion: *„Es geht also hauptsächlich um ausländische Lehrlinge. Da gibt es aber große Unterschiede. Bei uns in Serbien sind zum Beispiel die Frauen integrierter als*

Türkinnen. Das hängt sicher mit der Religion zusammen. Unsere Frauen haben oft viele Kinder, dennoch gehen sie auch arbeiten. Bei uns ist es so, dass die Eltern in der Kriegszeit nicht diese Chancen gehabt haben wie wir. Sie konnten nicht viel lernen, gehen aber trotzdem putzen und bleiben nicht einfach zu Hause.“

Makka: *„Frauen können sich besser anpassen. Männer arbeiten mehr in Firmen, sie sind wählerischer. Wenn sie putzen, dann möchten sie Chefputzer sein oder nur die Fenster putzen und nicht den Boden. Das sehe ich bei meinen Eltern. Mein Vater lehnte fast alle Arbeitsangebote ab, meine Mutter geht alles an, der ist es wichtig, dass es der Familie gut geht. Mein Vater war da wählerischer. Das mach ich nicht, das mache ich sicher nicht, so hat er immer geredet. So kam es zu Konflikten, und aus diesem Grund sind sie auch geschieden. Er wollte uns einschränken, das wollten wir aber nicht. Jetzt gehen wir eigene Wege, das ist jetzt besser so.“*

Diese beiden Gruppengespräche mit Lehrlingen wurden aus rund dreißig ähnlich verlaufenden Unterhaltungen ausgewählt. Sie enthalten fast alle relevanten Themen, die für Jugendliche mit Migrationshintergrund, aber auch für andere sozioökonomisch benachteiligte Gruppen beim Übergang von der Schulausbildung in die Lehre eine besondere Rolle spielen.

2.2 Fünf verschiedene Themenschwerpunkte

Lehrlinge aus Wien und Vorarlberg, die in den beiden einführenden Gesprächen zu Wort kommen, machten völlig unterschiedliche Erfahrungen. Eine junge Frau in Vorarlberg hatte nach ein paar unqualifizierten Jobs, die sie ausübte, keine Mühe, zuerst einen Ausbildungsplatz als Fitnesstrainerin zu bekommen, und auch den zweiten Lehrplatz in einem Möbelhaus konnte sie, nachdem der erste Lehrberuf vorzeitig aus gesundheitlichen Gründen aufgegeben werden musste, sehr schnell ohne Hilfe vom AMS organisieren. Ein Pflichtschulabsolvent entschied sich schließlich ebenfalls für die nunmehr zufriedenstellende Ausbildung in einem Möbelhaus. Sein erster Versuch in einem metallverarbeitenden Betrieb entsprach nicht seinen Berufsvorstellungen. Auch die dritte Gesprächspartnerin fand nach einigen Anfangsschwierigkeiten über das Schnuppern, das vom AMS organisiert wurde, in einem Betrieb eine Lehrstelle.

Schwieriger gestaltete sich der Übergang von der Schule in den Beruf für die Lehrlinge in Wien. Die jungen Frauen, die derzeit eine überbetriebliche Ausbildung absolvieren, haben sich aus unterschiedlichen Gründen für diese Variante entschieden. Eine hatte ihre Ausbildung als Friseurin aus disziplinären Gründen abbrechen müssen und ist froh, mit einer überbetrieblichen Lehre ihren zweiten Wunschberuf in Angriff nehmen zu können. Eine andere hatte ein betriebliches Ausbildungsangebot ausgeschlagen, weil sie die dreijährige Lehrzeit in einem anderen Bundesland, isoliert von ihrer Familie, verbringen hätte müssen.

Alle Lehrlinge haben mit Hilfe des AMS oder einer anderen Unterstützung im Zeitraum von einigen Monaten bis zu einem Jahr einen überbetrieblichen oder betrieblichen Lehrplatz bekommen.

Aus den Ausführungen der Lehrlinge in Vorarlberg und Wien lässt sich erkennen, dass eigentlich alle, abgesehen von ein paar Einschränkungen, mit ihrer derzeitigen beruflichen Ausbildung zufrieden sind. Die Lehrlinge, die sich überbetrieblich ausbilden lassen und in Wien leben, berichten aber auch von besonderen Schwierigkeiten bei der Lehrplatzsuche.

Einige Gründe für die unterschiedlichen Probleme von Jugendlichen hängen offensichtlich mit regionalen Unterschieden in Wien und Vorarlberg zusammen. (Siehe Kap. 6.5.9)

Aus den beiden Gesprächsprotokollen lassen sich im Wesentlichen fünf thematische Schwerpunkte ableiten:

- Die **Übergangsphase**: Eine Gruppe von Lehrlingen bewältigt den Übergang von der Schule in das duale berufliche Ausbildungssystem sehr erfolgreich. Es gibt Lehrlinge, die das Angebot der betrieblichen oder überbetrieblichen Ausbildung nutzen und so eine gute Basis für eine erfolgversprechende Berufskarriere erhalten.
  Ebenso gibt es eine Gruppe von Lehrlingen, die beim Übergang von der Schule in den Lehrberuf Probleme hat. Weder die betriebliche noch die überbetriebliche Ausbildung läuft so, wie sie in ihren Augen laufen sollte.

- Der **soziokulturelle Hintergrund**: Einige Lehrlinge sprechen konkrete Auswirkungen des soziokulturellen Hintergrundes und daraus resultierende Unterschiede in Bezug auf einzelne Zuwanderungsgruppen an.
- Die **betriebliche Berufsausbildung**: Lehrlinge, denen es nach der Schule gelingt, eine Lehrstelle in einem Betrieb zu bekommen, erzählen viel über positive, aber auch negative Aspekte ihrer Lehrzeit.
- Die **überbetriebliche Berufsausbildung**: Auch darüber gibt es unterschiedliche Meinungen bezüglich der Vor- und Nachteile dieses Lehrstellenangebotes, das für bestimmte Jugendliche eine sehr wichtige Ausbildungsschiene ist.
- Die **Berufsschule**: Sowohl die Lehrpersonen als auch die Berufsschülerinnen und -schüler haben es nicht immer leicht, die unterschiedlichen Erwartungshaltungen zu erfüllen.

Im Zuge der nun folgenden Auswertung aller Gesprächsprotokolle werden diese fünf Themenschwerpunkte analysiert und differenziert betrachtet. Ein besonderes Augenmerk wird dabei auf die Beantwortung der zentralen Forschungsfragen gerichtet, welche Lehrlinge mit welchem familiären und soziokulturellen Hintergrund besondere Probleme beim Zugang zu einer Lehrstelle und am Lehrstellenmarkt haben, sowie welchen Hürden sie begegnen.

3. Jugendliche mit Migrationshintergrund in der Lehre – Daten und Fakten

Im Anschluss an die beiden Gesprächsprotokolle wird, ehe die einzelnen Themenschwerpunkte analysiert werden, zunächst der quantitative Rahmen abgesteckt. Zur Charakterisierung der Lehrlinge mit Migrationshintergrund und des Lehrlingsarbeitsmarktes ist es wichtig, die Struktur der Bevölkerung insgesamt und der Jugendlichen als Bezugsgrößen zu kennen. Vorauszuschicken ist, dass die Aufbereitung der Zahlen des quantitativen Teils dieser Studie 2014 abgeschlossen wurde und sich die meisten Daten daher auf den Zeitraum vor 2014 beziehen.

Nach der Anwerbung von Gastarbeiterinnen und Gastarbeitern in den 1960er und 1970er Jahren sowie Flüchtlingsbewegungen während des Kalten Krieges hat die Zuwanderung nach Österreich seit den 1990er Jahren wieder stark an Dynamik gewonnen. Heute hat ein Fünftel der österreichischen Bevölkerung einen „Migrationshintergrund“:

- 15 Prozent der österreichischen Bevölkerung sind im Ausland geboren (erste Generation) und fünf Prozent haben Eltern, die beide im Ausland geboren wurden (zweite Generation).
- Zwischen den Bundesländern verliefen und verlaufen die Zuwanderungsmuster unterschiedlich. Mehr als 40 Prozent der Wiener Bevölkerung haben einen Migrationshintergrund, aber nur elf Prozent der Kärntner Bevölkerung. Mit knapp 25 Prozent bzw. 21 Prozent haben auch Vorarlberg und Salzburg vergleichsweise höhere Anteile. Die Anteile der anderen Bundesländer liegen unter dem österreichischen Durchschnitt und bewegen sich zwischen zwölf und 17 Prozent.
- Unter den Kindern und Jugendlichen (unter 15 Jahren) mit Migrationshintergrund ist der Großteil in Österreich geboren (82 Prozent). Bei den 15- bis 29-Jährigen sind es 34 Prozent. Bei den älteren Migrantinnen und Migranten sind hingegen nur zwölf Prozent (30 bis 44 Jahre), sechs Prozent (45 bis 59 Jahre) bzw. knapp 13 Prozent (60 Jahre und älter) in Österreich geboren.

- Die bevölkerungsreichsten Bundesländer sind Wien, Niederösterreich und Oberösterreich. In diesen Bundesländern leben zahlenmäßig auch die meisten Migrantinnen und Migranten – 712.000 in Wien, 223.000 in Oberösterreich und 215.000 in Niederösterreich.

Die dargestellten Zahlen stammen aus dem Mikrozensus. (Vgl. Statistik Austria 2015a, 2015b) Die Stichprobenerhebung lässt für kleinere Gruppen keine aussagekräftigen Daten zu. Die Jugendlichen im Ausbildungsalter von 15 bis 19 Jahren und die Lehrlinge lassen sich aber mit der Bevölkerungs- und Schulstatistik sowie mit Arbeitsmarktdaten charakterisieren:

- Österreich zählte 2012 484.000 Jugendliche im Alter von 15 bis 19 Jahren. Von ihnen waren 44.000 im Ausland geboren (zehn Prozent) und 50.000 waren ausländische Staatsangehörige (zehn Prozent).
- Die Zahl der 15- bis 19-jährigen Schülerinnen und Schüler spiegelt sich näherungsweise in der Zahl der Schülerinnen und Schüler an Polytechnischen Schulen, berufsbildenden mittleren und höheren Schulen, allgemeinbildenden höheren Schulen sowie Berufsschulen wider. Im Schuljahr 2012/13 waren dies zusammen knapp 447.000 Schülerinnen und Schüler. Von ihnen hatten 65.000 bzw. 15 Prozent eine andere Umgangssprache[2] als Deutsch. Im Vergleich dazu lag der Anteil unter allen Schülerinnen und Schülern (von der Volksschule bis zu maturaführenden Schulen) bei 20 Prozent und an den Berufsschulen bei zwölf Prozent.
- Zahlenmäßig leben die meisten 15- bis 19-Jährigen mit ausländischem Geburtsort, ausländischer Staatsangehörigkeit bzw. mit nicht deutscher Umgangssprache in Wien, Oberösterreich und Niederösterreich.
- Die höchsten Anteile verzeichnen Wien, Vorarlberg und Salzburg. 2012 waren 20 Prozent der 15- bis 19-jährigen Jugendlichen in

2) Die Umgangssprache ist nur ein näherungsweiser Indikator für einen Migrationshintergrund. Von der Umgangssprache kann nicht auf die Staatsangehörigkeit, Migrationsgeneration oder Deutschkompetenz der Jugendlichen geschlossen werden.

Wien im Ausland geboren, in Vorarlberg neun Prozent und in Salzburg acht Prozent. In Wien hatten 21 Prozent eine ausländische Staatsangehörigkeit, in Vorarlberg neun Prozent und Salzburg zwölf Prozent. Unter den Schülerinnen und Schülern lag der Anteil mit nicht deutscher Umgangssprache in Wien bei 35 Prozent, in Vorarlberg bei 13 Prozent und Salzburg bei zwölf Prozent.

Die niedrigsten Anteile bei diesen Kennwerten haben Kärnten und Niederösterreich sowie das Burgenland beim Geburtsland und der Staatsangehörigkeit. Der vergleichsweise hohe Wert im Burgenland bei der Umgangssprache (elf Prozent) hängt vermutlich mit den im Burgenland ansässigen Volksgruppen der Burgenland-Kroaten und Ungarn zusammen. (Vgl. Biffl, Skrivanek 2015, 23/Tabelle 1, 26/Tabelle 2)

Neben den unterschiedlichen regionalen Größenordnungen in der Bevölkerung ist zu berücksichtigen, dass Jugendliche mit Migrationshintergrund – wie die Gruppe der Migrantinnen und Migranten in Österreich ganz allgemein – eine heterogene Gruppe sind, die sich in der Migrationsgeneration, den individuellen und/oder familiären Migrationsgründen und Herkunftsregionen unterscheidet. Jugendliche mit Migrationshintergrund im Lehrlingsalter können beispielsweise Nachkommen der Gastarbeitergeneration der 1960er und 1970er Jahre sein, mit ihren Eltern im Rahmen der EU-Freizügigkeit oder als Flüchtlinge nach Österreich gekommen sein oder in einer Familie mit Fluchtgeschichte aufgewachsen sein.

3.1 Lehrlinge mit Migrationshintergrund

Die Anzahl der Lehrlinge wird in drei Statistiken erfasst, als Zahl der

1. Lehrverhältnisse in der Lehrlingsstatistik der Wirtschaftskammer Österreich,
2. Berufsschülerinnen und -schüler in der von Statistik Austria erstellten Schulstatistik sowie der
3. Lehrlingsbeschäftigungsverhältnisse in den vom Hauptverband der Sozialversicherungsträger und AMS gespeisten Arbeitsmarktdaten.

Die Statistiken unterscheiden sich in ihrem Zweck, ihren Datengrundlagen und in der Erhebungsart. Dadurch bestehen z. B. Unterschiede im Erhebungsstichtag und in den erhobenen Informationen. In den Arbeitsmarktdaten sind die überbetrieblich ausgebildeten Lehrlinge nicht separat erfasst, sondern als Teilnehmende an AMS-Qualifizierungsmaßnahmen erfasst.

Laut Lehrlingsstatistik gab es 2012 (Stichtag 31. Dezember) 125.000 Lehrlinge, laut Schulstatistik waren es im Schuljahr 2012/13 131.000 Berufsschülerinnen und -schüler, laut Arbeitsmarktdaten gab es im Jahresdurchschnitt 2012 100.000 Lehrlinge.

Zur Charakterisierung der Lehrlinge mit Migrationshintergrund basiert dieses Kapitel vor allem auf den Arbeitsmarktdaten und der Schulstatistik, die mehr Informationen zum Migrationshintergrund (generierte Variable Migrationshintergrund bzw. Umgangssprache) sowie zur Vorbildung der Lehrlinge enthalten.

Ausgangspunkt für die Feststellung, dass Jugendliche mit Migrationshintergrund vor allem in der Lehre unterrepräsentiert sind, ist die Schulstatistik. Hier zeigt sich im Vergleich mit den anderen Schultypen, dass an den Berufsschulen der Anteil an Schülerinnen und Schülern mit anderen Umgangssprachen als Deutsch am niedrigsten ist.

- Im Schuljahr 2012/13 lag ihr Anteil an den Berufsschulen bei zwölf Prozent gegenüber einem Anteil von 21 Prozent an den berufsbildenden mittleren Schulen (BMS) sowie jeweils etwa 15 Prozent an den allgemein- bzw. berufsbildenden höheren Schulen (AHS bzw. BHS). (Vgl. Biffl, Skrivanek 2015, 10/Abbildung 1)

Geht man davon aus, dass die Polytechnischen Schulen (PTS) traditionell eine Brückenfunktion zwischen der Erfüllung der Schulpflicht und dem Beginn einer Lehre im Alter von 15 Jahren haben sowie mit dem Besuch einer Hauptschule/Neuen Mittelschule tendenziell ein berufsbildender Bildungsweg eingeschlagen wird, werden zwar viele Jugendliche mit Migrationshintergrund in diese Richtung gesteuert, wollen oder können diesen Weg dann aber nicht einschlagen.

- An den PTS lag der Anteil der Schülerinnen und Schüler mit anderen Umgangssprachen bei 28 Prozent, an den Hauptschulen bei 21 Prozent und an den Neuen Mittelschulen bei 28 Prozent.

In den Arbeitsmarktdaten ist der Anteil von Jugendlichen mit Migrationshintergrund höher als in der Schulstatistik. (Vgl. Biffl, Skrivanek 2015, 27/Abbildung 4) Es wurde bereits darauf hingewiesen, dass die Umgangssprache nur ein näherungsweiser Indikator für einen Migrationshintergrund ist. In den Arbeitsmarktdaten wird ein Migrationshintergrund generiert. Hier gilt als Migrant bzw. eine Migrantin der ersten Generation, wer eine ausländische Staatsangehörigkeit hat oder eingebürgert wurde. Als Migrant bzw. Migrantin der zweiten Generation gilt, wer bei einem Migranten/einer Migrantin der ersten Generation mitversichert war.

- Demzufolge hatten von den 100.000 Lehrlingen im Jahrdurchschnitt 2012 15 Prozent einen Migrationshintergrund.
- Zahlen- und anteilsmäßig steht Wien an erster Stelle. 4.300 bzw. 35 Prozent hatten einen Migrationshintergrund.
- Zahlenmäßig an zweiter und dritter Stelle stehen Oberösterreich mit 2.700 und Niederösterreich mit 1.700 Lehrlingen mit Migrationshintergrund. Neben diesen drei, gemessen an der Bevölkerung, größten Bundesländern hat auch Tirol eine größere Zahl von Lehrlingen mit Migrationshintergrund mit 1.500 Jugendlichen.
- Bei den relativen Anteilen stehen allerdings Vorarlberg mit 21 Prozent und Salzburg mit 17 Prozent an zweiter und dritter Stelle. An vierter Stelle folgt Tirol mit 14 Prozent.

3.2 Soziodemographische Struktur

Die Lehre ist ein traditionell „männlicher“ Ausbildungsweg, und zwar unabhängig von der in der Schulstatistik erfassten Umgangssprache. In allen Gruppen liegt der Anteil der weiblichen Lehrlinge bei etwa einem Drittel (deutsche, türkische, bosnisch-kroatisch-serbische, andere Umgangssprache). Die Lehrlinge mit Migrationshintergrund sind im Durchschnitt etwas älter als jene ohne Migrationshintergrund. Von den Lehrlingen ohne Migrationshintergrund zählten gemäß Arbeitsmarktdaten 2012 knapp 90 Prozent zur Altersgruppe der 15- bis 19-Jährigen und knapp zehn Prozent zu den 20- bis 24-Jährigen. Bei den Jugendlichen mit Migrationshintergrund waren hingegen 83 Prozent zwischen 15 und 19 Jahren und knapp 16 Prozent 20 bis 24 Jahre alt. Österreichweit stammten

2012 mehr als drei Viertel der Lehrlinge mit Migrationshintergrund aus Nicht-EU-Staaten, wobei der Großteil aus den früheren Gastarbeiteranwerbeländern Jugoslawien und Türkei kommt. Zwischen den Bundesländern besteht eine erhebliche Varianz in der Struktur. (Vgl. Biffl, Skrivanek 2015, 28/Abbildung 5, 36/Tabelle 4, 38/Tabelle 5)

- Wien und Vorarlberg haben mit 90 bzw. 87 Prozent die höchsten Anteile von Lehrlingen aus Drittstaaten. Während die Jugendlichen in Wien dabei mehrheitlich aus Nachfolgestaaten Jugoslawiens kommen, ist in Vorarlberg die Hälfte der Lehrlinge mit Migrationshintergrund türkischstämmig.
- Während auch in Oberösterreich, Salzburg, der Steiermark und Kärnten (mehr als) die Hälfte der Lehrlinge mit Migrationshintergrund aus Nachfolgestaaten Jugoslawiens kommt, haben die türkischstämmigen Jugendlichen in keinem anderen Bundesland so hohe Anteile wie in Vorarlberg (50 Prozent). Insbesondere in der Steiermark und Kärnten sind mit einem Anteil von sieben Prozent bzw. vier Prozent nur wenige Lehrlinge türkischstämmig. Weitere Besonderheiten bestehen in Tirol. Hier kommt mehr als ein Viertel der Lehrlinge mit Migrationshintergrund aus EU-14-Ländern, der Großteil aus Deutschland. Das Burgenland hat die höchsten Anteile bei Jugendlichen aus mittel- und osteuropäischen Ländern (EU-10).

Diese Strukturen müssen im Zusammenhang mit der regionalen Zuwanderungsgeschichte gesehen werden. So hatte etwa in der Steiermark die Zuwanderung von Gastarbeiterinnen und Gastarbeitern, insbesondere aus der Türkei, eine untergeordnete Bedeutung. Vorarlberg war hingegen ein wichtiges Zielbundesland der Gastarbeiter- und Gastarbeiterinnenzuwanderung, woraus sich der hohe türkischstämmige Lehrlingsanteil erklärt.

3.3 Gewählte Lehrberufe

In der Forschungsliteratur wird festgestellt, dass die Ausbildungswege und Berufswünsche von jungen Männern durchlässiger sind und bessere Möglichkeiten zu Weiter- und Höherqualifizierungen bieten als die von den jungen Frauen gewählten. (Vgl. Hackl, Wenty 2011, 109) Es ist jedoch wichtig darauf hinzuweisen, dass die geschlechtsspezifischen Wahlmöglichkeiten vor allem vom vorhandenen Lehrstellenangebot abhängig sind. Weil sich das Angebot für weibliche Lehrlinge auf wenige Berufssparten beschränkt, ergibt sich auch eine höhere Konzentration auf wenige Lehrberufe. Auswertungen der Schulstatistik nach Umgangssprache deuten darauf hin, dass diese Konzentration auf wenige Lehrberufe unter Jugendlichen mit anderen Umgangssprachen als Deutsch stärker ausgeprägt ist. (Vgl. Biffl, Skrivanek 2015, 41/Abbildung 13, 42/Abbildung 14–15)

- Bei den männlichen Lehrlingen konzentrieren sich von den Jugendlichen mit deutscher Umgangssprache 23 Prozent auf die fünf am häufigsten gewählten Lehrberufe, von den türkischsprachigen 31 Prozent und von den bosnisch-kroatisch-serbisch-(BKS)-sprachigen 26 Prozent.
- Bei weiblichen Lehrlingen liegen die Anteile bei den deutschsprachigen bei 42 Prozent, bei den türkischsprachigen bei 61 Prozent und bei den BKS-sprachigen bei 55 Prozent.

Die häufigsten Lehrberufe sind bei den weiblichen Lehrlingen mit Deutsch als (erster) Umgangssprache Bürokauffrau, Friseurin, der Lebensmittel-Einzelhandel, der Allgemeine Einzelhandel und Restaurantfachfrau. Auch die weiblichen Lehrlinge mit türkischer bzw. BKS-Umgangssprache wählen diese Berufe, mit Ausnahme von Textil-Einzelhandel statt Restaurantfachfrau, am häufigsten. Bei den männlichen Lehrlingen mit deutscher Umgangssprache sind es die Bereiche Maschinenbautechnik, Elektro- und Gebäudetechnik/Elektroinstallationstechnik, Mechaniker (Pkw), Tischler und Koch. Bei den türkischsprachigen männlichen Lehrlingen sind es auch die Elektro- und Gebäudetechnik/Elektroinstallationstechnik und Mechaniker (Pkw) sowie die Berufe Installateur, Maler und Maurer. Bei den jungen Männern mit BKS-Umgangssprache waren, wie bei den türkischsprachigen Jugendlichen, Elektrotechnik, Installateur und Maler unter den ersten fünf, sowie der Allgemeine Einzelhandel und Restaurantfachmann. (Vgl. Biffl, Skrivanek 2015, 43/Tabelle 6)

Für junge Frauen ist es typisch, dass sie sich auf wenige Lehrstellen konzentrieren und diese im Allgemeinen Lehrstellen mit niedrigem Einkommen, prekären Beschäftigungsverhältnissen, geringen Aufstiegschancen und Brüchen in der Erwerbslaufbahn sind. (Vgl. Lentner 2011a, 33)

3.4 Vorbildung der Lehrlinge

Für Jugendliche führen gewissermaßen viele Wege in die Lehre, wie die schulstatistischen Auswertungen verdeutlichen. (Vgl. Biffl, Skrivanek 2015, 30/Abbildung 6)

- Nur in einem Drittel der Fälle erfolgt der Übertritt von einer Polytechnischen Schule, die in der Architektur des österreichischen Schulsystems der vorgesehene Bildungsweg wäre.
- Knapp ein Sechstel der Lehrlinge hat die Schulpflicht schon vor der neunten Schulstufe erfüllt. Das kann etwa aufgrund eines Vorschuljahres und/oder von Klassenwiederholungen sein. Das heißt, von den Schülerinnen und Schülern der ersten Berufsschulklassen des Schuljahres 2011/12 hatten 15 Prozent im Schuljahr 2010/11 die Hauptschule besucht.
- In den verfügbaren Bildungsdaten wird nicht zwischen Jugendlichen, die den Lehrberuf gewechselt haben, und jenen, die die erste Berufsschulklasse wiederholen müssen, differenziert. 8,5 Prozent waren im Schuljahr 2011/12 schon im Vorjahr in einer Berufsschule gewesen.
- Knapp ein Drittel hat vorher eine weiterführende Schule besucht und mit dem Eintritt in die Lehre statistisch gesehen einen Ausbildungswechsel vollzogen. An den weiterführenden Schulen (AHS, BMHS) liegt der Anteil der Jugendlichen mit Ausbildungswechsel dagegen bei weniger als zehn Prozent.

Der hohe Anteil von Ausbildungswechseln hängt mit dem zweistufigen Zugang in die Berufsbildung zusammen. Die schulische Berufsbildung kann bereits in der neunten Schulstufe mit dem Eintritt in eine weiterführende Schule begonnen werden. Für den Beginn einer Lehre muss die Schulpflicht erfüllt sein. Jugendliche können für das neunte Schuljahr auf eine weiterführende Schule ausweichen, anstatt in eine Polytechnische Schule zu gehen. Bock-Schappelwein, Huemer, Pöschl (2006) diskutieren als möglichen Grund, dass mit der Absolvierung des neunten Schuljahres in einer weiterführenden Schule bessere Signaleffekte bei der Lehrstellensuche erwartet werden. (Vgl. S. 12) Lassnigg spricht beim Zugang zur Lehre von einer „zweiten Selektionsrunde", nämlich nachdem sich schon viele Jugendlichen für eine weiterführende Schule entschieden haben und ausgewählt wurden. (Vgl. Lassnigg 2013, 315)

3.5 Zusammenfassung der wichtigsten Daten

Österreich ist ein Zuwanderungsland. 15 Prozent der Österreicherinnen und Österreicher sind im Ausland geboren. Zwischen den Bundesländern gibt es große Unterschiede. Mehr als 40 Prozent der Wiener Bevölkerung haben einen Migrationshintergrund, der Anteil in Vorarlberg beträgt 21 Prozent.

An den PTS lag der Anteil von Schülerinnen und Schülern mit einer anderen Umgangssprache im Schuljahr 2012/13 bei 28 Prozent, an den Berufsschulen 2012 zwischen zwölf Prozent und 15 Prozent. (Unterschied Schul- und Arbeitsmarktdaten). Wien liegt in dieser Statistik zahlen- und anteilsmäßig mit 35 Prozent österreichweit an erster, Vorarlberg anteilsmäßig an zweiter Stelle mit 21 Prozent.

Die duale Berufsausbildung ist männlich dominiert. Der Anteil der weiblichen Lehrlinge beträgt in Österreich ein Drittel. Lehrlinge mit Migrationshintergrund sind im Durchschnitt etwas älter als Lehrlinge ohne Migrationshintergrund. 2012 stammten drei Viertel der Lehrlinge mit Migrationshintergrund aus Nicht-EU-Staaten. In Wien überwiegen Lehrlinge mit einem ex-jugoslawischen Hintergrund, in Vorarlberg ist der Großteil türkischstämmig.

Bei jungen Frauen mit anderer Umgangssprache als Deutsch konzentriert sich die duale Berufsausbildung im Wesentlichen auf vier Berufe: Bürokauffrau, Friseurin, Verkäuferin und Restaurantkauffrau. Bei den Burschen mit Migrationshintergrund gibt es fünf Favoriten: Elektrotechnik, Installateur, Maler, Allgemeiner Handel und Restaurantfachmann. Die Lehrstellenangebote bieten Burschen in der Regel bessere Weiter- und Höherqualifizierungen. Die vorhandenen Lehrstellen für junge Frauen führen hingegen meist zu einem niedrigeren Einkommen, verbunden mit prekären Beschäftigungsverhältnissen. Sie haben geringere Aufstiegsmöglichkeiten und ihr Erwerbsleben ist durch viele Brüche gekennzeichnet.

Nur ein Drittel der Schülerinnen und Schüler der ersten Berufsschulklassen nimmt die duale Berufsausbildung nach Absolvierung der PTS in Anspruch. Knapp ein Drittel der Lehrlinge der ersten Berufsschulklassen hat zuvor eine weiterführende Schule besucht.

4. Die Übergangsphase

Im folgenden Abschnitt wird untersucht, welche Voraussetzungen einen problemlosen Übergang von der Schule in das duale berufliche Ausbildungssystem begünstigen bzw. erschweren.

4.1 Günstige Voraussetzungen für einen problemlosen Übergang von der Schule in die Lehre

Grundsätzlich haben längst nicht alle Jugendlichen mit Migrationshintergrund nach Beendigung der Schulpflicht den Wunsch, einen Lehrberuf zu erlernen. In Wien wählte nur rund jeder fünfte Lehrling, den ich interviewt habe, nach der Absolvierung der Schulpflicht sofort das duale Berufsausbildungssystem und schaffte problemlos den Übergang von der Schule in den Lehrberuf. Alle anderen gingen entweder in eine weiterführende Schule oder hatten beim Wechsel in die Lehrausbildung kleinere oder größere Probleme. In Vorarlberg ist es umgekehrt: Hier strebten vier von fünf meiner Gesprächspartnerinnen und -partner nach Absolvierung der Pflichtschule sofort eine Lehre an und nur wenige machten den Umweg über eine Fachschule oder eine andere weiterführende Schule. Typisch zufriedenstellende Einstiege in Lehrberufe unmittelbar nach Absolvierung der Schulpflicht zeigen oft folgende Verläufe:

Isidora (16): *„Ich bin jetzt im zweiten Lehrjahr. Ich habe zuerst die KMS und danach das Poly besucht. Ich hatte keine Lust mehr in die Schule zu gehen, ich wollte arbeiten und Geld verdienen. In der Poly habe ich in einem Supermarkt geschnuppert, diese Arbeit hat mir gefallen. Ich habe bereits in der Poly Bewerbungen für eine Lehrstelle im Einzelhandel oder als Bürokauffrau geschrieben. Ich habe einige Tests absolviert, Gespräche geführt und am Ende habe ich mich für den Verkauf entschieden. Ich habe schon im August angefangen.*

Die Großeltern meiner Mutter stammen aus Serbien, mein Vater ist Österreicher und arbeitet als Polizist. Meine Mutter ist im Einzelhandel beschäftigt.“

Die junge Frau aus Wien wollte offensichtlich dem Beispiel ihrer Mutter folgen. Sie hatte keine Probleme, eine Lehrstelle im Einzelhandel zu finden.

Tabata (20): *„Ich bin jetzt im dritten Lehrjahr. Ich habe sofort einen Ausbildungsplatz bekommen. Die meisten Hotels in Wien suchen Lehrlinge. Ich wollte nicht mehr in die Schule gehen, ich wollte selbstständig sein und Geld verdienen. Ich habe mich für die Lehre entschieden, obwohl sie nicht so hoch angesehen ist. Meine Lehrer im Gymnasium haben mir abgeraten, weil ich eine gute Schülerin war. Sie haben gesagt: Mach lieber die Schule weiter. Nein, habe ich gesagt, mit der Lehre habe ich etwas Praktisches in der Hand, nicht nur die Theorie. Das ist besser für mich. Jetzt arbeite ich schon drei Jahre und sammle Berufserfahrung, was für die Zukunft super sein wird.*

Meine Eltern kommen aus Afghanistan. Ich lebe seit zwölf Jahren in Wien. Meine Mama hat Osteoporose, mein Vater wird jetzt bald 60. Für ihn ist es schwierig, eine Arbeit zu finden. Er hat früher in einem Hotel gearbeitet."

Der Vater arbeitete im Hotel und seine Tochter macht in dieser Berufssparte eine Lehrausbildung. Sie spricht ein akzentfreies Deutsch. Die offensichtlich angespannte finanzielle Situation in der Familie bestärkte die junge Frau darin, eine Lehre zu machen und Geld zu verdienen, um finanziell unabhängig zu werden. Sie wählte einen Lehrberuf, für den es in Wien viele Angebote gibt.

Sinan (17): *„Nach der Schule wollte ich lieber einen Beruf lernen. Die Schule bringt nichts. Ich habe schon in der Hauptschule und später in der Poly in der Firma geschnuppert, wo ich jetzt die Berufsausbildung mache. Die Arbeit in dieser Firma hat mir sehr gefallen, ich habe den Aufnahmetest geschafft und im September angefangen.*

Mein Vater ist in der Türkei geboren, er ist in Frühpension, er hat seine Bandscheiben als Hilfsarbeiter in der Firma, in der ich jetzt arbeite, ruiniert. Meine Mutter ist Hausfrau. Ich habe drei Geschwister, die noch alle schulpflichtig sind. Mein Vater wollte, dass ich weiter in die Schule gehe, meine Mutter hat gesagt, ich soll machen, was ich will."

Dieser Jugendliche absolviert seine betriebliche Berufsausbildung in einer Firma in Vorarlberg, die seinem Vater mit seiner unqualifizierten Arbeit schwere gesundheitliche Probleme beschert hat. Mit seiner Qualifizierung baut der junge Mann einem ähnlichen Schicksal vor und sichert sich aller Voraussicht nach eine bessere berufliche Zukunft.

Kadri (17): *„Ich habe bereits in der Hauptschule in einem Kfz-Betrieb geschnuppert. Dann habe ich in einer anderen Firma ein Praktikum gemacht. Dort hat es mir so gut gefallen, dass ich mich beworben und angefangen habe. Da ist alles tipptopp. Der Chef schaut sich immer die Noten aus der Berufsschule an. Jeden Donnerstag, wenn wir wieder in die Firma kommen, müssen wir ihm die Noten vorlegen. Das Blatt wird abgestempelt. Wenn man gute Noten hat, gibt es Prämien.*

Mein Vater schafft bei der Firma E. als Staplerfahrer, Mama ist Hausfrau. Ich habe noch einen Bruder, der in derselben Firma wie ich beschäftigt ist, er ist 21 Jahre alt. Er hat wie ich in dieser Firma die Lehre gemacht und arbeitet immer noch hier."

Beide Lehrlinge leben in Vorarlberg und haben einen türkischen Migrationshintergrund. Ein Teil ihrer Familien arbeitet in derselben Firma, was eine Aufnahme in diesen Betrieb offensichtlich begünstigt hat.

Hamed (19): *„Ich komme aus Afghanistan. Ich war 14 Jahre alt, als ich nach Österreich gekommen bin. Die Schulausbildung begann ich in der vierten Klasse Hauptschule, ich habe den Hauptschulabschluss geschafft. Danach besuchte ich die Poly. Ich habe positive Noten. In der Firma C. habe ich geschnuppert und im September durfte ich dort anfangen. Ich lerne wie meine Kollegen die Stahlbautechnik. Ich muss sehr viel lernen, Vierer sind schlecht. Ich muss versuchen Dreier und bessere Noten zu bekommen."*

Eine erstaunliche Ausnahme ist der reibungslose Übergang dieses jungen Mannes aus Afghanistan, der ohne Familienmitglieder in Vorarlberg lebt und es dennoch innerhalb kürzester Zeit geschafft hat, eine betriebliche Berufsausbildung zu beginnen. In Wien wäre die Situation für den jungen Mann wegen der angespannten Lehrstellensituation vermutlich anders gewesen. In der Regel brauchen Lehrlinge mit Migrationshintergrund die tatkräftige Unterstützung von nahen Verwandten, die ihnen einen reibungslosen Einstieg ins Berufsleben ermöglichen. Dazu die folgenden Beispiele aus Wien:

Nevena (17): *„Ich habe nach der Poly sofort als Einzelhandelskauffrau in einem Supermarkt angefangen, ich bin durch meine Schwester reingekommen."*

Amer (16): *„Ich habe keine Bewerbungen abgeschickt, mein Papa kennt ein paar Leute, er hat gesagt: Mein Sohn sucht eine Lehrstelle. Ich bin hingegangen, habe unterschrieben und seither arbeite ich in einem Supermarkt. Nach der Schule hatte ich nur einen Monat frei. Am 1. August habe ich meine Arbeit begonnen. Es war eine gute Entscheidung. Ich verdiene mein eigenes Geld und gehe trotzdem noch zur Schule, in die Berufsschule."*

Bei näherem Nachfragen stellte sich heraus, dass seine Mutter in der selben Supermarktkette in Wien beschäftigt ist. Die Eltern stammen aus Bosnien.

Lukas (19): *„Ich bin vor drei Jahren aus Polen nach Österreich gekommen. Über meinen Onkel habe ich die Chance erhalten, hier Mechaniker zu lernen. Am Anfang hatte ich keine Deutschkenntnisse, ich konnte nur zuschauen und nichts fragen. Es ist gegangen, weil die Firma gesehen hat, dass ich arbeiten kann. Ich hatte ein halbes Jahr Zeit, um Deutsch zu lernen. In der Berufsschule habe ich jetzt alles Einser. Ich wollte diese Chance unbedingt nützen, Mechaniker war schon immer mein Traumberuf. In Polen hätte ich keine Chance gehabt. Ich wohnte dort in den Bergen, da gibt es keine Werkstätten und es gibt nicht so viele Arbeitsplätze."*

Dieser junge Mann ist hochmotiviert, er nützt die Gelegenheit, in Österreich seinen Traumberuf zu lernen. Selbst die fehlenden Sprachkenntnisse hat er innerhalb kürzester Zeit mit Bravour gemeistert. Ohne familiäre Unterstützung hätte sich für ihn diese Chance nicht eröffnet. Wie wichtig eine familiäre Unterstützung für die Begründung eines Lehrverhältnisses ist, zeigt auch der folgende Fall:

Yakub (18): *„Ich habe die HTL besucht, aber weil ich mich handwerklich als Null fühlte, wechselte ich danach in die HAK. Ich verbrachte die Ferien gerade in der Türkei, als mich mein Schwager anrief und fragte, ob ich nicht bei ihm die Lehre machen will. Er hat damals die Autowerkstatt von seinem Chef übernommen. Mein Vater hat mitbekommen, dass ich nicht mehr so gerne in die Schule gehe, und ist einverstanden gewesen, dass ich dieses Angebot annehme.*

In der HAK wäre ich sicher nicht weiter gekommen. Ich hatte keine Lust mehr zu lernen. Am Anfang habe ich immer gelernt, aber irgendwann habe ich aufgehört. In der HAK war es schwerer als in der HTL, weil es da viele Mädchen gibt.“

Der junge Mann macht jetzt eine betriebliche Ausbildung als Kfz-Techniker in Wien und ist sehr zufrieden damit. Ohne konkretes Angebot aus der nahen Verwandtschaft wäre dieser Jugendliche womöglich wie viele andere ein Schulabbrecher geworden.

Auch Lehrpersonen, die gute Kontakte zu Firmen pflegen, können sehr hilfreich sein, wie das folgende Beispiel zeigt:

Multan (20): *„Im 20. Bezirk hat es in der Poly einen Lehrer gegeben, der viele Kontakte zu Firmen hatte. Er hat mich in einer Elektrofirma untergebracht. Ich bin Angehöriger der Sikh-Religion. Ich musste damals die Entscheidung treffen, den Turban abzulegen und meine Haare zu schneiden. Auf der Großbaustelle mussten alle einen Helm tragen, mit dem Turban ging das nicht. Ich habe die Haare schneiden lassen. Innerhalb unserer Religionsgemeinschaft wird das inzwischen gut toleriert. Ich will meine Haare nicht mehr wachsen lassen, man muss sich im Leben anpassen.“*

Schnell einen Lehrplatz zu finden gelingt fast nur, wenn es sich dabei um einen Lehrberuf handelt, für den es eine große Nachfrage gibt, oder, wie bereits dargestellt, nahe Angehörige und Lehrpersonen bei der Suche helfen.

Eine weitere wichtige Unterstützung bietet das AMS, an das sich Schülerinnen und Schüler, die einen Lehrplatz suchen, nach Absolvierung ihrer Schulzeit oft wenden. Vom AMS Wien wird, wie in anderen Bundesländern auch, vielen jugendlichen Lehrplatzsuchenden zunächst ein „Berufsorientierungskurs“ (BOKU) angeboten. Manchmal geht es über diese Schiene recht schnell, einen begehrten Lehrplatz zu finden:

Rabia (18): *„Ich bin bald fertig. Ich wollte nach der Schule arbeiten und Geld verdienen. Ich habe mich beworben, aber keine positiven Antworten bekommen. Dann bin ich zum AMS gegangen und dort haben sie mir einen BOKU gegeben. Ich wollte Immobilienkauffrau lernen, mein*

Trainer hat mir einen Beruf im Hotel- und Gastgewerbe vorgeschlagen. Er hat gesehen, dass ich kontaktfreudig bin. Ich habe seinen Vorschlag angenommen und ihm gesagt, dass ich es versuchen will. So habe ich meinen Lehrplatz in einem Hotel gefunden.“

Niemand aus ihrer türkischstämmigen Familie arbeitet in dieser Branche. Ohne Unterstützung vom AMS hätte die junge Frau kaum eine Berufsausbildung machen können. Andere erfolgreiche Vermittlungen über das AMS verlaufen ähnlich, wobei wiederum auffällt, dass vor allem jungen Frauen, aber auch Burschen das große Lehrplatzangebot im Handel, Hotel- und Gastgewerbe sehr entgegenkommt. Die meisten Lehrlinge wissen diese Ausbildungsmöglichkeiten durchaus zu schätzen. So meint etwa **Yilmaz** (17) erfreut: *„Manchmal hat man viel Glück, dann geht die Lehrplatzsuche schnell.“*

Ähnlich unproblematisch verläuft das Finden eines Ausbildungsplatzes in einem anderen Lehrplatzsegment. Die Nachfrage nach Friseurlehrlingen ist zum Beispiel in Vorarlberg so groß, dass bevorzugt weibliche, aber auch einige männliche Jugendliche auch ohne Unterstützung vom AMS fündig werden. Sind ihre Mütter noch zusätzlich Stammkundinnen in den jeweiligen Friseurläden, geht die Lehrplatzsuche oft besonders schnell über die Bühne:

Leyla (18): *„Ich habe es nach der Poly zuerst als IT-Technikerin in der Firma, wo meine Mama beschäftigt ist, versucht. Nach einem Monat habe ich gesehen, dass mir diese Arbeit keinen Spaß macht. Bereits während des Besuches der Poly habe ich im Friseurgeschäft, in dem sich meine Mutter immer ihre Haare schneiden lässt, geschnuppert. Eigentlich wollte ich nach meinem missglückten Ausflug in die Technikbranche als Übergang nur einen Ferialjob in diesem Friseurladen machen, aber der Chef hat mich sofort in sein Team aufgenommen. Das war ein großes Glück.“*

Vor allem in Vorarlberg gelingt es mehr Jugendlichen als in Wien, auch ohne Unterstützung seitens der Familie oder des AMS einen attraktiven Lehrplatz zu finden. Das hängt vor allem mit dem vergleichsweise größeren Lehrplatzangebot zusammen. In Vorarlberg stehen den Schulabsolventinnen und -absolventen rund 7.500 Lehrstellen zur Verfügung, im bevölkerungsmäßig nahezu fünf Mal so großen Wien wurden 2014 lediglich rund 17.500 Lehrlinge ausgebildet.

Über die Hälfte davon entfällt auf drei Branchen: Hotel-Gastgewerbe, Friseur und Handel. (Vgl. WKÖ, Lehrlingsstatistik).

Baris (17): *„Nach der Schule habe ich mich bei ein paar Firmen beworben. Ich habe eine Zusage und eine Absage bekommen. Über die Absage war ich danach sehr froh, es handelte sich um eine Stelle als Bürokaufmann, eine total langweilige Arbeit wäre das gewesen. Bei der Firma H. lerne ich jetzt Zerspanungstechnik. Das passt sehr gut, ich bin sehr zufrieden."*

Ähnlich unproblematisch verlief der Übergang von der Schule in die Lehre bei **Yunus** (17): *„Ich hatte schon in den Ferien davor ein Praktikum in einer Firma in Liechtenstein gemacht. Nach dem Schulabbruch habe ich mich dann für die Lehre Zerspanungstechnik beworben und wurde aufgenommen."*

Das Verbindende dieser Beispiele erfolgreicher Lehrstellensuche sind in der Regel gute Abschlusszeugnisse und ein Wohnsitz in Vorarlberg. Problemlose Übergänge wie der folgende sind seltene Ausnahmen:

Marko: *„Ich wollte weiter in die Schule gehen, habe aber zwei Mal wiederholt. Auch in der Poly war ich ein schlechter Schüler. Ich habe in einem Supermarkt berufspraktische Tage gemacht und konnte danach dort eine Lehre anfangen. Manchmal braucht man Glück im Leben."*

Diesem Wiener Jugendlichen ist es durchaus bewusst, dass er mit seiner schlechten Performance in der Schule großes Glück hatte, einen betrieblichen Ausbildungsplatz zu bekommen.

Zusammenfassend lässt sich sagen: Ein weitgehend problemloser Übergang von der Schule in die Lehre gelingt, wenn folgende günstige Voraussetzungen gegeben sind:

- Die berufstätigen nahen Verwandten vermitteln aufgrund ihrer guten Firmenkontakte Lehrstellen.
- Absolventinnen und Absolventen von Polytechnischen Schulen, deren Lehrpersonen gute Verbindungen zu Firmen haben, geben bei der Lehrplatzsuche Unterstützung.
- Das AMS ist ebenfalls eine große Hilfe bei der Lehrplatzsuche.

- Über ein erfolgreiches Praktikum schaffen es einige Jugendliche selbstständig eine Lehrstelle zu finden.
- Gute Schulzeugnisse und damit verbunden gute Sprachkenntnisse begünstigen die Lehrplatzsuche.
- Die Chancen für eine selbstständige erfolgreiche Lehrstellensuche steigen, wenn sich Jugendliche auf Branchen konzentrieren, die dringend Lehrlinge suchen.
- Die Auswertung der Interviews und die statistischen Daten zeigen, dass in Vorarlberg Jugendliche mit Migrationshintergrund bessere Möglichkeiten haben, einen attraktiven Lehrplatz zu finden, als in Wien.

4.2 Schwierige Schulkarrieren

Viele Jugendliche mit Migrationshintergrund erleben während ihrer Schulbesuchszeit kürzere und längere Phasen der Erfolglosigkeit. Welche Gründe es für nicht besonders erfolgreiche Verläufe ihrer Schulkarrieren gibt, wird in diesem Abschnitt näher untersucht.

Der folgende Dialog unter Jugendlichen führt gut in dieses Thema ein. Die 16-jährige **Yesim** aus Wien erzählt: *„Meine Eltern haben immer gearbeitet. In der Hauptschule waren meine Noten nicht gut. Ich hatte nicht die Chance, mit jemandem zu lernen, und allein schaffte ich es nicht. Mama und Papa waren wenig da und sie kennen sich auch nicht aus. Damals haben sie viel Geld ausgegeben, sie haben sich wirklich bemüht, damit bei mir etwas weitergeht, aber es hat nichts geholfen. Die Eltern wollten, dass ich weiter in die Schule gehe."* Ihre Kollegin **Seda** erwidert daraufhin: *„Wenn die Eltern sagen, mach die Matura, dann wollen sie damit deine Chancen erhöhen. Wenn in einer Bewerbungsunterlage Lehrling und in einer anderen Matura steht, dann ist das ein großer Unterschied." „Aber heutzutage bekommt man mit Matura auch keinen Arbeitsplatz mehr"*, entgegnet **Yesim**. **Seda** erwiedert daraufhin: *„Das hängt vom Einzelnen ab. Ein Arbeitsplatz ist mit einer Matura noch nicht gesichert, das stimmt. Es kommt darauf an, was du weiter machst. Wenn du studierst, dann ist das ein großer Unterschied zum Lehrling. Aber manche machen eine Lehre und sind besser dran als jene, die eine Matura gemacht haben. Meine Eltern hätten nichts dagegen gehabt, wenn ich Medizin studiert hätte, aber sie haben auch gesagt, was ich machen will, das soll ich machen."*

Diese beiden jungen Frauen haben sich für eine Lehre entschieden, weil sie in der Fortsetzung ihrer Schulkarriere keinen Sinn sahen. Ihren Eltern wäre es allerdings lieber gewesen, sie hätten die Schulkarriere fortgesetzt. Es fällt auf, dass unter den Eltern mit Migrationshintergrund der Wunsch, eine weiterführende Schule zu besuchen, sehr verbreitet ist. Zugewanderte Familien wissen über das österreichische Schulsystem oft wenig Bescheid, dies lässt sich wiederholt aus verschiedenen Gesprächssequenzen ablesen. Das duale Ausbildungssystem, das es vor allem in den deutschsprachigen Ländern gibt, ist den Zugewanderten, so scheint es, besonders fremd. (Vgl. Kapitel 5.4)

Ein Lehrling, der zunächst eine überbetriebliche Lehre begonnen und über ein Praktikum einen betrieblichen Ausbildungsplatz bekommen hat, erzählt: *„Nach der Hauptschule wollte ich weiter in die Schule gehen. Das haben in meiner Familie alle Geschwister gemacht, einige haben die Schule abgeschlossen, andere haben sie abgebrochen. Ich habe gehört, dass es eine Berufsschule gibt, aber was das genau ist, habe ich nicht gewusst."*

Jugendliche mit Migrationshintergrund sind oft schlecht über das österreichische berufliche Ausbildungssystem informiert und zudem mit den Herausforderungen der Schule vielfach auf sich selbst angewiesen. Das zeigt sich wiederholt in den Aussagen über ihre Schulzeit. Eine Jugendliche erzählt: *„Ich habe immer selber lernen müssen, meine Eltern konnten mir nicht helfen. Ich überlegte in die Handelsschule zu gehen, das wäre aber nur Zeitverschwendung gewesen. Danach hätte ich wahrscheinlich keinen Job gefunden und hätte erst wieder eine Lehre machen müssen."*

Diese Jugendliche spielte mit dem Gedanken, die Handelsschule zu besuchen, die sie wahrscheinlich nicht erfolgreich abschließen hätte können. Damit ist ihr höchstwahrscheinlich ein Schulabbruch erspart geblieben. Das Festhalten an hohen Bildungszielen ist weit verbreitet, wie auch die folgenden Beispiele zeigen:

Mirinda: *„Am Anfang wollte ich weiter in die Schule gehen, aber die Lehrer haben gemeint, dass es besser für mich wäre, einen Beruf zu lernen. Die Lehrer meinten, eine weiterführende Schule wäre zu schwer für mich."*

Hikmet: *„Nach der Volksschule habe ich das Gymnasium besucht. Nach sieben Jahren habe ich die Schule abgebrochen. Ich wollte nicht mehr um jeden Preis die Matura machen. Es war mein eigener Wunsch die Schule abzubrechen, mit zunehmendem Alter wird man gescheiter."*

Mehmet (19): *„Ich habe drei Jahre HTL gemacht und bin jetzt im zweiten Lehrjahr. Englisch war bei mir das Problem, ich machte Informationstechnologie und da ist Englisch sehr wichtig. Das Programmieren ist alles auf Englisch. Meine Eltern waren nicht einverstanden, dass ich nach der dritten Klasse aufhörte, sie wollten, dass ich das Jahr wiederhole. Ich wollte aber lieber irgendeine Lehre suchen, ich wollte mir die HTL nicht mehr antun. Ich hatte keinen Bock mehr auf Schule. Jetzt mache ich Einzelhandelskaufmann und die Arbeit im Supermarkt gefällt mir. Mit der Lehrlingsentschädigung kann ich keine großen Sprünge machen, aber die finanzielle Unabhängigkeit von meinen Eltern ist ein großes Plus."*

Der junge Wiener hat mit seinem Schulabbruch seine Eltern enttäuscht. Er selbst ist jedoch mit seiner Entscheidung zufrieden.

Alma (16): *„Ich habe nach zwei Jahren die Handelsschule abgebrochen. Die Schule war zu schwer für mich, ich hatte viele Fünfer. Nach der Schule habe ich viele Bewerbungen geschickt, es sind keine oder nur negative Antworten gekommen. In einem Modegeschäft habe ich einen Test gemacht, über den Ausgang wurde ich nicht informiert. Nach den ergebnislosen Bewerbungen bin ich zum AMS gegangen, habe dort einen Kurs gemacht und weitere Bewerbungen geschrieben. Wieder bekam ich keine positive Antwort. Ich bin jetzt in einer überbetrieblichen Einrichtung und habe bereits drei Praktika als Einzelhandelskauffrau gemacht. Lieber arbeite ich in einem Drogeriemarkt als im Lebensmittelbereich, aber ich kann mir auch beides gut vorstellen."*

Die ebenfalls aus Wien stammende junge Frau hat viele Absagen auf ihre zahlreichen Bewerbungen bekommen. Ein Schulabbruch, verbunden mit einem schlechten Zeugnis, wird von vielen Firmen als Problem gesehen.

Aus den schlechten Noten in den Schulzeugnissen eine intellektuelle Minderbegabung abzuleiten, wäre verkürzt. Vielmehr spielt oft der spezifische sozioökonomische und soziokulturelle Hintergrund der Jugendlichen dabei eine Rolle, wie etwa das Beispiel von Zoran illustriert:

Zoran (19): *„Für mich war in der Schule das größte Problem, dass ich die Hausübungen nicht gemacht habe, deswegen hatte ich schlechte Noten. Nach der Schule traf ich mich lieber mit meinen Freunden im Park. Die Schularbeiten gelangen mir immer recht gut, aber das war zu wenig. Meine Eltern konnten sich nicht um meine Schulangelegenheiten kümmern, sie wollten nur nicht, dass ich durchfalle."*

Im Fall dieses Jugendlichen und seiner Freunde und Freundinnen lässt sich argumentieren, dass es für sie von Vorteil wäre, die Hausübungen gleich in der Schule erledigen zu können, was zum Beispiel in einer Ganztagsform einer Schule organisatorisch gut möglich wäre. Auf diese Weise könnte ihr schulisches Fortkommen in weiterführenden Schulen eher gesichert und somit das Ausbildungsniveau dieser Jugendlichen gehoben werden.

Ein Schulabbruch und/oder ein schlechtes Schulabschlusszeugnis sind allgemein keine guten Voraussetzungen, um problemlos den Übergang von der Schule in die Berufsausbildung zu schaffen. Im bislang schwerpunktmäßig als Halbtagsschule organisierten österreichischen Schulsystem ist vorgesehen, dass ein wichtiger Teil der Lernaufgaben außerhalb der Schule erledigt wird. Die zitierte Interviewpassage illustriert, was in der Forschungsliteratur konstatiert wird, wonach Schülerinnen und Schüler mit Migrationshintergrund in schulischen Belangen vergleichsweise stärker auf sich allein gestellt sind. Die Unterstützungsleistung ihrer Eltern ist öfter „abstrakt", z. B. durch Befürwortung des Bildungsaufstiegs, Ermahnungen zu lernen, Geschenke bei guten Noten, eine liebevolle Zuwendung. Direkte Unterstützung beim Lernstoff oder bei Hausaufgaben können sie vergleichsweise seltener geben. (Vgl. Boos-Nünning 2011, 37; Beicht, Granato 2011, 20f.; Beicht et al. 2011, 186; Hannes 2011, 124; Lentner 2011b, 150; Hofer, 2009)

Ein schlechtes Zeugnis oder ein Schulabbruch beeinflussen die Chancen, einen problemlosen Übergang von der Schule in die Lehre zu schaffen, überwiegend negativ. Unter solchen ungünstigen Voraussetzungen einen Lehrplatz zu bekommen, gelingt eher in Vorarlberg als in Wien, wie die beiden folgenden Beispiele zeigen:

Giuseppe (18): *„Mein Zeugnis war nicht berühmt. Ich war nach der Pflichtschule ein Jahr zu Hause, weil ich nichts Geeignetes gefunden habe. Jetzt bin ich Friseurlehrling, was mir sehr gut gefällt. Zuvor habe ich es im Metallbereich und als Bäcker probiert. Diese beiden Berufe haben mir nicht zugesagt. Mein Vater wollte unbedingt, dass ich etwas mit Metall mache, aber mir gefällt der Beruf des Friseurs viel besser."*

Bis er den richtigen Lehrberuf finden konnte, brauchte der junge Mann sehr lange. Dazu führt er näher aus: *„Bei der Lehrplatzsuche habe ich in einem Friseurgeschäft gefragt, ob sie mich als Lehrling aufnehmen. Der Chef hat zu mir gesagt, dass ich zu spät dran bin, ich soll nächstes Jahr wieder kommen. Während der langen Wartezeit habe ich immer wieder ein wenig ausgeholfen und nach einem Jahr durfte ich endlich mit der Lehre beginnen."*

Der Vorarlberger hat mit seinem schlechten Schulabgangszeugnis die lange Durststrecke von einem Jahr sinnvoll überbrückt, indem er immer wieder seine Dienste im Friseurladen angeboten hat. Er ist froh, einen Beruf gefunden zu haben, der ihm liegt. Sein Vater hat in der Zwischenzeit seine Profession akzeptiert. Die Berufsschule bereitet diesem jungen Mann aufgrund seiner hohen Motivation keine Probleme und selbst die Allergien, die bestimmte Tönungsmittel bei ihm hervorrufen, irritieren ihn nicht besonders. Er nimmt dagegen ein Medikament, das den unangenehmen Juckreiz auf seinen Händen und Unterarmen eindämmt.

Ein schlechtes Abschlusszeugnis erschwert die Lehrplatzsuche, was auch das folgende Beispiel gut dokumentiert:

Hakan (17): *„Ich habe insgesamt fünf, sechs Bewerbungen geschrieben. Ich wollte unbedingt Elektroinstallationstechniker werden, das war mein Traumberuf, weil mein Bruder diesen Beruf auch ausübt. Daraus ist leider wegen meines schlechten Abschlusszeugnisses nichts geworden. Das AMS hat mir gesagt, dass ich das ÜAZ anschauen soll. Hier hat es mir gleich gut gefallen. In drei Monaten mache ich den Lehrabschluss in Metallbearbeitung."*

Der Übergang von der Schule in den Beruf verläuft auch hier nicht wunschgemäß. Erst mit Hilfe des AMS hat der junge Mann in Vorarlberg die Möglichkeit bekommen, eine berufliche Ausbildung zu machen. Als Lehrling hat er ein großes Durchhaltevermögen bewiesen, sich viele praktische Kenntnisse erworben und bisher die Anforderungen der Berufsschule problemlos geschafft. Er hat sich somit trotz seiner Startschwierigkeiten eine gute Basis geschaffen, auf der sich eine erfolgreiche Berufskarriere aufbauen lässt.

Der eine Lehrling hat viel Geduld bewiesen, er hat ein Jahr lang zugewartet, bis er seine Wunschlehre beginnen konnte. Der andere musste sich von seinem Traumberuf verabschieden, was ihm anfangs sicher nicht leicht gefallen ist, und freut sich jetzt über den bevorstehenden Lehrabschluss. Ohne das Angebot der überbetrieblichen Ausbildung hätte dieser junge Mann vermutlich keine Berufsausbildung machen können. Wie wichtig die überbetriebliche Ausbildungsmöglichkeit besonders für Jugendliche mit einem schlechten Schulabschlusszeugnis ist, zeigen die folgenden Beispiele:

Zeeshan (19): *„Ich lebe seit acht Jahren in Österreich, ich bin in die erste Klasse Hauptschule eingestiegen. Nach der Schule wollte ich mich im TGM anmelden, aber weil ich keine guten Noten hatte, haben sie mich nicht genommen. Statt dem TGM bin ich in die Poly gegangen. Ich habe dann einen zweiten Versuch für die Aufnahme in das TGM gemacht. Wieder war ich erfolglos. Dann habe ich mich beim AMS angemeldet und bin so in die ÜBA gekommen. Jetzt lerne ich im dritten Jahr Stahlbautechnik."*

Yilderim (17): *„Ich habe den Pflichtschulabschluss, dann war ich beim AMS. Ich habe eine Lehrstelle als Maurer gesucht und sie haben mich einem BOKU zugewiesen. Am Ende des Kurses habe ich einen Zettel bekommen, dass ich hier in der ÜBA anfangen kann. Ich habe mich nirgends beworben und mich in keiner Firma vorgestellt, das hätte mit meinem Zeugnis ohnehin nichts gebracht."*

Der eine Lehrling hatte mit seinem schlechten Zeugnis keine Chance eine Lehrstelle zu bekommen, der andere Lehrling konnte mit Hilfe des AMS über die überbetriebliche Ausbildungsschiene seinem beruflichen Wunschziel näherkommen.

Murat (19): *„Ich habe ein positives Abschlusszeugnis und bin nach der Schule nicht gleich zum AMS gegangen. Ich wollte eigentlich Kfz-Technik machen, weil mir ein Chef versprochen hat, dass ich in seiner Firma* *anfangen kann. Als ich ihn dann angerufen habe, meldete er sich nicht am Telefon. Vier Monate habe ich gesucht, dann bin ich doch zum AMS gegangen und habe einen BOKU gemacht. Wieder habe ich viele Bewerbungen geschrieben, die Antworten waren negativ. Das AMS hat mir vorgeschlagen, entweder Gärtner oder Maurer zu lernen. Ich habe mich für Maurer entschieden. Jetzt könnte ich schon im dritten Lehrjahr sein, aber ich habe wiederholt, weil ich wegen einer Operation drei Wochen nicht in der Berufsschule war. Viele Kollegen haben die Ausbildung abgebrochen. Wir sind jetzt nur mehr zu zweit, am Anfang waren wir 24 im Kurs. Zwei von uns haben eine betriebliche Lehre als Stuckateure bekommen, alle anderen haben aufgegeben. Sie sind nicht mehr gekommen, wir wissen nicht, was sie jetzt machen."*

Jede Bewerbung um einen attraktiven Lehrberuf scheint vergebene Mühe zu sein, wenn die Voraussetzungen fehlen. Ein schlechtes Schulzeugnis minimiert die Chancen bei der Lehrplatzsuche. Die überbetriebliche Berufsausbildung ist für Jugendliche mit schlechten Schulzeugnissen eine gute und vielfach die einzige Möglichkeit, einen Lehrberuf zu ergreifen. Der Hinweis des Maurerlehrlings, dass viele seiner Kollegen die überbetriebliche Lehre abgebrochen haben, deutet an, dass den Anforderungen dieser Art der beruflichen Qualifizierung längst nicht alle Jugendlichen gewachsen sind.

Zusammenfassend lässt sich sagen: Auffällig viele Jugendliche mit Migrationshintergrund, vor allem diejenigen, die in Wien leben, hatten ursprünglich vor, eine weiterführende Schule zu besuchen. Viele entscheiden sich erst für eine Lehrausbildung, nachdem sie vorher erfolglos eine BHS, AHS oder eine Fachschule besucht haben. Eine Lehre wird vor allem in Wien erst als zweite Möglichkeit ins Auge gefasst.

Dieses Verhalten ist insofern erstaunlich, weil viele Jugendliche bereits während ihrer Absolvierung der Pflichtschulzeit keine guten Noten haben und somit die Voraussetzungen für eine erfolgreiche Schulkarriere vielfach nicht gegeben sind. Selbst der Übergang von der Schule in die Lehre geht unter diesen Voraussetzungen oftmals nicht problemlos über die Bühne.

Mit schlechten Schulabgangszeugnissen und/oder einem Schulabbruch haben viele Jugendliche große Schwierigkeiten, eine betriebliche Lehrstelle zu finden. Ohne das Angebot von überbetrieblichen

Berufsausbildungen wäre ihnen der Weg zu einer beruflichen Ausbildung schlichtweg versperrt.

Insgesamt fällt auf, dass

- es unter den Zuwanderungsgruppen kein ausreichendes Wissen über das duale berufliche Ausbildungssystem in Österreich gibt,
- eine häufig anzutreffende falsche Selbsteinschätzung auf einen großen Wissensmangel in Bezug auf das österreichische Bildungssystem hinweist,
- das österreichische Schulsystem für Schülerinnen und Schüler aus sozioökonomisch schwachen Familien ungünstig organisiert ist, da es kein ausreichendes Ganztagsschulangebot gibt,
- schlechte Schulabschlusszeugnisse und/oder ein Schulabbruch die Chancen am Lehrstellenmarkt massiv negativ beeinflussen,
- ohne das Angebot der überbetrieblichen Berufsausbildung die Chancen einer Karriere mit Lehre sehr gering sind,
- Jugendliche auch das Angebot einer überbetrieblichen Ausbildung nicht immer nützen und die Lehre abbrechen,
- Jugendliche in Vorarlberg im Gegensatz zu Wien oft mehrere betriebliche Lehrstellenangebote bekommen. Nach einem ersten Scheitern gibt es oft noch einen zweiten oder gar dritten betrieblichen Lehrversuch, ehe die Jugendlichen auf eine überbetriebliche Ausbildungseinrichtung angewiesen sind. In Wien haben Jugendliche mit Migrationshintergrund kaum die Chance, von einem betrieblichen Lehrplatz zu einem anderen zu wechseln, ihnen bleibt als einzige Alternative oft nur die überbetriebliche Ausbildung.
- In Wien führt der erste Weg bei der Lehrstellensuche oft direkt zum AMS, in Vorarlberg wird das AMS (das lässt sich aus den Erzählungen der Gesprächspartnerinnen und -partner ablesen) meist erst nach längerer ergebnisloser Lehrplatzsuche kontaktiert.

4.3 Lieber später als nie eine Lehre beginnen

Die vorangegangenen Überlegungen beziehen sich auf Jugendliche mit Migrationshintergrund, die aufgrund schlechter Schulzeugnisse keine idealen Voraussetzungen für einen problemlosen Wechsel von der Schule in die Lehre mitbringen. Einige Jugendliche sind sich dieser Gefahr durchaus bewusst und bemühen sich rechtzeitig, Vorkehrungen für eine erfolgversprechende Lehrstellensuche zu treffen. Sie versuchen einen Schulabbruch und/oder ein schlechtes Abschlusszeugnis zu vermeiden, um ihre Chancen bei einer geplanten Lehrstellensuche zu erhöhen.

Jasmina (19): *„Ich habe ein Jahr die Handelsschule versucht, sie aber nicht geschafft. Ich bin danach noch freiwillig ein Jahr in die Poly gegangen, weil ich mir meine Noten verbessern wollte. Meine Eltern waren nicht erfreut darüber, dass ich die Schule abgebrochen habe, aber es ist mein Leben, es ist meine Entscheidung."*

Die Handelsschule wurde mit so schlechten Noten abgebrochen, dass diese junge Frau aus Wien noch ein Jahr in die Poly ging, um mit einem besseren Zeugnis mehr Chancen am Lehrstellenmarkt zu haben. Ihr Kalkül ist aufgegangen, sie bekam eine betriebliche Lehrstelle und sie freut sich inzwischen über ihren vergleichsweise hohen Lebensstandard, den sie mit ihrer Entscheidung, einen Beruf zu lernen und eigenes Geld zu verdienen, erreichen konnte.

Manchmal schaffen es Jugendliche mit Migrationshintergrund noch rechtzeitig und wahren so ihre guten Chancen auf eine Lehrstelle, wie auch das folgende Beispiel zeigt.

Rafet (17): *„Ich bin ins Gymnasium gegangen. Nach der fünften Klasse wollte ich nicht mehr weiter in die Schule gehen. Lernen ist nicht mein Ding, wäre ich weiter in die Schule gegangen, hätte ich viele Dreier, Vierer, vielleicht auch Fünfer bekommen. Ich hätte nur Zeit verloren und am Ende hätte ich nichts."*

Der junge Mann hat rechtzeitig erkannt, dass eine Fortsetzung seiner Schulkarriere nicht von Erfolg gekrönt sein wird, und schaffte mit seinen noch zufriedenstellenden Abschlussnoten die problemlose Aufnahme in eine betriebliche Lehrausbildung.

Das folgende Beispiel verdeutlicht, wie schwierig es ist, wenn nicht zeitgerecht für gute Voraussetzungen gesorgt wird.

Maria (18): *„Nach der Schule habe ich eine wirtschaftliche Fachschule besucht. Eineinhalb Jahre bin ich dort gewesen, dann habe ich die Schule* *abgebrochen. Ich wollte einfach nicht mehr hingehen. Nach drei Jahren hat man keine Matura, keinen Beruf, kein Geld. Mit 15 Jahren habe ich das damals noch nicht so gesehen, ich wollte, wie alle meine Freundinnen, weiter in der Schule bleiben.“*

Mit 15 Jahren war diese Jugendliche aus Wien noch nicht bereit, eine Lehre zu machen. Auf diesen Gedanken ist sie erst zu einem Zeitpunkt gekommen, als sie keine positiven Perspektiven in der Fortsetzung ihrer Schulkarriere mehr gesehen hat. Sie fand, wie sie mir erzählte, mit ihrer abgebrochenen Schulausbildung keinen Lehrplatz. So absolvierte sie einen AMS-Kurs, im Zuge dessen sie ein Praktikum machte. Dieses ist so erfolgreich verlaufen, dass sie nunmehr eine betriebliche Ausbildung macht. Über einen großen Umweg ist es der jungen Frau gelungen, eine betriebliche Lehre zu bekommen. Nicht jeder Schulabbruch wirkt sich demnach negativ auf eine erfolgreiche Lehrausbildung aus, wie auch das folgende Beispiel zeigt:

Condan (18): *„Ich habe die HTL gemacht, diese habe ich nach einem Jahr abgebrochen, danach bin ich zum AMS gegangen. Dieses hat mich in die überbetriebliche Ausbildung vermittelt. Hier machen wir Praktika in verschiedenen Firmen und bereits nach meinem zweiten Praktikum wurde ich von einem Hotel übernommen. Meine guten Englischkenntnisse haben mir dabei geholfen.“*

Im Normalfall haben Schülerinnen und Schüler, die von einem auf den anderen Tag beschließen, nicht mehr in die Schule gehen zu wollen, kaum Chancen auf eine betriebliche Lehre, ihnen steht meist nur die überbetriebliche Berufsausbildung offen.

Jugendliche, die erfolgreich eine weiterführende Schule abschließen, schaffen sich hingegen gute Voraussetzungen für eine erfolgreiche Lehrstellensuche, wie die zwei folgenden Beispiele zeigen:

Martina: *„Ich habe die Handelsschule abgeschlossen. Vorher hatte ich die HAK probiert, aber weil ich Probleme mit Italienisch hatte, wechselte ich in die HASCH. Als Abgängerin dieser Schule hatte ich keine Möglichkeit, in einem Büro zu arbeiten, überall hörte ich, dass ich keine Berufserfahrung habe. Meinen Kolleginnen ist es gleich gegangen. Viele machen danach den Aufbaulehrgang, aber was ist dann? Sie haben wieder keine Berufserfahrung. Mit der Lehre ist es besser, da hat man Berufserfahrung und bekommt auch noch Geld. Ich bereue es, dass ich die Han-*

delsschule besucht und so wertvolle Zeit vergeudet habe. Hätte ich die Lehre gleich begonnen, wäre ich schon längst fertig und hätte auch schon mehr Geld verdient. Damals wollte ich aber keine Lehre machen. Alle sagen: Lehre machen nur die, die keine Schule machen wollen oder dafür zu dumm sind – so ein Blödsinn."

Diese Einschätzung teilt auch **Mariam**, sie erzählt: *„Ich habe die Fachschule für wirtschaftliche Berufe gemacht, diese Schule hätte ich mir sparen können. Besser wäre es gewesen, wenn ich gleich eine Lehre angefangen hätte. Die Schule dauerte drei Jahre, immer wieder wollte ich die Schule abbrechen, aber wenn ich was anfange, will ich es fertig bringen. Es war ein Umweg, der einzige Vorteil war, dass ich in dieser Schule den Computerführerschein machte, der mir jetzt Vorteile bringt."*

Auch diese junge Frau hat mit ihrem positiven Schulabschluss einer dreijährigen Fachschule keine Probleme bei der Lehrplatzsuche. Sie bedauert zwar diesen Umweg, aber es ist keineswegs sicher, ob sie ohne diese günstige Voraussetzung bereits im Alter von 15 Jahren eine betriebliche Lehrstelle gefunden hätte.

Zusammenfassend lässt sich sagen: Um erahnten Schwierigkeiten bei der Lehrstellensuche vorzubeugen, versuchen Jugendliche aus ihrer jeweiligen schulischen Situation das Beste zu machen. So hängen einige freiwillig ein zehntes Schuljahr in einer Poly an, um ein besseres Abschlusszeugnis zu erreichen. Viele Schülerinnen und Schüler brechen ihre Schulkarriere ab, weil sie sehen, dass ihre Noten nicht besser, sondern eher schlechter werden. Ihre Chancen, bei der Lehrstellensuche erfolgreich zu sein, bleiben bei halbwegs positiven Schulnoten durchaus intakt. Einigen Jugendlichen gelingt es darüber hinaus, während der Absolvierung eines oder mehrerer Praktika ihre besonderen handwerklichen und persönlichen Fähigkeiten unter Beweis zu stellen und somit die Aussagen von Zeugnisnoten zu relativieren. Von besonderem Vorteil für eine erfolgreiche Lehrstellensuche erweist es sich, wenn eine weiterführende Schule positiv abgeschlossen werden konnte.

4.4 Schwarz- und Gelegenheitsarbeiten

Mit einem schlechten Schulabgangszeugnis und dem Wissen, dass es damit schwierig ist, einen betrieblichen Berufsausbildungsplatz zu finden, nutzen nicht wenige Schulabsolventinnen und -absolventen zunächst verschiedene Angebote einer Schwarz- und Gelegenheitsarbeit. Darüber geben die folgenden drei Beispiele Aufschluss:

Niyazi (18): *„Ich war im Poly und habe diese Schule nach einem halben Jahr abgebrochen. Ich musste diese Schule nicht fertig machen, weil es bereits mein zehntes Schuljahr war. Ich habe dann auf Baustellen gearbeitet. Ich wollte aber nicht Bauhilfsarbeiter bleiben und habe dann eine Lehrstelle gesucht, aber keine gefunden. Als ich 18 Jahre alt war, bin ich über das AMS in das ÜAZ gekommen, wo ich jetzt endlich eine Berufsausbildung machen kann."*

Nach drei Jahren Gelegenheitsarbeit am Bau hat der Interviewte erkannt, dass er als ungelernter Arbeiter keine zufriedenstellende Einkommenssituation erreichen wird, und sich doch noch für eine Berufsausbildung entschieden. Das Angebot der überbetrieblichen Berufsausbildung hat er gerne angenommen.

Enes (18): *„Ich habe privat in der Firma meines Onkels als Hilfsarbeiter gearbeitet. Ich habe aber beschlossen, dass das keine Lösung für die Zukunft ist. Ich war Beifahrer bei Zustelldiensten. Das Problem war, dass die Arbeit sehr unregelmäßig gewesen ist. Die Anrufe sind in der Früh, am Abend, am Wochenende gekommen und dann musste ich alles liegen und stehen lassen, um den Arbeitsauftrag zu erledigen. Nach drei Jahren habe ich gesagt: Scheiß drauf! Mein Onkel hat gut bezahlt, trotzdem habe ich ihm gesagt, dass ich jetzt eine Lehre machen will. Ich lerne jetzt Elektrotechnik, ich wusste nicht, dass es sich um eine überbetriebliche Ausbildung handelt, aber es passt schon."*

Dieses Beispiel verweist auf eine von mehreren Möglichkeiten, warum viele Jugendliche mit Migrationshintergrund nach der Schule aus jeder Statistik verschwinden. Dieser junge Mann hat, wie er angibt, mehrere Jahre „privat" in einem Familienbetrieb gearbeitet. Die unregelmäßige Arbeitszeit und damit die unregelmäßige Entlohnung haben ihn schließlich dazu bewogen, eine Lehre zu machen. Er hofft auf diese Weise ein Normalarbeitsverhältnis zu begründen und nicht weiter vom unregelmäßigen familiären Arbeitsangebot abhängig zu sein.

Viele zugewanderte Menschen können es sich schlicht nicht „leisten", bloß aus dem Einkommen einer Lehrlingsentschädigung ihre Lebensunterhaltskosten abzudecken. Besonders ältere Personen brauchen möglichst schnell Geld und somit Arbeit. Sobald sie genügend Einkommen haben, versuchen sie eine Berufsausbildung zu machen, um ihre berufliche Zukunft besser abzusichern. Dazu das folgende Beispiel eines Familienvaters aus Pakistan:

„Zuerst habe ich Zeitungen verkauft und danach zwölf Jahre als Koch gearbeitet. Dann bin ich acht Jahre Taxi gefahren. Normal ist im Winter viel Geschäft, aber der letzte Winter war sehr mild und dann sinkt die Nachfrage. Ich kam mit dem Einkommen nicht mehr aus. Ich bin Alleinverdiener und Vater von zwei Töchtern. Für die Wohnung zahle ich 700 Euro Miete. Ich bin zum AMS gegangen und habe gesagt, dass ich nicht mehr Taxi fahren will. Jetzt mache ich mit Unterstützung des AMS für acht Monate eine Intensivausbildung als Elektrotechniker. Am Wochenende fahre ich immer noch Taxi, unter der Woche besuche ich die Übungswerkstatt und die Schule. Ich freue mich über diese Herausforderung. Während des Wartens auf Kunden kann ich im Taxi gut lernen. Ich werde die Abschlussprüfung in Elektrotechnik machen und dann suche ich Arbeit."

Dieser Mann hat eine Reihe von unqualifizierten und angelernten Arbeiten, die alle in eine finanzielle Sackgasse führten, zu Gunsten einer beruflichen Ausbildung abgebrochen. Durch die Teilnahme an einer Qualifizierungsmaßnahme hofft dieser Familienvater künftig auf bessere Chancen am Arbeitsmarkt.

Zusammenfassend lässt sich sagen: Jugendliche, die keinen betrieblichen Lehrplatz finden und/oder finanziell unter Druck stehen, versuchen zunächst mit Schwarz- und Gelegenheitsarbeiten über die Runden zu kommen. Diese Art der beruflichen Karriere hat meist keinen langen Bestand. Die damit verbundenen Nachteile eines unregelmäßigen Einkommens und oft keiner Sozialversicherung gereicht den Betroffenen zum Nachteil. Erkennen sie dies, versuchen viele eine Berufsausbildung nachzuholen. Das zeigen auch die Auswertungen der

Arbeitsmarktdaten, wonach Lehrlinge mit Migrationshintergrund im Durchschnitt etwas älter sind. 83 Prozent sind im Alter von 15 bis 19 Jahren, 16 Prozent im Alter von 20 bis 24 Jahren gegenüber Anteilen von 90 Prozent und zehn Prozent bei den Lehrlingen ohne Migrationshintergrund. (Vgl. Kap. 3.2)

4.5 Rückzug aus Frustration

Schulabbruch und/oder schlechte Abschlusszeugnisse machen die Lehrplatzsuche zu einem schwierigen Unterfangen und können bei den Jugendlichen Frustration und Rückzug auslösen und/oder vorangegangene negative Erfahrungen (in der Schule) verstärken.

Ein angehender Elektrotechniker in Wien sagt: *„Ich mag die Schule nicht. Als ich in der vierten Klasse Hauptschule war, habe ich mir noch gedacht, ich will in die HAK oder HTL weitergehen. Jetzt denke ich mir: Zum Glück habe ich das nicht gemacht! Die Schule ist echt brutal scheiße. Die Berufsschule mag ich auch nicht, aber sie ist Pflicht. Zum Glück haben wir nur einen Tag pro Woche Schule.“*

Wenn zur schlechten Performance in der Schule, die eine Lehrstellensuche stark erschwert, noch persönliches Pech hinzukommt, ist der Frust besonders groß.

So erzählt **Ibo** (18): *„Ich hatte ein scheiß' Zeugnis, eine Firma wollte mich trotzdem nach zehn Monaten Praktikum aufnehmen, doch dann habe ich mir beim Fußballspielen die Hand gebrochen. Eine zweite Firma wollte mich auch aufnehmen, aber ich habe gesagt: Eure Firma ist scheiße, ich will bei euch nicht arbeiten.“*

Der Erzähler ist frustriert: Er hatte eine verkorkste Schulkarriere, die zu einem schlechten Abschlusszeugnis führte. Sein Freizeitunfall vereitelte die Chance auf eine Lehrstelle. Insgesamt scheint seine Frustration sehr groß, wie sich in den abwertenden Aussagen über seine letzte Firma und seine ehemaligen Arbeitskollegen zeigt. Derzeit ist der Jugendliche in einer überbetrieblichen Ausbildung und es ist zu hoffen, dass er Tritt fasst.

Eine nicht erfreuliche Schulkarriere kann zu Rückzug führen. Erst ein paar Jahre später wird versucht, eine weitere Ausbildung zu absolvieren, wie das folgende Beispiel aus Wien zeigt:

Gül (19): *„Ich habe die Pflichtschuljahre mit der vierten Klasse Hauptschule abgeschlossen. Dann war ich beim AMS, weil ich mit meinem schlechten Abschlusszeugnis keine Lehrstelle gefunden habe. Damals wusste ich nicht, wie man sich bewirbt, ich bin persönlich in die Firmen gegangen und habe mich dort vorgestellt. Die Firmen schauen immer aufs Zeugnis, sie kennen dich nicht, wissen nicht, wie du arbeitest, und wenn das Zeugnis schlecht ist, sagen sie nein. Du kannst ihnen nicht beweisen, wie du arbeitest. Ich habe im Jahreszeugnis drei Vierer gehabt. Insgesamt war ich zwei Jahre zu Hause. Ich habe mich damals sehr schlecht gefühlt. Weder als Friseurin noch als Bürokauffrau oder im Verkauf habe ich eine Arbeitsmöglichkeit gefunden. Seit ich hier in der ÜBA Einzelhandelskauffrau lerne, geht es mir gut. Eine Filialleiterin hat gesehen, dass ich sehr gut arbeite, und sie hat ermöglicht, dass ich die betriebliche Lehre machen kann. Meine Chefin hat mein Zeugnis nicht angeschaut. Normalerweise hast du keine Chance, eine betriebliche Ausbildung zu machen, wenn du im Zeugnis Vierer stehen hast. Du darfst nur Einser und Zweier haben. Das Praktikum war meine Chance, ich konnte beweisen, dass ich gut arbeite."*

Besonders markant an dieser Aussage ist der Hinweis, dass die junge Frau zwei Jahre zu Hause verbrachte. Damals, so erzählt sie, ging es ihr sehr schlecht. Durch die Möglichkeit der überbetrieblichen Ausbildung konnte sie Anschluss finden und sie wurde inzwischen in eine betriebliche Lehre übernommen. Aus einem frustrierten, niedergeschlagenen Mädchen wurde eine selbstbewusste, optimistisch in die Zukunft blickende junge Frau.

Eltern, deren Kinder sich nach Absolvierung einer meist nicht befriedigend verlaufenden Schulkarriere enttäuscht zurückziehen und keine Lust verspüren, sich einer neuen Ausbildung zu stellen, fühlen sich meist sehr hilflos. Dazu gibt das nächste Beispiel einen Einblick:

Karin (19): *„Nach der Schule hatte ich kein Interesse, mich irgendwo zu bewerben. Ich hatte keine Ahnung, was ich weiter machen will. Ich bin dann zwei Jahre zu Hause gewesen. Die Eltern wollten, dass ich was mache, es gab ständig Konflikte. Sie haben gesagt, man muss arbeiten, um ein selbstständiges Leben zu führen. Damals wollte ich nichts davon wissen."*

Inzwischen macht die junge Erwachsene eine überbetriebliche Ausbildung als Einzelhandelskauffrau, sie hat schon einige Praktika absolviert und gute Aussichten, im zweiten Lehrjahr in eine betriebliche Lehre zu wechseln.

In den Protokollen finden sich viele weitere Hinweise, wie schwierig es für Jugendliche ist, sich nach einem missglückten Schulbesuch für eine Berufsausbildung zu motivieren.

Dursun (18): *„Nach der Schule bin ich zu Hause geblieben, vor einem Jahr habe ich den AMS-Kurs belegt. Ich habe Bewerbungen geschickt, dann bin ich in diese überbetriebliche Ausbildungseinrichtung gekommen und befinde mich jetzt im Probemonat als Verkäufer in einem Sportgeschäft. Vorher war mir fad. Ich habe immer eine Arbeit gesucht, aber alles war negativ. Dann wird man frustriert, keiner will mich. Jetzt fühle ich mich sehr gut, ich habe eine Lehrstelle."*

Dauert die Arbeitssuche länger als ein halbes Jahr, werden die Absagen bei Bewerbungen als persönliche Niederlagen interpretiert, die zu großer Frustration führen. Wie sich die schlechte Stimmung schlagartig ändert, zeigt sich in der freudigen Reaktion des oben genannten jungen Mannes, wenn über den Umweg einer überbetrieblichen Ausbildung eine betriebliche Lehrstelle gefunden wird.

Die zahlreichen erfolglosen Bewerbungen nagen oft kräftig am ohnehin meist nicht sehr stark ausgeprägten Selbstwertgefühl der Jugendlichen, wie das folgende Beispiel zeigt:

Aslan (19): *„Nach der Poly war ich ein Jahr zu Hause, dann war ich beim AMS und habe mir verschiedene Berufe angeschaut. Ich habe mich beworben, habe entweder keine Antwort oder nur Absagen bekommen. Ich weiß nicht, warum das passiert ist. Ich heiße Aslan, das ist kein typischer ausländischer Name. Die zahlreichen Absagen waren bitter."*

Für die Erfolglosigkeit bei der Lehrplatzsuche werden verschiedene Gründe gesucht, auch solche, die weitgehend außerhalb des Einflussbereiches der handelnden Jugendlichen stehen. Viele Jugendliche begreifen die Absagen auf Bewerbungen als persönliche Niederlagen, als ein Signal, nichts wert zu sein, nicht gebraucht zu werden.

Manche Jugendliche mit Migrationshintergrund vermuten, dass hinter der Ignoranz ihrer Bewerbungen oder den Absagen auch Ausländerfeindlichkeit stecken könnte. Einige sind davon überzeugt, dass die Personalstellen in Firmen bei Bewerbungen weniger auf die Zeugnisnoten als vielmehr auf die Namen schauen. Firmen würden einen Unterschied machen, ob es sich bei einer Bewerbung um einen „Mehmet“ oder einen „Mario“ handelt. Die jugendliche Gesprächspartnerin (vgl. Kap. 2, Niki), welche am Anfang dieser Studie ausführlich zu Wort gekommen ist, fasst ihre Erfahrungen mit der Arbeitssuche kurz und bündig so zusammen: *„‚vic‘ und tschüss.“*

4.6 Diskriminierung – Daten und Fakten

Jugendliche mit Migrationshintergrund liegen mit ihrer Vermutung, wegen ihres ausländischen Namens benachteiligt zu werden, leider nicht ganz falsch.

Auf rechtlicher Ebene ist seit 2004 Diskriminierung im Arbeitsbereich, unter anderem aufgrund der ethnischen Zugehörigkeit oder Religion, verboten. Gleichzeitig bestehen Benachteiligungen von Arbeitssuchenden und Beschäftigten aufgrund ihrer Herkunft bzw. ethnischen Zugehörigkeit weiterhin und es wird festgestellt, dass die Sensibilität für solche Diskriminierungsformen und das Wissen über die geltende Rechtslage in Österreich bislang wenig im allgemeinen Bewusstsein verankert sind. (Vgl. ZARA 2011, 39) Wie die Erfahrung der österreichischen Gleichbehandlungsanwaltschaft zeigt, kommt Diskriminierung aufgrund der ethnischen Zugehörigkeit am Arbeitsmarkt vor allem im Bewerbungsverfahren, bei Beendigungssituationen und in Form von Belästigungen vor. (Vgl. Stanzinger 2012)

Hofer et al. (2013) untersuchten in Österreich das Rekrutierungsverhalten von Unternehmen mit fiktiven Bewerbungen von Bewerberinnen und Bewerbern mit österreichischer Staatsangehörigkeit und identischen Qualifikationen. Einige hatten einen Migrationshintergrund (Serbien, Türkei, Nigeria, China). Von den Bewerberinnen und Bewerbern ohne Migrationshintergrund wurden 37 Prozent zu einem Vorstellungsgespräch eingeladen, von den serbischen und chinesischen waren es 28 Prozent bzw. 27 Prozent, von den türkischen 25 Prozent und von den nigerianischen nur 18 Prozent. Ausgehend von diesen Ergebnissen sowie von Imdorf (2010) zur Rekrutierungspraxis von Lehrbetrieben in der Deutschschweiz und von Schneider,

Yemane und Weinmann (2014) für Deutschland, ist davon auszugehen, dass ein Teil der Schwierigkeiten von jugendlichen Migrantinnen und Migranten, eine betriebliche Lehrstelle zu finden, mit – unbewusster oder absichtlicher – Diskriminierung seitens der Lehrbetriebe zu tun hat. In der deutschen Studie wurde ein bundesweiter quantitativer Korrespondenztest durchgeführt. Es wurden an knapp 1.800 Unternehmen fiktive Bewerbungen geschickt, die zumindest einen Ausbildungsplatz für den Beruf Kfz-Mechatroniker/in oder Bürokaufmann/Bürokauffrau anboten. Die zwei Bewerbungen unterschieden sich im Namen. Der eine Bewerber hatten einen deutschen, der andere Bewerber einen türkischen Namen. Beide waren überdurchschnittlich qualifizierte männliche Schüler mit deutscher Staatsangehörigkeit mit gleichen Eigenschaften und Qualifikationen. Der Bewerber mit deutschem Namen erhielt häufiger eine Antwort auf seine Bewerbung. Der Bewerber mit türkischem Namen wurde seltener zum Vorstellungsgespräch eingeladen und erhielt häufiger eine Absage. Die Diskriminierungsrate war dabei in kleinen Unternehmen mit weniger als sechs Beschäftigten deutlich höher als bei mittleren und großen Unternehmen. (Vgl. Schneider, Yemane, Weinmann 2014, 4)

Praktikerinnen und Praktiker im Bereich der Arbeitsmarktpolitik berichten von Diskriminierungserfahrungen durch Lehrbetriebe, wie z. B. ÜBA-Trainerinnen und Trainer in Tirol bei der Suche nach Praktikumsplätzen: „Bei den Betrieben bestehen Vorurteile, d. h. die Betriebe hören den ausländischen Namen der Jugendlichen und stellen dann keinen Praktikumsplatz zur Verfügung bzw. fragen nach, ‚ob es denn keinen einheimischen Jugendlichen gibt' – und dies trotz guter Noten der Jugendlichen mit Migrationshintergrund" (zitiert in: Löffler, Helling 2011, 47f.).

Vertreterinnen und Vertreter von Wiener ÜBA-Ausbildungseinrichtungen beobachten, dass aufgrund des angespannten Lehrstellenmarktes Betriebe stark selektieren könnten und Bewerbungen von Jugendlichen mit schulischen Defiziten oder auch von Jugendlichen mit Migrationshintergrund im Bewerbungsverfahren schnell ausscheiden. (Vgl. Friedl-Schafferhans, Hausegger 2013, 25, vgl. auch Biffl, Faustmann, Rössl, Skrivanek 2012, 38) Imdorf stellte in seinen Untersuchungen in der Deutschschweiz fest, dass bei Jugendlichen mit

Migrationshintergrund oft schon bei der Durchsicht der schriftlichen Bewerbungen Schwierigkeiten basierend auf defizitären sprachlichen und schulischen Leistungszuschreibungen antizipiert wurden. Die Privilegierung von „Einheimischen" wurde oft mit dem besseren Sozialverhalten und in der Sprache im betrieblichen Sozialgefüge gerechtfertigt. (Vgl. Imdorf 2010, 204–205)

Der Wiener Verein „ZARA – Zivilcourage und Antirassismusarbeit" beobachtet bei den von Jugendlichen gemeldeten Diskriminierungsfällen im Bereich Lehre in letzter Zeit vermehrt Ablehnungen wegen des Tragens eines Kopftuchs, auch Fälle von Beschimpfungen durch Kolleginnen und Kollegen bzw. Chefs kommen vor, während Fälle ungleicher Arbeitsbedingungen in der Vergangenheit eher selten waren. Generell vermutet der Verein, dass von Jugendlichen weniger gemeldet wird, weil sie einerseits weniger über gesetzliche Gleichbehandlungs- und Antidiskriminierungsregelungen und ihre Rechte informiert sind als Erwachsene. Zum anderen besteht die Vermutung, dass der Verein ZARA unter den Jugendlichen weniger bekannt ist. Bei Diskriminierungen in der Arbeitswelt beobachtet ZARA generell, dass im Fall von Belästigungen oder Mobbing während eines aufrechten Dienstverhältnisses sich Betroffene informieren. Sie setzten aber aus Furcht vor negativen Folgen eher selten konkrete Schritte, z. B. um dann nicht von einer allgemeinen „Abbauwelle" betroffen zu sein.[3]

3) Telefonische Auskunft von ZARA, 31. März 2014. Die Gleichbehandlungsanwaltschaft führt auch Vorträge und Workshops an Schulen durch. Das oberösterreichische Regionalbüro, das an weiterführenden Schulen (Höhere Bundeslehranstalten für wirtschaftliche Berufe, Fachschulen für wirtschaftliche Berufe, Handelsakademien und Gymnasien) Vorträge und Workshops anbot, stellte dabei erhebliche Unterschiede im Informationsstand über das Gleichbehandlungsgesetz und Gleichstellungsthemen fest: „In Handelsakademien ist das Thema Gleichbehandlung nahezu unbekannt. In den anderen Schultypen wird es mit Begeisterung und Intensität diskutiert" (Anwaltschaft für Gleichbehandlung 2012, 44).

4.6.1 Reaktionen auf Diskriminierung

Jugendliche mit Migrationshintergrund sind, wie diese Studie zeigt, nicht immer benachteiligt. Vor allem mit guten Zeugnisnoten und Sprachkenntnissen haben sie in Vorarlberg, aber auch in Wien kaum Probleme, Lehrstellen zu finden. Allerdings handelt es sich dabei oft um Lehrberufe, die durch eine niedrige Lehrlingsentschädigung (Friseur) sowie lange und wechselnde Arbeitszeiten (Handel und Gastronomie) gekennzeichnet sind. Jugendliche mit Migrationshintergrund geraten besonders oft ins Hintertreffen, wenn sie sich für attraktive Lehrstellen (Kfz-Technik, Bürokauffrau) bewerben.

Einige Jugendliche sind, wenn sie Absagen auf Bewerbungen erhalten, so wütend, dass sie versuchen sich zu revanchieren. Ein junger Mann erzählt: *„Ich habe oft als Antwort auf meine Bewerbungen bekommen, dass Schulabgänger aus der HTL bevorzugt werden. Ich war wütend und habe erneut mein Bewerbungsschreiben geschickt und dann ist der gleiche Brief wieder gekommen. Ich wollte die Firma ein bisserl nerven. Ich wollte nicht gleich klein beigeben. Die Bewerbungsphase ist sehr schlimm. Wenn ich auf meine Bewerbungsschreiben keine Antworten bekommen habe, suchte ich die Firma persönlich auf. Es könnte ja sein, dass mein Schreiben nicht angekommen ist. Ich wollte, dass sie mir ins Gesicht sagen, dass sie mich nicht nehmen. Ich habe nicht angerufen, bin einfach hin gegangen, habe den Chef verlangt und gefragt. Genutzt hat es nichts, aber ich fühlte mich danach besser."*

Jugendliche reagieren manchmal sehr empfindlich, wenn ihre Bewerbungsschreiben unbeantwortet bleiben, einige geben es auf, Bewerbungen zu schicken, und resignieren, andere werden wütend und überlegen sich Strategien, wie sie diese unangenehme Aufgabe am besten bewältigen können.

Selbst wenn Jugendliche es schaffen, einen Lehrplatz zu bekommen, ist es keineswegs sicher, dass sie diesen über die gesamte Lehrzeit halten können.

Miro (19): *„Ich wollte unbedingt Automechaniker werden und habe eine Lehrstelle gefunden. Aber dort war ich nur ein Jahr, dann haben sie mich rausgeschmissen. In der Berufsschule war ich gut. Das Problem war, dass sie mir in der Werkstätte nichts gezeigt haben, ich habe dort die ganze Zeit über nur zusammengekehrt. Plötzlich wollten sie von mir* *wissen, was ich in diesem Jahr bei ihnen gelernt habe. Ich war danach ein Jahr zu Hause, ich habe Lehrstellen gesucht, ich war sogar beim AMS, aber ich hatte keinen Erfolg. Dann war ich wieder beim AMS und ich wurde gefragt, ob ich einen zweiten Lehrberuf als Wunsch hätte, ich sagte Maurer.*

Während meiner Arbeitslosigkeit habe ich viele Bewerbungen geschickt, aber es sind nur wenige Antworten gekommen. Eine Baufirma hätte mich aufgenommen, aber sie ist vorher in Konkurs gegangen, die anderen haben sich nicht gerührt. Mein Vater hat eine eigene Baufirma, vielleicht werde ich nach Abschluss meiner Lehre dort anfangen.

Ich werde diese überbetriebliche Lehre zum Abschluss bringen, das habe ich mir fest vorgenommen. Viele meiner Kollegen haben diese Ausbildung abgebrochen, drei Kollegen haben eine Lehrstelle gefunden und die anderen haben in einen anderen Beruf gewechselt oder arbeiten ohne Ausbildung, aber das hat keine Zukunft."

Dieser junge Mann hat einige frustrierende Erlebnisse bewältigen müssen, ehe er jetzt kurz vor seinem Lehrabschluss steht. Seine Karriere als Lehrling beweist, dass es mitunter einer dicken Haut und eines starken Willens bedarf, das jeweilige Ausbildungsziel nicht aus den Augen zu verlieren. In der Autowerkstatt hat sich dieser Lehrling nicht durchsetzen können, er fühlte sich als fünftes Rad am Wagen, dem nur niedrige unqualifizierte Arbeiten zugeteilt wurden. In der einjährigen Phase der Arbeitssuche war er auch nicht erfolgreich, letzten Endes jedoch bereit, sich ein anderes Ausbildungsziel zu suchen.

Frustration spricht auch aus folgenden Worten: **Neven** (16*): „Ich hätte die Schule sicher nicht geschafft. Ich war immer zu faul zum Lernen. Ich habe keinen Traum.*"

Wenn eine 16-Jährige sagt: *„Ich habe keinen Traum"*, weist dies auf eine schwerwiegende Desillusionierung hin. Eine ungünstige Schulkarriere nagt am Selbstwertgefühl vieler junger Menschen, sie trauen sich nur wenig zu und erwarten bereits in jungen Jahren nicht viel vom bevorstehenden Leben.

Auch die folgende Karriere einer jungen Frau in Vorarlberg ist bisher alles andere als geradlinig verlaufen: **Esra** (23): *„Ich bin nach der Hauptschule in die HASCH gegangen und habe diese Schule abgebrochen, ich hatte schlechte Noten, dann habe ich länger eine Lehre gesucht. Ich wollte ins Büro, aber ich bewarb mich auch für andere Lehrstellen.*

Eineinhalb Jahre habe ich gesucht und nichts gefunden. Ich habe dann vom AMS einen Berufsorientierungskurs besucht, damit ich leichter eine Arbeit finde. Aber dieser Kurs hat auch nichts genützt. Meine Lehrstelle Einzelhandel im Lebensmittelbereich habe ich letztlich über eine Bekannte bekommen.“

Eineinhalb Jahre erfolglos eine Lehre zu suchen ist alles andere als lustig. Der unmotivierte Entschluss, eine Fachschule statt einer Poly zu besuchen, hat die Situation verschlimmert. In der Poly werden die Schülerinnen und Schüler meist gezielt auf den Übertritt in die Lehre vorbereitet, in einer Handelsschule hat das keine Priorität. (Vgl. Hofer, 2012) Durch ihr unbefriedigendes Zeugnis hatte Esra bei der Lehrstellensuche schlechte Voraussetzungen, wodurch sich ihr Übertritt in das Berufsleben weiter verzögerte. Ohne familiäre Hilfestellung hätte sich ihre unbefriedigende Situation weiter verschlechtert.

Eine weitere Aussage zeigt ebenfalls, welche Probleme bei der Lehrplatzsuche auftreten können: **Hala** (19): *„Unmittelbar nach der Schule wollte ich mich noch nicht bewerben, ich hatte keine Ahnung, was ich lernen sollte. Ich habe mich dann für Friseurin entschieden. Kaum habe ich in einem Laden als Friseurlehrling geschnuppert, habe ich eine Allergie bekommen. Daraufhin bin ich zum AMS gegangen und dort wurde mir ein Lehrplatz Einzelhandelskauffrau Textil angeboten. Ich habe in einer Boutique angefangen die Lehre zu machen, nach einem Jahr habe ich dort aufgehört. Meine Chefin hat gesagt, dass sie es sich nicht mehr leisten kann mich auszubilden. Dann habe ich eine neue Lehrstelle im Lebensmittelbereich gefunden. Diese Änderungen in der Berufsausbildung haben mir nicht gefallen, zweimal den Beruf zu wechseln reicht mir.“*

Die Berufskarriere dieser jungen Frau in Vorarlberg verlief bisher alles andere als planmäßig.

Zusammenfassend lässt sich sagen: In diesem Abschnitt berichten Jugendliche davon, dass sie nach Absolvierung ihrer Schulpflicht ein, zwei und mehr Jahre zu Hause gewesen sind. In dieser Zeit fielen sie aus jeder Beschäftigungs- und Weiterbildungsstatistik heraus. Zwar schafften es meine Gesprächspartnerinnen und -partner, vor allem über eine überbetriebliche Berufsausbildung wieder Fuß in der Arbeitswelt zu fassen, aber ebenso wird deutlich, warum viele andere ihrer frustrierten Kolleginnen und Kollegen keine Lust mehr auf jede Art von Ausbildung haben und einige tatsächlich einfach zu Hause bleiben, anstatt einer Arbeit nachzugehen oder eine andere Ausbildung zu machen. Wenn sie in der Schule ständig mit schlechten Noten beurteilt werden, bei Bewerbungen auf Ignoranz und/oder Ablehnung stoßen, sie demnach keine entsprechende Anerkennung bekommen, führt dies nicht selten zu Wut und Verzweiflung. Einige Jugendliche bedienen sich einer derben Sprache, womit sie ihrem großen Frust Ausdruck verleihen. Andere Jugendliche ziehen sich leise zurück und sind bereits in jungen Jahren vom Leben, von dem sie sich nicht mehr viel erwarten, schwer enttäuscht. Diese frustrierende Stimmungslage ist besonders bei Jugendlichen stark verbreitet, denen es nicht gelingt, eine Berufsausbildung zu begründen. Dabei verfestigt sich bei jungen Menschen, deren Eltern nicht in Österreich geboren sind, die leider gut nachvollziehbare Einstellung, in Österreich systematisch benachteiligt und diskriminiert zu sein.

4.7 Die Notwendigkeit, flexibel zu reagieren

Jugendliche mit Migrationshintergrund durchleben in unterschiedlichem Ausmaß Phasen der Enttäuschung bis hin zur Frustration, weil sich das Berufsleben schwieriger entwickelt als erhofft. Anstatt daran zu verzweifeln, lernen einige Jugendliche frühzeitig, die wenigen Möglichkeiten einer Berufsausbildung so gut wie möglich zu nützen. Viele Jugendliche mit Migrationshintergrund reagieren bei der Suche nach Arbeit und Ausbildung notgedrungen sehr flexibel und sind mit dieser Strategie überraschend erfolgreich.

Dominik (18): *„Ich war zuerst drei Monate lang Kfz-Techniker, dann hatte ich eine Verletzung und musste meine Ausbildung abbrechen. Nach der Operation war ich neun Monate beim AMS gemeldet, sie wollten, dass ich eine andere Ausbildung mache, aber ich hatte Therapien und zum Schluss, es war Sommer, nahm ich mir einen Urlaub. Im Herbst habe ich dem AMS gesagt, dass ich bei einem Lebensmittelsupermarkt beginne, sie haben mich abgemeldet. Sie waren zufrieden, und ich bin es auch."*

Vom Kfz-Techniker zum Einzelhandelskaufmann im Bereich Lebensmittel ist es ein großer Sprung. Für diesen jungen Mann war die Entscheidung für eine andere Ausbildung als ursprünglich geplant kein großes Problem. In der konkreten Situation reagierte er flexibel auf die neue Lage und hatte Erfolg damit. In der Schilderung kommt aber auch die Orientierung an Gelegenheitsstrukturen zum Ausdruck. (Vgl. Dobischat et al. 2012, 75) Damit stellt sich in einer längerfristigen Perspektive die Frage, ob der erlernte Beruf im Lebensmitteleinzelhandel auch in Zukunft den Wünschen des jungen Mannes entsprechen kann. Bei einer fremdbestimmten Berufswahl ist die Wahrscheinlichkeit eines späteren Berufswechsels erhöht. (Vgl. Moser, Bilgili 2010, 41) Gleiches gilt für die Erfahrungen von Jasmina und Marco:

Jasmina (18): *„Eigentlich wollte ich nie im Verkauf arbeiten, aber weil ich keine Lehrstelle als Bürokauffrau fand, habe ich im Lebensmittelhandel angefangen. Es stellte sich heraus, dass ich einen sehr angenehmen Chef hatte und die Mitarbeiter waren auch sehr nett. Weil wir im Team gut zusammenarbeiten, macht mir die Arbeit Spaß."*

Marco (18): *„Ich wollte eigentlich immer zur ÖBB und dort Nachrichtenelektronik machen. Den Aufnahmetest habe ich sogar bestanden, aber es hat dann doch nicht geklappt. Dann schnupperte ich in einem Supermarkt und habe spontan gesagt: Hier fange ich an."*

Beide Lehrlinge aus Wien absolvieren eine andere Ausbildung als geplant, sie sind mit ihrer ursprünglich nicht angestrebten Berufswahl bisher sehr zufrieden.

Anders als geplant verlief auch die Ausbildungskarriere von **Sebastian** (17): *„Ich wollte eigentlich weiter in die HAK gehen, aber ich habe mich zu spät angemeldet und keinen Platz mehr bekommen, deshalb suchte ich eine Lehrstelle. Ich habe viele Bewerbungen geschrieben, die Branchen waren mir egal. Ich wurde einige Male zu Aufnahmetests eingeladen, aber bei denen bin ich immer durchgefallen. Ich habe mich zum Beispiel bei den „Wiener Stadtwerken" oder in einem Kfz-Betrieb beworben. Ich war dann kurze Zeit Maler und Anstreicher, doch dieser Beruf hat mir nicht gefallen und so habe ich nach vier Wochen gekündigt. Zwei Wochen war ich beim AMS, während dieser Zeit habe ich selbstständig* *eine Lehrstelle als Einzelhandelskaufmann gefunden. Ja, und so bin ich jetzt hier."*

Dieser junge Mann hatte ursprünglich ganz andere Pläne, er wollte weiter in die Schule gehen. Er hat sogar kurz einen handwerklichen Beruf ausgeübt, diesen aber wieder aufgegeben, weil er nicht seinen Vorstellungen entsprach. Mit seiner derzeitigen Lehrlingssituation ist er zufrieden.

Zeki (19): *„Zwei Jahre habe ich die Handelsakademie gemacht. Die Eltern wollten, dass ich die Schule weiter mache, ich wollte aber nicht mehr, ich wollte arbeiten und Geld verdienen. Nach der Schule habe ich gleich einen Lehrplatz als Wasser- und Heizungstechniker bekommen. Mit einem Monteur hatte ich aber von Anfang an Probleme. Dieser Mann stammte aus Ungarn, es gab viele Sprachschwierigkeiten.*

Ich habe mich beim Chef beschwert, dieser legte mir nahe zu kündigen. Das AMS hat mir eine überbetriebliche Ausbildung als Maurer organisiert. Jetzt bin ich im zweiten Lehrjahr, in der Berufsschule habe ich keine Probleme. Wenn ich dort etwas nicht verstehe, frage ich meinen Ausbildner."

Auch hier fällt ein mehrmaliger Ausbildungswechsel auf. Zuerst ging der knapp 20-Jährige auf Wunsch seiner Eltern weiter in die Schule, wechselte dann doch in einen Installateurbetrieb und landete schließlich in einer überbetrieblichen Ausbildungsfirma, wo er an seinem Maurerberuf Gefallen findet. Ohne seine Flexibilität, sich immer wieder auf neue Ausbildungsziele einzulassen, wäre diese durchaus erfolgversprechende Karriere nicht möglich.

Bei den Interviews ist mir aufgefallen, dass Jugendliche mit Migrationshintergrund häufig in Familien leben, deren Mitglieder oft kein gesichertes Arbeitsverhältnis haben. Nach Auflösung eines Arbeitsvertrages müssen die Eltern eine neue Arbeit finden, was nicht selten zum Wechsel des Wohnortes der ganzen Familie führt. Kinder und Jugendliche lernen dadurch frühzeitig, sich flexibel auf eine neue Umgebung einzustellen.

Dazu ein Beispiel:
Mehmet (19): *„Nach der Schule habe ich eine überbetriebliche Ausbildung als Maurer gemacht. Bereits im zweiten Lehrjahr musste die Familie aus der Steiermark wegziehen, weil mein Vater in Wien eine neue Ar-*

beit bekommen hat. Weil ich in Wien keinen Betrieb fand, der mich aufnehmen wollte, habe ich hier die überbetriebliche Ausbildung fortgesetzt."

Dieser Lehrling musste aus familiären Gründen seinen Ausbildungsort, aber nicht seinen Lehrberuf wechseln, den er weiterhin über eine überbetriebliche Ausbildungseinrichtung erlernt. Allerdings musste er sich auf sein neues soziales Umfeld einstellen und flexibel auf die neue Situation reagieren.

Nicht wenige Jugendliche sind mit ihrer Ausbildungssituation bzw. mit ihrem Beruf nicht zufrieden und wechseln in eine andere Berufssparte, die ihnen besser gefällt, wie das folgende Beispiel zeigt:

Hamil (16): *„Ein halbes Jahr habe ich in einem Supermarkt Einzelhandel gelernt, aber diese Arbeit hat mir keinen Spaß gemacht. Ich gab meine betriebliche Berufsausbildung auf und suchte eine Lehrstelle als Maurer. Über das AMS mache ich jetzt eine überbetriebliche Ausbildung, ich verdiene hier zwar weniger, aber ich lerne einen Beruf, der mir gefällt."*

Der Wechsel von einer betrieblichen Berufsausbildung in eine überbetriebliche wird von den meisten Lehrlingen eher vermieden. Schon allein aus finanziellen Überlegungen ist diese Entscheidung nicht klug, doch wenn dafür in einen Beruf gewechselt wird, der den jungen Leuten eher entspricht, ist dieser Wechsel längerfristig dennoch von Vorteil.

Manchmal zwingt jedoch auch die Berufsausbildung selbst zu einem Wechsel, wenn sich herausstellt, dass die Anforderungen zu hoch sind:

Markus (19): *„Ich habe zwei Jahre Mechatronik gemacht, habe aber die Logik der Elektronik nicht verstanden. Jetzt lerne ich das Maurerhandwerk, in der Berufsschule habe ich keine Probleme mehr."*

Eine einerseits flexible Grundeinstellung sowie die Orientierung an den Gelegenheitsstrukturen („mir wäre jede Lehre recht gewesen") ermöglicht diesem jungen Mann den Start in einen neuen Lehrberuf:

Mehmut (19): *„Ich war eineinhalb Jahre in der HTL, hatte aber keine Lust mehr weiter zu machen, ich wollte arbeiten. Ich habe sicher an die*

100 Bewerbungen geschickt, alle waren umsonst. Mir wäre jede Lehre, egal welche, recht gewesen. Das AMS hat mir ermöglicht, die überbetriebliche Lehre als Maurer zu machen. Jetzt, nach einem Jahr Ausbildung, habe ich einen Aufnahmetest in einer großen Baufirma erfolgreich bestanden. Ich wechsle in zwei Wochen in diese Firma."

Der Erzähler setzte zuerst auf eine Fortsetzung seiner Schulkarriere, war aber nicht motiviert genug, um bis zur Matura in der Schule zu bleiben. Als Schulabbrecher hatte er es sehr schwer, einen betrieblichen Lehrplatz zu finden, er musste sich mit einer überbetrieblichen Berufsausbildung begnügen. Laut Aussagen seiner Kollegen ist er in der Berufsschule Klassenbester. Das Angebot einer betrieblichen Ausbildung ist der Lohn für seine besondere Fähigkeit, flexibel das jeweilige Berufsangebot zu nutzen.

Die Berufswahl der Jugendlichen kann recht impulsiv sein, wie es etwa Melanie schilderte:

Melanie (18): „*Ich habe zuerst in einer Blumenhandlung geschnuppert, bin aber nicht aufgenommen worden. Dann habe ich vom AMS einen BOKU besucht, dort gab es eine Liste, wo man sich eintragen konnte, Floristen, Gärtner, Bürokaufleute, Köche, Kellner, Bäcker standen drauf, ich habe mich bei „Bäcker" eingetragen. Mein Wunschberuf war anfangs Gärtnerin zu werden, aber dann habe ich mir gedacht, in der Erde zu wühlen oder im Mehl ist dasselbe und so habe ich mich für diesen Beruf in der ÜBA entschieden. Ich fühle mich sehr wohl und freue mich jetzt auf mein Auslandsjahr in Irland, wo ich die Lehre fortsetzen werde.*"

Derartige Vergleiche zwischen zwei grundverschiedenen Berufen zu ziehen, wie es dieser jungen Frau gelingt, vermittelt jene Leichtigkeit, mit wichtigen Entscheidungen umzugehen, die oft nur Jugendlichen eigen ist. Die Schilderungen weisen auch auf Informationsdefizite über die Bildungswege, die erzielbaren Bildungsabschlüsse und konkreten Berufsbilder hin. Die Phase der Adoleszenz ist durch Sprunghaftigkeit gekennzeichnet, in diesem Alter gibt es meist noch keine gefestigten Vorstellungen über berufliche Ziele. Besonders deutlich zeigt sich dieses Verhalten in den nachfolgenden Aussagen von Lehrlingen, die von einer zufälligen Berufswahl sprechen. (Vgl. Remschmidt 2013)

Yilmaz (19): *„Nach der Schule wollte ich zunächst in die Handelsschule gehen, habe diesen Plan aber wieder aufgegeben, weil ich gehört habe, dass man auch mit einer Lehre die Matura machen kann. Ich habe dann als zahnärztliche Assistentin gearbeitet, aber diesen Beruf wollte ich dann nicht mehr. Danach habe ich es als Friseurin versucht, aber auch dieser Beruf hat mir nicht gefallen. Dann bin ich in einen BOKU gekommen und habe dann in der überbetrieblichen Ausbildungsstätte mit der Bäckerlehre angefangen. Ich habe schon viele Praktika gemacht und ich bin mir jetzt sicher, den richtigen Beruf gewählt zu haben. Die Matura habe ich vorerst aufgeschoben, die kann ich später, wenn ich will, auch noch über eine Abendschule machen."*

Die junge Frau aus Wien hatte die – eher selten vorkommende – Möglichkeit, zwei verschiedene betriebliche Lehrberufe kennenzulernen, die beide nicht ihren Vorstellungen entsprachen, wie sich jeweils nach Beginn der Lehre herausstellte. In der überbetrieblichen Ausbildungsschiene scheint sie nun, nach vielen Praktikumserfahrungen, ihren Wunschberuf gefunden zu haben, den sie bald erfolgreich abschließen wird.

Die geschilderten Interviewergebnisse fügen sich nahtlos in die Forschungsliteratur zur Bildungs- und Berufsorientierung ein. Lentner (2011b) stellte fest, dass sich Jugendliche mit Migrationshintergrund später zu informieren beginnen und sich dabei in schulischen und beruflichen Belangen weniger auf ihre Eltern stützen können als Jugendliche ohne Migrationshintergrund. Je später allerdings mit der Orientierung und Information begonnen werde, desto eher seien die angestrebten Pläne der Jugendlichen nicht realistisch und die Wahrscheinlichkeit höher, in die Gruppe der „Orientierungslosen" zu fallen. (Vgl. Lentner 2011b, 150)

Murat (16): *„In der Schule habe ich verschiedene Praktika gemacht, ich habe es als Einzelhandelskaufmann, dann als Bürokaufmann versucht, aber erst in einer Elektrofirma habe ich mich bei der Arbeit wohl gefühlt. Eigentlich wollte ich keine überbetriebliche Lehre machen, das AMS hat mich hierher geschickt. Hier gefällt es mir aber gut, man lernt viel."*

Auch dieser junge Mann probierte einige Berufe aus, ehe er sich für einen entscheiden konnte. Selbst eine überbetriebliche Ausbildung nimmt er dafür in Kauf, obwohl er anfangs sehr skeptisch dieser gegenüber eingestellt war.

Selbst wenn es sich um keinen Traumberuf handelt, sind Jugendliche oft in der Lage, das Beste aus ihrer Situation zu machen, und können auch mit einer Berufsausbildung leben, die nicht ganz ihren Vorstellungen entspricht. So meinte ein Lehrling einer ÜBA: *„Spengler ist nicht mein Traumberuf, aber es geht."*

Seda (18): *„Bei mir war das zufällig. Ich habe verschiedene Bewerbungen geschrieben, habe geschnuppert und die Kosmetik hat mir so gut gefallen, dass ich diesen Berufszweig gewählt habe. Eigentlich wollte ich Medizin studieren, aber da hätte ich weiter in die Schule gehen müssen, das wollte ich dann doch nicht. Ich wollte lieber Geld verdienen."*

Das erste Angebot hat den Vorstellungen der Vorarlbergerin so gut entsprochen, dass sie ohne lange darüber nachzudenken alle ihre anderen beruflichen Pläne aufgegeben hat.

Einige Jugendliche wissen, was sie nicht wollen, wodurch sie ihre Optionen eingrenzen, was gerade beim Berufseinstieg von Vorteil sein kann.

Hilal (17): *„Nach der Schule habe ich in einem Supermarkt ein Jahr lang ein Praktikum gemacht, ich habe monatlich 270 Euro bekommen. Das war nicht viel, aber ich habe Berufserfahrung gesammelt und vor allem wurde ich danach als Lehrling aufgenommen. Jetzt bin ich im zweiten Lehrjahr. Meine Eltern wollten, dass ich weiter in die Schule gehe, ich habe aber kein Interesse an der Schule."*

Gegen den Willen ihrer Eltern bewies die Jugendliche mit dem einjährigen Praktikum, dass es ihr mit einer Lehre ernst ist. (Vgl. zu den Einstellungen der Eltern Kap. 5.6.8)

Uygar (18): *„Ich wollte Kfz-Techniker werden, denn dann kann man viel selber machen. Ohne Fachkenntnisse musst du oft viel Geld für kleine Reparaturen zahlen. Jetzt lerne ich Metallbearbeitung, weil ich keine Lehrstelle als Mechaniker gefunden habe. Diesen Beruf habe ich angestrebt, weil es in meiner Familie viele Kfz-Techniker gibt, meinen Vater und meinen Onkel. Jetzt habe ich das Metall entdeckt, dieser Beruf gefällt mir, ich bin der einzige in der Familie, der das macht."*

Der junge Vorarlberger hat seinen Beruf gefunden, obwohl ihm die damit verbundene Flexibilität von außen aufgedrängt wurde. Aus der Tatsache, dass er in seiner Familie als einziger diese berufliche Tätigkeit lernt, hat er viel Selbstwertgefühl gewonnen.

4.8 Daten und Fakten

Einer der Gründe, warum es zu ungleichen Ergebnissen bei der Verwirklichung von allgemein anerkannten Bildungszielen kommt, liegt in den „Vorleistungen" des Bildungssystems. Im Gesamtdurchschnitt schneiden Schülerinnen und Schüler mit Migrationshintergrund im österreichischen Schulsystem schlechter ab als Schülerinnen und Schüler ohne Migrationshintergrund. Das schmälert ihre Bildungschancen nicht nur für eine Lehrausbildung, sondern allgemein, um die Voraussetzungen für eine weiterführende Ausbildung zu erfüllen:

Jugendliche mit Migrationshintergrund haben höhere Anteile bei Jugendlichen ohne Pflichtschulabschluss und bei den Jugendlichen, die keine über die Pflichtschule hinausgehende Ausbildung absolvieren. In den weiterführenden Schulen steigen von den Jugendlichen mit Migrationshintergrund anteilsmäßig weniger nach dem ersten Jahr in die nächste Schulstufe auf. Verschiedene Leistungsvergleiche von Schülerinnen und Schülern ergeben im Durchschnitt schlechtere Ergebnisse von Kindern und Jugendlichen mit Migrationshintergrund.

Jugendliche mit anderen Umgangssprachen verlassen deutlich häufiger die Pflichtschule ohne Abschluss als Jugendliche mit deutscher Umgangssprache:

- Von den 14-Jährigen[4] des Schuljahres 2008/09, die bei regulärer Einschulung im Alter von sechs Jahren im Schuljahr 2009/10 im letzten Jahr der Schulpflicht waren, waren im Schuljahr 2008/09 drei Prozent der Schülerinnen und Schüler mit deutscher Um-

4) 14-jährige SchülerInnen (Alter zum Stichtag 1. September 2008)

gangssprache ohne Abschluss der Sekundarstufe I[5] gegenüber zehn Prozent jener mit einer anderen Umgangssprache.

- Bei den Schülerinnen und Schülern mit türkischer Umgangssprache lag der Anteil bei zwölf Prozent, bei jenen mit BKS-Umgangssprachen bei acht Prozent und bei jenen mit anderen Umgangssprachen als den genannten bei knapp zehn Prozent. (Vgl. Biffl, Skrivanek 2015, 57f.)

Für den Beginn einer Lehrausbildung ist ein (positiver) Pflichtschulabschluss zwar formal keine Voraussetzung, aber de facto notwendig. Der höhere Anteil von Jugendlichen ohne Pflichtschulabschluss ist somit ein Grund, warum Jugendliche mit Migrationshintergrund weniger in der Lehrausbildung vertreten sind.

Jugendliche, die gemäß Schulstatistik eine nicht deutsche Umgangssprache haben, absolvieren öfter keine über die Pflichtschule hinausgehende Ausbildung.

- Von den 14-jährigen Schülerinnen und Schülern des Schuljahres 2008/09 waren 2009/10 sieben Prozent ohne weitere Ausbildung.
- Bei jenen mit deutscher Umgangssprache lag der Anteil bei sechs Prozent, bei den türkischsprachigen bei knapp 18 Prozent, bei den BKS-sprachigen bei 13 Prozent. Bei den Schülerinnen und Schülern mit einer anderen als den genannten Umgangssprachen lag der Anteil bei zwölf Prozent.
- Mehr Burschen als Mädchen sind davon betroffen. Die Anteile für die Burschen lagen bei acht Prozent (insgesamt), knapp sieben Prozent (deutsch), 18 Prozent (türkisch), 14 Prozent (BKS), 13 Prozent (andere). Die Anteile der Mädchen betrugen knapp sieben Prozent (insgesamt), fünf Prozent (deutsch), 17 Prozent (türkisch), zwölf Prozent (BKS), elf Prozent (andere).

Jugendliche mit einer nicht deutschen Umgangssprache absolvieren öfter keine weiterführende Ausbildung. Die Ergebnisse der Schul-

---

5) Erfolgreicher Abschluss der achten Schulstufe bestimmter Schultypen, der zum Besuch einer weiterführenden Ausbildung gem. § 28 Abs 3 SchUG berechtigt.

statistik deuten darauf hin, dass Schülerinnen und Schüler, deren erste Umgangssprache im Alltag türkisch ist, davon besonders betroffen sind. (Vgl. Biffl, Skrivanek 2015, 58/Tabelle 9) An den weiterführenden Schulen schaffen Schülerinnen und Schüler mit anderen Umgangssprachen als Deutsch den Aufstieg in die zehnte Schulstufe seltener als Schülerinnen und Schüler mit deutscher Umgangssprache.

- Von den Schülerinnen und Schülern des Schuljahres 2010/11 stiegen von jenen mit deutscher Umgangssprache 81 Prozent in die zehnte Schulstufe auf, von den Schülerinnen und Schülern mit anderen Umgangssprachen mit 68 Prozent nur gut zwei Drittel.
- Schülerinnen und Schüler mit anderen Umgangssprachen haben bei den Wiederholungen einen Anteil von elf Prozent gegenüber fünf Prozent bei jenen mit deutscher Umgangssprache.
- Der Anteil von Jugendlichen, die nach dem ersten Jahr in einer maturaführenden Schule das Bildungssystem verlassen, ist bei Jugendlichen mit anderen Umgangssprachen mit knapp acht Prozent drei Mal so hoch wie bei den Jugendlichen mit deutscher Umgangssprache.
- Bei den Ausbildungswechseln sind die Anteile in beiden Gruppen ähnlich hoch. Allerdings wechseln Jugendliche mit deutscher Umgangssprache etwas häufiger in die Lehre/Berufsschule (sechs Prozent gegenüber fünf Prozent). Jugendliche mit anderen Umgangssprachen wechseln häufiger in berufsbildende mittlere Schulen (fünf Prozent gegenüber zwei Prozent der Jugendlichen mit deutscher Umgangssprache). (Vgl. Biffl, Skrivanek 2015, 60/Abbildung 21)

Im Allgemeinen sind die Aufstiegsanteile in maturaführenden Schulen höher als in berufsbildenden mittleren Schulen. Dieser Umstand hängt auch mit der Erfüllung der Schulpflicht und dem Ausweichen auf weiterführende Schulen anstatt einer Polytechnischen Schule zusammen. Fast durchgängig haben die Schülerinnen höhere Aufstiegsanteile als die Schüler. Eine Ausnahme bilden die kaufmännischen und technisch-gewerblichen höheren Schulen, wo bei den Schülerinnen und Schülern mit türkischer Umgangssprache die Schüler höhere Aufstiegsanteile haben. In allen dargestellten Schultypen haben die Schülerinnen und Schüler mit türkischer Umgangssprache die niedrigsten Anteile. Die höchsten Aufstiegsanteile bestehen für alle Gruppen an den AHS-Oberstufen. (Vgl. Biffl, Skrivanek 2015, 61/Abbildung 22) Unterwurzacher (2007) fand, dass hohe Bildungsaspirationen der Eltern und das Leben in Wien die Wahrscheinlichkeit, in eine AHS-Unterstufe überzutreten, erhöhen. Bei Jugendlichen mit türkischem und ex-jugoslawischem Hintergrund bleiben allerdings auch nach Kontrolle sozialstruktureller und institutioneller Bedingungen negative Herkunftseffekte bestehen. Insgesamt verlassen Jugendliche mit türkischem und BKS-Hintergrund anteilsmäßig jeweils häufiger nach der neunten Schulstufe die gewählte weiterführende Schule.

Abgängerinnen und Abgängern von Polytechnischen Schulen mit anderen Umgangssprachen als Deutsch gelingt seltener ein erfolgreicher Übertritt in eine weitere Ausbildung. (Vgl. Biffl, Skrivanek 2015, 69/Abbildung 27)

- Von den Jugendlichen an PTS mit deutscher Umgangssprache blieben im Schuljahr 2010/11 18 Prozent ohne Übertritt in die Sekundarstufe II (ein Prozent Klassenwiederholung, 17 Prozent ohne weitere Ausbildung/unbekannt), 74 Prozent besuchten eine Berufsschule, fünf Prozent eine BMS und knapp drei Prozent eine BHS.
- Dahingegen traten mit 35 Prozent fast doppelt so viele Jugendliche mit anderen Umgangssprachen nicht in die Sekundarstufe II über. Knapp fünf Prozent aufgrund von Klassenwiederholung, 30 Prozent blieben ohne weitere Ausbildung bzw. war ihr weiterer Bildungsweg unbekannt. Weiters wechselten nur 37 Prozent in eine Lehre, dafür aber gut ein Viertel in berufsbildende mittlere (17 Prozent) und berufsbildende höhere Schulen (acht Prozent).
- Zählt man die Übertritte in Berufsschulen, BMS und BHS zusammen, so wechselten 81 Prozent der Absolventinnen und Absolventen der Polytechnischen Schule mit deutscher Umgangssprache in eine berufsbildende Ausbildung gegenüber 62 Prozent der Abgängerinnen und Abgänger mit anderen Umgangssprachen.

Eine Mehrheit der Jugendlichen in Polytechnischen Schulen ist somit bestrebt, einen über den Pflichtschulabschluss hinausgehenden Bildungsabschluss zu erwerben. Jugendliche mit anderen Umgangssprachen führt dieser Weg seltener in eine Lehrausbildung, aber häufiger in eine vollzeitschulische Berufsausbildung.

Gut ein Viertel der Abgänger und Abgängerinnen Polytechnischer Schulen mit anderen Umgangssprachen wechselt in eine BMHS. Dieses Muster zeigt einerseits eine Orientierung an den Gelegenheitsstrukturen an. Wenn keine Lehrstelle gefunden wird oder Jugendliche keine Chancen auf eine Lehrstelle antizipieren, weichen sie auf berufsbildende Schulen aus. (Vgl. Dobischat et al. 2012, 75) Zum anderen kann für manche der „Umweg" über die Polytechnische Schule die Möglichkeit zu einem positiven Pflichtschulabschluss und so für den Besuch einer weiterführenden Schule sein. Wenn die achte Schulstufe nicht positiv absolviert wurde, kann sie wiederholt werden. Ob dabei die bisherige Schule weiterbesucht oder in die Polytechnische Schule gewechselt wird, liegt bei den Erziehungsberechtigten. Mit einem positiven Abschluss der Polytechnischen Schule ist für eine berufsbildende mittlere oder höhere Schule keine Aufnahmeprüfung erforderlich.[6] Die Bildungsambitionen werden bei einem Wechsel von einer Polytechnischen Schule in eine berufsbildende Schule zum Großteil enttäuscht.

Von den Jugendlichen an BMS, die von einer PTS übergetreten sind, brechen 64 Prozent den eingeschlagenen Bildungsweg ab, in den BHS liegt der Anteil bei 76 Prozent. Nach Umgangssprache stehen die Daten nur ohne Differenzierung nach schulischer Herkunft zur Verfügung. Demnach brechen 47 Prozent der BMS-Schülerinnen und -Schüler mit deutscher Umgangssprache diese ab und 60 Prozent der Schülerinnen und Schüler mit anderen Umgangssprachen. An den BHS liegt der Abbruch bei Schülerinnen und Schülern mit deutscher Umgangssprache bei 31 Prozent und bei Schülerinnen und Schülern mit anderen Umgangssprachen bei knapp 55 Prozent.[7]

6) http://www.bmukk.gv.at/medienpool/5820/schulrecht_info_1.pdf (Stand Juli 2007), S. 7; http://www.hakkrems.ac.at/de/allgemeines/aufnahme (Letzter Zugriff: 14. Oktober 2013)

7) Quelle: Statistik Austria/Schulstatistik, Tabellen „Verlustraten der Schülerinnen und Schüler des Schuljahres 2006/07 in Eintrittsstufen der BMS/BHS bis zum Schuljahr 2011/12 nach schulischer Herkunft der Neueinsteiger", „Verlustraten der Schülerinnen und Schüler des Schuljahres 2006/07 in Eintrittsstufen der BMS/BHS bis zum Schuljahr 2011/12 nach der Umgangssprache bzw. Geschlecht".

Schülerinnen und Schüler in BMHS, die von einer PTS übergetreten sind, sind demnach besonders gefährdet, die eingeschlagene Schullaufbahn abzubrechen bzw. abbrechen zu müssen und es ist davon auszugehen, dass das „Abbruchsrisiko" für Schülerinnen und Schüler mit anderen Umgangssprachen erheblich höher ist.

4.9 Zusammenfassung

Was den Übergang von der Sekundarstufe I in die Sekundarstufe II anlangt, lassen sich aus den verschiedenen Datensätzen folgende Ergebnisse ableiten:

- Für Jugendliche mit Migrationshintergrund gestaltet sich der Übergang in eine weitere Ausbildung nach der Pflichtschule im Gesamtdurchschnitt schwieriger als für Schülerinnen und Schüler mit deutscher Umgangssprache.
- Sie sind anteilsmäßig öfter ohne weiterführende Ausbildung. Die Ergebnisse deuten darauf hin, dass Schülerinnen und Schüler, deren Familiensprache türkisch ist, davon besonders betroffen sind.
- Absolventinnen und Absolventen von Polytechnischen Schulen (PTS) mit anderen Umgangssprachen als Deutsch gelingt seltener ein erfolgreicher Übertritt in eine weitere Ausbildung. Von den Jugendlichen mit deutscher Umgangssprache, die eine PTS absolvieren, wechseln rund drei Viertel in die duale Berufsausbildung. Absolventinnen und Absolventen einer PTS mit anderer Umgangssprache wählen diesen Weg nur zu einem guten Drittel, ein Viertel von ihnen wechselt in den BMHS-Bereich.
- Von den Schülerinnen und Schülern, die nach der PTS in den BMHS-Bereich wechseln, brechen zwei Drittel (BMS) bzw. drei Viertel (BHS) diesen Bildungsweg ab.

Die qualitative Analyse des Übergangs von der Schule in eine Karriere mit Lehre zeigt für die Untersuchungsgruppe von Jugendlichen mit Migrationshintergrund in Wien und Vorarlberg folgende Ergebnisse:

- Auffällig viele Wiener Jugendliche haben zunächst eine Fortsetzung ihrer Schulkarriere im Auge. In Vorarlberg hingegen ist bei Jugendlichen bereits im schulpflichtigen Alter eine Lehre eine gute Option.

- Die Zielsetzung, eine weiterführende Schule zu besuchen, wird in Wien vielfach selbst dann getroffen, wenn die Voraussetzungen für eine erfolgreiche Schulkarriere nicht gegeben sind.
- Der Grund für die oftmals falsche Ausbildungswahl liegt einerseits in einer verbreiteten Unkenntnis über die besonderen Herausforderungen der verschiedenen schulischen Ausbildungszweige und andererseits in einer manchmal geradezu eklatanten falschen Einschätzung der eigenen Fähigkeiten. Die hohen Bildungserwartungen der Eltern beeinflussen die Jugendlichen zusätzlich darin, sich oftmals unrealistische Ziele zu setzen. Das Ergebnis dieses Festhaltens an hohen Ausbildungszielen ist, dass sich viele Jugendliche mit schlechten Schulnoten und/oder einem Schulabbruch notgedrungen auf Lehrstellensuche begeben, was die erfolgreiche Lehrplatzsuche wiederum stark erschwert.
- Einige Jugendliche erkennen, dass schlechte Schulzeugnisse und/oder ein Schulabbruch ihre Chancen am Lehrstellenmarkt verschlechtern, und schaffen es noch rechtzeitig gegenzusteuern. Sie schließen erfolgreich eine schulische Ausbildung ab bzw. zögern, weil sie ihre Eltern nicht enttäuschen wollen, den Schulabbruch lange hinaus und begeben sich mit halbwegs zufriedenstellenden Schulnoten auf Lehrstellensuche, was immerhin ihre Chancen bei Bewerbungen erhöht.
- Ohne das Angebot von überbetrieblichen Berufsausbildungen wäre vielen Jugendlichen der Weg zu einer Berufsausbildung versperrt. Nicht selten zeigt sich im Zuge eines Praktikums, dass ihre handwerklichen und persönlichen Fähigkeiten sehr gut sind, sodass es ihnen gelingt, die Aussagekraft der Schulzeugnisse zu relativieren.
- Jugendliche, die keine Ausbildung machen wollen und finanziell unter Druck stehen, tendieren vermehrt dazu, über Schwarz- und Gelegenheitsarbeiten schnelles Geld zu verdienen. Die Ausübung einer unqualifizierten beruflichen Tätigkeit wird aber früher oder später als berufliche Sackgasse erkannt. Mit einer späteren Ausbildung wird versucht, die beruflichen Möglichkeiten zu erweitern und für eine stabilere Einkommenssituation zu sorgen.
- Das Selbstwertgefühl von Jugendlichen mit Migrationshintergrund ist durch schlechte Schulerfahrungen manchmal so zerrüt-

tet, dass sie sich keine weitere Ausbildung mehr zutrauen. Nach ein, zwei Jahren Pause versuchen einige wieder zaghaft, nicht zuletzt auf Druck ihrer Eltern, sich den Herausforderungen einer beruflichen Ausbildung zu stellen.

- Jugendliche mit Migrationshintergrund lernen frühzeitig aus der Not eine Tugend zu machen und reagieren oft erstaunlich flexibel, was ihre berufliche Ausbildung betrifft. Damit schaffen sie sich oft überraschend gute Voraussetzungen für eine erfolgreiche Berufsausbildung. Relativierend muss allerdings auch festgestellt werden, dass diese Flexibilität einerseits auch Ausdruck der Orientierung an den Gelegenheitsstrukturen mangels Alternativen ist. Andererseits kann die Phase der Adoleszenz mit Orientierungslosigkeit einhergehen, in der Jugendliche Unterstützung brauchen, um reflektierte Entscheidungen treffen zu können, um Sprunghaftigkeit zu vermeiden.
- Regionale Unterschiede: Jugendliche in Vorarlberg bekommen im Gegensatz zu Wien oft mehrere betriebliche Lehrstellenangebote. Nach einem ersten Scheitern gibt es noch einen zweiten oder gar dritten betrieblichen Lehrversuch, ehe die Jugendlichen auf eine überbetriebliche Ausbildungseinrichtung angewiesen sind. In Wien haben Jugendliche mit Migrationshintergrund kaum die Chance, von einem betrieblichen Lehrplatz zu einem anderen zu wechseln, ihnen bleibt als einzige Alternative meist nur die überbetriebliche Ausbildung.
- In Wien führt der erste Weg bei der Lehrstellensuche oft direkt zum AMS, in Vorarlberg wird das AMS meist erst nach längerer ergebnisloser Lehrplatzsuche kontaktiert.
- Die Sprachkompetenz unter Jugendlichen ist in Vorarlberg, aber auch in Wien gut. Dies bestätigen auch Häfele und Greussing, wenn sie in der von der AK-Vorarlberg in Auftrag gegebenen Studie feststellen: „Nach Aussagen aller interviewten Unternehmen verfügen Mitarbeitende mit nicht-deutscher Muttersprache fast immer über betrieblich völlig ausreichende Deutschkenntnisse." (S. 47/2013). In Wien kommt eine Unternehmensbefragung auf ähnliche Ergebnisse. (Vgl. Dornmayr et al, 2012)

Jugendliche, die Schwierigkeiten haben, einen Lehrplatz zu finden, sehen darin oft eine absichtliche Ausgrenzung aufgrund ihres Migrationshintergrundes und fühlen sich persönlich diskriminiert.

5. Über den soziokulturellen Einfluss

In diesem Analyseabschnitt wird der wichtigen Frage nachgegangen, wie sich die Einstellung der Familie bzw. der jeweilige kulturelle Hintergrund auf die Lehrplatzsuche der Jugendlichen mit Migrationshintergrund auswirkt.

5.1 Höhere Bildung geht vor Handwerk

Wenn mit den Lehrlingen über die Vorstellungen der Eltern in Bezug auf ihre Ausbildung gesprochen wird, antworten sie übereinstimmend: *„Alle Eltern wollen, dass ihre Kinder Matura machen."* Eine Lehre zu beginnen, bedeutet vor allem bei den in Wien interviewten Jugendlichen oft, die Erwartungshaltungen der Eltern nicht zu erfüllen. Ein Ausschnitt aus einem Gesprächsverlauf dokumentiert diese verbreitete Einstellung sehr gut. Eine 17-jährige Einzelhandelskauffrau beginnt zu erzählen: *„In der dritten Klasse hatte ich einen Fünfer in Mathe, bin aber noch aufgestiegen. In der vierten Klasse aber bin ich dann mit neun Fetzen sitzen geblieben."* Ihre Kolleginnen lachend dazu: *„Bei dir haben die Eltern keine Chance mehr gesehen."*

Die Aussage *„Bei dir haben die Eltern keine Chance mehr gesehen"*, weist darauf hin, dass vor allem in Wien Eltern mit Migrationshintergrund von ihren Kindern einen höheren Schulabschluss erwarten. Nicht selten müssen Wiener Jugendliche ihre persönliche Entscheidung für eine Lehre ihren Eltern gegenüber rechtfertigen. Ein Lehrling hat sich das Wohlwollen seiner Eltern regelrecht „erkauft", er erzählt: *„Am Anfang waren meine Eltern mit meiner Berufswahl nicht einverstanden. Ich habe ihnen erklärt, dass ich sie mit meiner Lehrlingsausbildung finanziell besser unterstützen kann. Erst dann haben sie meine Entscheidung akzeptiert. Ich zahle jetzt die Kosten für die Privatschule meiner Schwester, die eine HAK im ersten Bezirk besucht."*

Aus den Interviews ist festzustellen, dass zugewanderte Familien in Wien vermehrt die Erwartung haben, dass es ihren Kindern einmal besser gehen soll. In einem möglichst hohen Schulabschluss einer weiterführenden Schule sehen sie ökonomische Unabhängigkeit und eine sichere berufliche Zukunft eher gewährleistet als mit einem Lehrabschluss.

Ein Obmann eines türkischen Kulturvereines bestätigt dies, wenn er sagt: *„Unsere Eltern unterstützen eher eine Schulkarriere und weniger eine handwerkliche Ausbildung, das ist bei uns so die Mentalität. Bildung hat einen höheren Stellenwert. Wenn einer auf der Uni ist, wird das unter uns beredet, wenn einer nur ein Handwerk gelernt hat, zählt das nicht. Die Eltern sind selbst Handwerker, sind vom Studieren weit weg. Was man nicht hat, schätzt man mehr."*

Interessieren sich die Kinder für eine Lehre, führt dies innerhalb der Familien nicht selten zu Konflikten und Enttäuschungen. Ein Lehrling erzählt in diesem Zusammenhang: *„Für meine Eltern war mein Umstieg in die Lehre ein großer Abstieg. Mein Vater hat in Rumänien viele Schulen besucht und ist sehr gut ausgebildet. Ich werde jetzt Verkäufer, das ist für ihn nicht leicht zu akzeptieren. Meine Eltern haben mich während des Besuchs der HTL finanziell unterstützt, sie haben das gerne gemacht und gehofft, dass ich die Schule positiv abschließe, dann wären sie zufrieden gewesen."*

Jugendliche in Vorarlberg sagen über die Reaktion ihrer Eltern zum Berufswunsch Lehre eher Folgendes: *„Meine Eltern akzeptieren meine Ausbildungswahl. Es ist ihnen egal, welchen Beruf ich lerne."* Oder sie sagen: *„Meine Eltern unterstützten mich von Anfang an, es ist meine freie Entscheidung, welche Lehre ich beginne."*

In Wien hört man dies eher selten, und wenn, dann oft mit dem Zusatz: *„Meine Eltern wollen nicht, dass ich nichts tue und zu Hause hocke."* Die Angst, dass ihre Töchter und Söhne nach der Schule womöglich zu Hause bleiben und nichts tun, weist auf abschreckende Beispiele in ihrer näheren sozialen Umgebung hin. Eltern, deren Kinder nach der Schule keinen „Bock" auf Arbeit haben, stellen oft eine große Belastung für die betreffenden Familien dar.

Zusammenfassend lässt sich sagen: Den zugewanderten Communities in Wien ist gemeinsam, dass sie ihren Kindern eine möglichst hohe Schulbildung ermöglichen wollen. Lehrberufe haben ein geringeres Ansehen als jede Art schulischer Ausbildung. Nicht wenige Wiener Jugendliche wissen, dass sie ihre Eltern enttäuschen, wenn sie sich für eine Lehre entscheiden. In Vorarlberg finden sich hingegen vermehrt Hinweise, dass die Eltern froh über jeden Ausbildungswunsch ihrer Kinder sind und alle diesbezüglichen Aktivitäten ihrer Nachkommen unterstützen. Wenn Jugendliche aus Frustration nichts tun und sich eine längere Auszeit nehmen, belastet dieses Verhalten fast alle Eltern sowohl diesseits als auch jenseits des Arlbergs.

5.2 Soziokulturelle Einflüsse

Was die Unterschiede zwischen einzelnen Zuwanderungsgruppen anlangt, lassen sich aus dem umfangreichen Datenmaterial einige auffallende soziokulturelle Einflüsse ableiten. Deutlich besteht dieser Unterschied bei der türkischen Zuwanderungsgruppe im Vergleich zu Gruppen aus dem ex-jugoslawischen Raum. In der türkischen Community ist die Berufstätigkeit von beiden Elternteilen nicht in dem Ausmaß wie in anderen Zuwanderungsgruppen gegeben. Dies deckt sich mit den Ergebnissen der repräsentativen Elternbefragung von Lachmayr und Leitgöb (2011), in der festgestellt wurde, dass in den ex-jugoslawischen Haushalten überproportional häufiger beide Elternteile einer Vollzeitbeschäftigung nachgehen, während bei den türkischstämmigen Eltern häufig ein Elternteil primär im Haushalt tätig ist.

Bei den interviewten Jugendlichen mit türkischer Muttersprache finden sich häufig Aussagen wie die beiden folgenden:

Imam: *„Mein Vater ist beim Bau beschäftigt und meine Mutter ist Hausfrau."*

Merinda: *„Mein Vater arbeitet in einer Fabrik, meine Mutter ist Hausfrau."*

Dieses familiäre Muster, wonach innerhalb der türkischen Community der Hausfrauenanteil vergleichsweise hoch ist und eher Hilfs- und Anlerntätigkeiten nachgegangen wird, trifft vor allem zu, wenn

- die türkische Familie in Wien und nicht in Vorarlberg lebt und
- die Töchter bzw. Söhne dieser Familien keine betriebliche, sondern eine überbetriebliche Lehre absolvieren.

Unter den interviewten Jugendlichen in Vorarlberg ist die Erwerbsquote beider Elternteile innerhalb der türkischen Community höher als in Wien. In besonderem Maße trifft dies zu, wenn die Kinder eine betriebliche Lehre absolvieren. Weniger deutlich ist dieser Unterschied zwischen Wien und Vorarlberg, wenn die Jugendlichen eine überbetriebliche Lehrausbildung machen. Dazu folgende Beispiele:

Eine junge Frau mit türkischen Wurzeln in Vorarlberg, die eine betriebliche Friseurlehre absolviert, erzählt: *„Meine Mutter ist Reinigungsfachkraft, mein Vater hat als Hilfsarbeiter in einer Fabrik gearbeitet. Momentan kann er nicht arbeiten, weil er eine Gehirnblutung hatte und krank ist."*

Lehrlinge, die eine betriebliche Berufsausbildung machen, verweisen verstärkt darauf, dass beide Elternteile berufstätig sind bzw. waren. Das trifft in Vorarlberg oft auch auf die türkischen Haushalte zu. So meint eine junge Frau namens Nermin, die im dritten Lehrjahr in einem Betrieb den Beruf der Kosmetikerin lernt, über die Berufstätigkeit ihre Eltern: *„Mein Papa ist Schweißer, er arbeitet in der Schweiz und kommt nur am Wochenende nach Hause. Meine Mama arbeitet in der Schokoladefabrik. Meine Eltern haben immer beide gearbeitet."*

In Wien hingegen kommt in den Erzählungen der Jugendlichen oft vor, dass weibliche Familienmitglieder nicht erwerbstätig sind:

Orhan (17): *„Ich bin der Jüngste in unserer Familie, ich habe einen Bruder und zwei Schwestern. Mein Bruder ist Elektroinstallationstechniker. Die jüngere der beiden Schwestern hat Einzelhandelskauffrau gelernt, ist aber momentan nur Hausfrau, genauso wie die ältere Schwester, die aber keinen Beruf gelernt hat. Mein Papa ist selbstständig, er betreibt ein Gasthaus, meine Mama ist Putzfrau."*

Hier übt die Mutter zwar eine unqualifizierte Tätigkeit aus, aber gleich beide Töchter befinden sich in der Hausfrauenrolle. Der ältere Sohn hingegen ist bereits ein Facharbeiter, der Jüngere ist auf gutem Weg dazu.

Bei Hamil ist die Mutter erwerbstätig, der Vater bereits in Pension, von seinen Brüdern kennt er das Tätigkeitsfeld, bei seinen Schwestern ist er unsicher, ob sie auch eine Ausbildung haben:

Hamil: *„Ich habe vier Geschwister, alle sind älter, einer arbeitet in der Küche, einer ist Maler. Mein Vater ist Pensionist und meine Mutter arbeitet im Hotel. Die Schwestern haben auch was gelernt, glaub schon."*

Bei den interviewten Jugendlichen türkischer Herkunft fällt auf, dass die Berufstätigkeit von bloß einem Elternteil vor allem bei Lehrlingen vorkommt, die eine überbetriebliche Lehre absolvieren. Ein großer Teil der Töchter besucht eine weiterführende Schule. Danach üben sie jedoch selten eine qualifizierte Arbeit aus. Ein anderer Teil macht keine Berufsausbildung und geht entweder gar keiner oder bloß einer unqualifizierten Arbeit nach. Eine Lehrperson, mit der im Zuge der Interviews gesprochen wurde, stellte dazu fest: *„Das Problem bei den jungen Frauen ist, dass sie nach der Lehre oder schon vorher in die Türkei verheiratet werden. Dieses Verhalten ist in der türkischen Community nach wie vor stark verbreitet."*

Ein früheres Heiratsalter und eine frühere Familiengründung können eine weitere Erklärung sein, warum ein Teil der jungen Erwachsenen nach der Pflichtschulzeit keine weitere Ausbildung macht und auch keiner Beschäftigung nachgeht. Biffl, Steinmayr und Wächter (2008) berechneten aus den Volkszählungsdaten 2001 für die Tiroler Jugendlichen, dass von den 15- bis 24-Jährigen 1,9 Prozent der Jugendlichen ohne Migrationshintergrund bereits verheiratet waren, aber 18 Prozent der Jugendlichen mit Migrationshintergrund. Bei den 15- bis 19-Jährigen war der Anteil sehr gering, mit 0,1 Prozent bei den Jugendlichen ohne Migrationshintergrund und 4,2 Prozent der Jugendlichen mit Migrationshintergrund. Bei den 20- bis 24-Jährigen waren 3,7 Prozent der Jugendlichen ohne Migrationshintergrund und 28,5 Prozent jener mit Migrationshintergrund bereits verheiratet. Bei den Jugendlichen türkischer Herkunft waren in dieser Altersgruppe bereits 54,6 Prozent verheiratet, bei den Jugendlichen ex-jugoslawischer Herkunft zwischen 21 Prozent und knapp 35 Prozent. Des Weiteren war auch festzustellen, dass es zu einer Angleichung kommt – von den Jugendlichen der ersten Generation waren (mit Ausnahme der Jugendlichen ex-jugoslawischer Herkunft und mit muslimischem Religionsbekenntnis) mehr schon verheiratet als bei den Jugendlichen der zweiten Generation. (Vgl. Biffl, Steinmayr, Wächter 2008, 46)

Unter den Familien mit Migrationshintergrund besuchen mehr Mädchen als Burschen eine weiterführende Schule. Diese statistische Tatsache lässt sich auch aus den Aussagen von Eltern ableiten. Ein Vater türkischer Herkunft sagt: *„Von hundert Jugendlichen besuchen 60 % aller Mädels eine weiterführende Schule. Sie schließen ihre Ausbildung auch meist erfolgreich ab, wissen dann allerdings nicht, was sie weitermachen sollen. Die Burschen streben mehr handwerkliche Berufe an. Das größte Problem für sie ist es, eine Lehrstelle zu finden."*

Dass weibliche Jugendliche bildungsaktiver sind, wird sowohl von der Statistik als auch von vielen Gesprächspartnerinnen und -partnern bestätigt, dazu zwei Beispiele:

Murat: *„Mein Vater ist selbstständig und meine Mutter ist Hausfrau. Ich habe vier Geschwister, drei sind älter als ich. Mein Bruder ist 28, er ist Spengler, er arbeitet schon zehn Jahre bei der Firma. Meine Schwester studiert noch, mein 20-jähriger Bruder arbeitet mit meinem Vater, er hat eine Änderungsschneiderei."*

Ali: *„Mein Vater ist Bauhelfer und die Mutter ist Hausfrau. Ich habe vier ältere Geschwister, der zweite Bruder hat eine Umzugsfirma und der größere Bruder arbeitet mit ihm. Von den beiden Schwestern besucht eine die Uni und eine macht Matura."*

Viele Töchter aus türkischen Familien besuchen eine weiterführende Schule. Die Burschen sind oft nicht besonders erfolgreich in der Schule, viele scheitern beim Versuch, die Matura zu machen. Diese Jugendlichen gehen oft einer unqualifizierten Arbeit nach, um schnell Geld zu verdienen, oder streben eher notgedrungen als absichtlich eine Lehrstelle an. Insgesamt sind viele Jugendliche aus der türkischen Community auf die überbetriebliche Lehre angewiesen. Dazu folgende Beispiele:

„Mein Vater ist im Metallbereich tätig, meine Mama ist Hausfrau. Meine große Schwester arbeitet im Labor, mein Bruder arbeitet mit dem Vater in der gleichen Firma", erzählt **Yeter**, eine Jugendliche mit türkischen Wurzeln, die in Wien eine überbetriebliche Ausbildung absolviert. Ihre Kollegin **Necla** ergänzt: *„Mein Vater ist Anlagenbediener, meine Mutter ist Hausfrau. Meine Schwester ist in Karenz, sie hat keine Ausbildung gemacht."*

„Mein Vater schafft als Hilfsarbeiter in der Fabrik, meine Mama ist Hausfrau und mein Bruder macht eine Hilfsarbeit. Er hat die Lehre im zweiten Jahr abgebrochen. Ich mache die überbetriebliche Berufsausbildung fertig, das ist besser", berichtet **Haydar**, ein Vorarlberger mit türkischen Wurzeln über seine Familie.

Innerhalb der türkischen Community üben, wie bereits wiederholt dargestellt, die Mütter entweder eine unqualifizierte Arbeit aus oder sind im Haushalt tätig. Dazu zwei weitere Beispiele aus Vorarlberg:

Yasemin: *„Meine Eltern sind im Reinigungsdienst tätig."*

Kemal: *„Mein Vater schafft in der Metallfirma, meine Mutter arbeitet in der Bäckerei als Putzfrau. Eine Schwester ist Verkäuferin. Ich habe noch zwei ältere Schwestern, die sind verheiratet, sie haben keine Berufsausbildung gemacht und sind jetzt Hausfrauen."*

Von den interviewten Jugendlichen türkischer Herkunft wurde auch öfter von jungen Müttern in ihrem Umfeld erzählt, die ohne Berufsausbildung sind und die die Hausfrauenrolle übernehmen. Solche geschlechtsspezifische Muster lassen sich in den mit anderen Zuwanderungsgruppen geführten Interviews kaum feststellen. Auf Töchter wird oft weniger Druck von den Eltern ausgeübt, eine berufliche Ausbildung zu machen. Diese geschlechtsspezifische Sichtweise findet sich häufig in türkischen Haushalten. Wenn Töchter angehalten werden zu arbeiten, kann das auch mit der finanziellen Situation der Familie zu tun haben, wie aus folgendem Interviewteil mit einer jungen Frau hervorgeht:

„Meine Mutter arbeitet in einer Fabrik und mein Vater ist arbeitslos. Ich habe noch drei Geschwister, zwei arbeiten und eine ist in Karenz. Meine Schwestern haben keinen Beruf gelernt, eine arbeitet in einem Supermarkt als Regalbetreuerin, mein Bruder arbeitet auch dort, er hat aber die Lehre gemacht." Die Aussage deutet darauf hin, dass die Lehrlingsentschädigung der jüngsten Tochter (der Erzählerin) auch ein Beitrag zur Entlastung des angespannten Familienbudgets ist. Ansonsten scheinen die Geschlechterrollen klar verteilt: Der Sohn hat eine Berufsausbildung, die beiden Schwestern nicht, die Erzählerin absolviert eine überbetriebliche Berufsausbildung.

Auch die Schilderungen von Yilmaz deuten darauf hin, dass ihre Lehrlingsentschädigung zur Entlastung des Familienbudgets beiträgt:

Yilmaz: *„Meine Mutter arbeitet als Abwäscherin und mein Papa ist Halbpensionist. Ich habe zwei ältere Schwestern und zwei jüngere. Die* *eine ist verheiratet, macht gerade einen Schnellkurs, keine Ahnung. Die andere arbeitet als Regalbetreuerin in einem Supermarkt.“*

Bisher absolviert Yilmaz als erste Tochter in der Familie, die aus der Türkei stammt, eine überbetriebliche Berufsausbildung.

Trotz dieser Tendenzen, was die typischen Geschlechterrollen in Bezug auf die Berufstätigkeit anlangt, ist es wichtig darauf hinzuweisen, dass es andere Beispiele gibt. Eine junge Frau, die überbetrieblich die Bäckerlehre macht, erzählt: *„Meine Eltern kommen aus der Türkei, mein Vater ist Kellner in einem Hotel und meine Mutter arbeitet als Putzkraft. Meine Schwester ist Apothekerin, mein Bruder arbeitet bei der Security und meine andere Schwester ist als gelernte Einzelhandelskauffrau beschäftigt. Alle arbeiten, ich bin die Jüngste in der Familie.“*

In der Regel stehen eher die Söhne als die Töchter unter einem gewissen Ausbildungsdruck. **Sami**, ein Lehrling mit türkischen Wurzeln in Vorarlberg, beschwert sich: *„Meine Eltern wollen, dass ich die überbetriebliche Lehre beende und erst dann einen Job suche. Aber ich will das nicht.“*

Eine berufliche Ausbildung vor allem der Söhne ist der türkischen Community in Vorarlberg ein besonderes Anliegen. So werden zum Beispiel überbetriebliche Ausbildungseinrichtungen wiederholt vom türkischen Generalkonsul besucht, welcher dabei den Jugendlichen, aber auch ihren Eltern die besondere Bedeutung eines erfolgreichen Lehrabschlusses nahelegt und somit das Bestreben, für die nachfolgenden Generationen höhere Bildungsabschlüsse zu erreichen, als sie die Elterngeneration vorweisen kann, zum Ausdruck bringt.

5.3 Die BKS-Gruppe und andere Zuwanderungsgruppen

Bei interviewten Jugendlichen, deren Eltern aus anderen Ländern kommen, ist die Berufstätigkeit beider Elternteile in einem weit höheren Ausmaß als innerhalb der türkischen Community gegeben. Ein junger Wiener sagt in diesem Zusammenhang: *„Ich bin hier geboren, meine Eltern in Mazedonien. Mein Vater und meine Stiefmutter arbeiten beide in einem Fitnesscenter, sie sind dort Trainer.“*

Aus den Interviews mit Jugendlichen der bosnischen, serbischen, mazedonischen und kroatischen Community lässt sich als typisch die fast durchgängige Berufstätigkeit beider Elternteile ableiten. **Laura**, deren Eltern aus Bosnien nach Vorarlberg zugewandert sind, erzählt: *„Mein Vater arbeitet in der Zentrale einer Supermarktkette, er ist zuständig für die Kommissionierung. Meine Mama arbeitet dort in der Verwaltung.“* Beide Elternteile üben eine qualifizierte Arbeit aus, die Tochter macht eine betriebliche Lehre.

Ihre Freundin, deren Eltern ebenfalls aus Bosnien stammen, bestätigt weitgehend diese familiäre Konstellation in Bezug auf die Berufstätigkeit der Eltern, sie erzählt: *„Meine Mama ist seit letztem Oktober arbeitsunfähig, sie hatte einen Arbeitsunfall. Es folgte eine Rückenoperation und seither ist ihr rechtes Bein gelähmt. Sie hat Stoffe für ‚Armani‘ genäht, mein Vater ist Leiter einer Securityfirma.“* Im weiteren Verlauf des Gespräches weist die junge Vorarlbergerin noch darauf hin, dass ihr Bruder einen gutbezahlten Job in einer Getränkefirma ausübt und gegenwärtig rund zehn Mal so viel verdient wie sie mit ihrer niedrigen Lehrlingsentschädigung als Friseurin.

Die Community aus Serbien steht derjenigen aus Bosnien oder Kroatien kaum nach, wie das folgende Beispiel zeigt: *„Meine Mutter arbeitet bei R.* (Herstellung von Pkw-Zubehör) *und mein Papa als Fräser in einer Firma in Liechtenstein.“*

Innerhalb der BKS-Gruppe üben nicht selten beide Elternteile, zumindest aber ein Teil, eine qualifizierte Arbeit aus. Die Kinder dieser Familien absolvieren überwiegend entweder erfolgreich eine weiterführende Schule oder sie machen eine betriebliche Lehre.

Die Berufstätigkeit jener Eltern, die aus dem ex-jugoslawischen Raum stammen, ist weitgehend unabhängig davon, ob sie in Wien oder Vorarlberg leben. Diese Aussage findet sich fast durchgängig in den Erzählungen der Jugendlichen mit BKS-Hintergrund, wie die folgenden Beispiele aus Wien exemplarisch zeigen.

Jasmina: *„Meine Eltern kommen aus Kroatien. Meine Mutter ist in einem Altersheim als Pflegerin tätig und mein Vater arbeitet auf der Baustelle. Jeder Tschusch arbeitet auf der Baustelle. Mein Vater ist Vorarbeiter und ist von 5.00 Uhr früh bis spät in die Nacht im Einsatz. Er hat mehrere Baustellen zu beaufsichtigen.“*

Marco: *„Mein Vater ist in Serbien geboren und meine Mutter ist Österreicherin. Meine Mutter arbeitet in einem Supermarkt. Mein Vater ist jetzt Taxifahrer."*

Darko: *„Mein Vater ist hier geboren, meine Mutter kommt aus Serbien. Mein Vater arbeitet als Polizist und meine Mutter ist im Einzelhandel tätig. Mein Bruder macht gerade das Bundesheer, er hat die HASCH abgeschlossen, die HAK aber abgebrochen."*

Dominic: *„Mein Papa kommt aus Kroatien und meine Mama aus Österreich. Meine Mama arbeitet in einem Supermarkt und mein Papa ist Barkeeperchef. Meine Halbschwester hat jetzt eine Lehre als Hotel-Gastgewerbeassistentin begonnen."*

Armina: *„Meine Mutter ist Krankenschwester und mein Vater war Installateur. Ich bin in Wien geboren, meine Mutter kommt aus Mazedonien, mein Vater ist Serbe. Meine Schwester besucht eine Handelsschule, sie möchte danach eine Lehre beginnen."*

Alle diese Beispiele weisen auf eine insgesamt höhere Ausbildungs- und Erwerbsbeteiligung im Vergleich zur türkischen Community hin. (Vgl. Kap. 5.6) Sowohl beide Elternteile als auch die Söhne und Töchter sind meist berufstätig oder in Ausbildung:

Marko: *„Meine Eltern kommen aus Serbien, mein Vater ist Parkettverleger, meine Mutter arbeitet in einem Restaurant. Meine beiden älteren Schwestern arbeiten in einer Bäckerei bzw. in einem Textilgeschäft für Brautkleider."*

Martina: *„Meine Mutter ist Köchin, sie kocht von Montag bis Freitag in einer Schulküche. Mein Vater arbeitet am Bau. Meine Schwester hat eine Stelle im Patentamt und mein Bruder ist beim Roten Kreuz in der Zentrale. Meine Eltern kommen aus Kroatien."*

Martin: *„Meine Mutter arbeitet im Magistrat, mein Vater bei der MA 48. Meine Schwester arbeitet in der Systemgastronomie und ist jetzt selbstständig. Meine Mutter kommt aus Serbien, mein Vater aus Mazedonien. Ich bin in Mazedonien geboren und im Alter von acht Jahren nach Wien gekommen. Ich spreche serbisch, mazedonisch, deutsch, englisch. Sprachen braucht man. Ich habe noch eine kleinere Schwester, die ist derzeit im Gymnasium, will aber auch eine Lehrstelle suchen."*

Berufstätigkeit beider Elternteile und Ausbildung der Kinder unabhängig vom Geschlecht ist also ein typisches Muster von Familien, die vor vielen Jahren aus dem ex-jugoslawischen Raum nach Österreich gekommen sind.

Auch zugewanderte Familien aus anderen Teilen Europas und der Welt setzen meist alles daran, eine gute berufliche Zukunft in Österreich aufzubauen. Die folgende Erzählerin, die eine betriebliche Lehre macht, stammt aus Armenien: *„Ich lebe seit zehn Jahren in Wien. Mein Bruder ist Kellner, meine Schwester ist Friseurin, mein Vater arbeitet im Lebensmittellager und meine Mutter und ich wollten immer in der Gastronomie arbeiten. Sie war in einem Copy-Shop beschäftigt, jetzt ist sie krank und darf nicht arbeiten. Mein Bruder ist schon Oberkellner, er hat aber die Lehre nicht fertig gemacht. Als Oberkellner verdient er sehr gut."*

Kahlida ist in Brasilien geboren und absolviert ebenfalls erfolgreich eine betriebliche Lehrausbildung in Wien: *„Ich bin mit zwölf Jahren hierher gekommen. Meine Mutter hat meinen Vater in Brasilien kennengelernt, sie ist voraus gefahren, hat sich alles angeschaut, und dann bin ich nachgekommen. Ich habe keine Geschwister. Ich hab gleich mit der Schule angefangen, bin ins Realgymnasium gegangen, hatte die ersten zwei Jahre Zeit Deutsch zu lernen. Nach der Schule hatte ich regelmäßig Deutschkurse und so wurden meine Noten immer besser. Ich spreche deutsch, portugiesisch, englisch und ein bisschen spanisch."*

Die BKS-Gruppe, aber auch Familien aus anderen Ländern unterscheiden sich von Familien mit türkischem Migrationshintergrund durch eine höhere Erwerbsbeteiligung beider Elternteile. Die Eltern gehen meist einer qualifizierten Berufstätigkeit nach und es gibt kaum Frauen, die über einen langen Zeitraum nicht im Erwerbsleben stehen. Die Berufstätigkeit von Mann und Frau ist in den allermeisten Familien, egal ob sie in Vorarlberg oder Wien leben, die Regel. Auf die Ausbildung der Kinder wird großer Wert gelegt, wie unter anderem der folgende Gesprächsausschnitt mit Eltern aus einem serbischen Verein in Wien zeigt:

„Wir schauen jetzt mehr als das noch bei unseren Eltern der Fall war auf die Ausbildung der Kinder, wir bevorzugen die Ganztags- oder auch Privatschulen. Wir haben keine Zeit, mit den Kindern zu lernen. Wir arbei-

ten und es ist ein gutes Gefühl zu wissen, dass die Kinder in einer Schule sind, wo sie lernen. Die Ganztagsschule ist wichtig und eine große Hilfe.

Das Bewusstsein hat sich im Laufe der Zeit in der zweiten und dritten Generation geändert. Die Kinder sind in der Schule, wir in der Arbeit. Wir wollen nicht darüber nachdenken, wo das Kind ist. Wir müssen uns mehr als früher auf die Arbeit konzentrieren. Uns ist eine gute Ausbildung oder sagen wir, die Zukunft der Kinder, sehr wichtig. Unsere Eltern haben da noch mehr auf das Sparen geachtet. Unsere Eltern hatten keine Zeit, unsere Aufgaben zu kontrollieren und sie konnten uns nicht helfen, weil sie die Sprache nicht konnten. Uns fällt das Helfen leicht. Die Kinder fragen: Papa, wie schreibt man das? Und wir können ihnen die richtige Antwort geben. Wir hatten die Einstellung, wir müssen alles selbst machen, es gibt sonst keine Hilfe.“

Das große berufliche Engagement der jungen BKS-Familien führt zum vermehrten Wunsch einer guten Ganztagsbetreuung ihrer Kinder, auf deren Ausbildung geschlechtsunabhängig ein großer Wert gelegt wird. Im Vergleich zu den interviewten Jugendlichen türkischer Herkunft finden sich in fast allen anderen Zuwanderungsgruppen kaum geschlechtsspezifische Unterschiede im Hinblick auf die bestmögliche Förderung der Söhne und Töchter. Es fällt aber auch auf, dass die Eltern unter einer guten „Zukunft der Kinder“ vor allem den erfolgreichen Abschluss einer weiterführenden (Ganztags-)Schule und weniger einer Lehre sehen.

Zusammenfassend lässt sich sagen: Im Vergleich zu den anderen Gruppen sind bei den Familien türkischer Herkunft die Frauen öfter nicht erwerbstätig, sondern primär im Haushalt tätig. Regionale Unterschiede bestehen zwischen Wien und Vorarlberg. In Vorarlberg gehen oft beide Elternteile mit türkischem Migrationshintergrund einer Erwerbstätigkeit nach, allerdings eher im geringqualifizierten Bereich. Dieses Bild ändert sich, wenn die Kinder dieser Familien eine überbetriebliche Lehre absolvieren. Bei einer solchen Konstellation ist in Vorarlberg und in Wien innerhalb der türkischen Community folgendes Muster vorherrschend: Ein Elternteil ist unqualifiziert beschäftigt (meist der Vater), und ein Elternteil ist zu Hause (meist die Mutter). Auch in der zweiten Generation zeigt sich dieses Muster bei den interviewten Jugendlichen weitgehend.

Daraus lässt sich schließen, dass die Erwerbstätigkeit der Eltern sich unmittelbar auf die Chancen der Kinder dieser Familien auswirkt. Sind beide Elternteile beschäftigt, ist die Wahrscheinlichkeit einer erfolgreichen Berufs- und Ausbildungskarriere der Kinder hoch, arbeitet nur ein Elternteil, sinken die Chancen der Kinder.

Dass vor allem Jugendliche aus der türkischen Community vermehrt auf die überbetriebliche Berufsausbildung angewiesen sind, hängt offensichtlich mit einer insgesamt geringeren Verankerung ihrer Eltern in österreichischen Betrieben zusammen.

Warum Eltern mit Migrationshintergrund ihre Kinder eher zum Besuch einer weiterführenden Schule motivieren anstatt eine Lehrausbildung zu probieren, hat sehr viel mit dem allgemein eher niedrigen Image der dualen Berufsausbildung in Österreich zu tun, das zusätzlich auch auf soziokulturellen Missverständnissen beruht, wie die folgenden Ausführungen zeigen.

5.4 Überlegungen zum Image der „dualen Berufsausbildung" unter Migrantinnen und Migranten ex-jugoslawischer Herkunft von M. Tomić

Lehrlinge mit Migrationshintergrund in Österreich stellen eine sehr heterogene Gruppe dar. Die folgenden Ausführungen beziehen sich unter anderem auf Erfahrungen aus meiner langjährigen Beratungstätigkeit im Bereich der Migration und Erwachsenenbildung. Als in serbischer Sprache sozialisierte Zuwanderin ist es mir wichtig, über linguistische Implikationen zu reflektieren bzw. die Auswirkungen von Übersetzungen mehrsprachiger Informationen über Bildungswege in Österreich näher zu erläutern.

Zunächst geht es um die soziolinguistische Rezeption des Begriffs „Lehre". „Lehre" beschreibt eine Art von Berufsausbildung in Österreich, die aus etwa 80 Prozent Praxis und 20 Prozent Theorie besteht. Lehrlinge werden hauptsächlich in einem Betrieb (daher der Begriff „betriebliche Ausbildung") ausgebildet und bekommen dazu, berufsbegleitend, die notwendigen theoretischen, facheinschlägigen Kenntnisse an einer Berufsschule vermittelt. Ob der Schulunterricht regelmäßig in kleineren Abständen abgehalten wird oder in Blöcken, hängt in erster Linie vom erlernten Beruf und dem bestehenden Angebot an Berufsschulen ab. Diese Art der Berufsbildung ist gesetzlich und durch das Engagement der Sozialpartner gut verankert.

Bei Übersetzungen kommt es nicht selten zu Fehlern. Begriffe in der Ausgangssprache können mit mehreren Begriffen in die Zielsprache übersetzt werden. Dazu ein Beispiel: In Österreich gibt es in den Informationsunterlagen zur Aus- und Weiterbildung den Begriff der „dualen Berufsausbildung". Häufig werden dafür auch die Synonyme „Lehre", „betriebliche Ausbildung" und „überbetriebliche Ausbildung" verwendet. Das heißt: Ein und derselbe Ausbildungsweg wird in Broschüren mit unterschiedlichen Begriffen bezeichnet. Es ist nicht sicher, ob alle Österreicherinnen und Österreicher mit diesen verschiedenen Begriffen vertraut sind und alle darunter dasselbe verstehen. Daher ist zu erwarten, dass Menschen, die nicht in Österreich geboren sind, nicht selten mit dieser Vielzahl von Begriffen überfordert werden. Oft sind Migrantinnen und Migranten noch zusätzlich auf Übersetzungen angewiesen, wobei es leicht zu Missverständnissen kommen kann. Die korrekte Übersetzung der Begriffe „duale Berufsausbildung" und „Lehre" ins Bosnisch-Kroatisch-Serbische ist besonders schwierig, da in allen Nachfolgestaaten des ehemaligen Jugoslawiens eher die rein schulische Art der Berufsbildung die Regel war. Außerdem findet „Lehre" in Österreich in der Regel zwar auf der Sekundarstufe II statt, kann aber auch noch mit höherem Alter absolviert werden. Kompliziert wird die Sache noch zusätzlich, da der Zugang zu diesem Ausbildungsmodell an keinen formalen Abschluss gebunden ist. Es obliegt dem jeweiligen „Lehrherrn", ob er Bewerberinnen und Bewerber aufnimmt, die keinen Pflichtschulabschluss vorweisen oder die Schule mit „gutem" oder „sehr gutem" Erfolg abgeschlossen haben. Betriebe können von ihren künftigen Mitarbeiterinnen und Mitarbeitern auch eine Matura als Voraussetzung verlangen. Allein an diesem Beispiel lässt sich erkennen, wie schwierig eine klar verständliche Informations- und Aufklärungsarbeit über den zentralen Begriff „duale Berufsausbildung" ist.

Wenn es um die Berufsausbildung, besonders um das Handwerk, geht, waren spezielle Fertigkeiten und Kenntnisse für die Ausübung von handwerklichen Berufen schon immer notwendig. Diese konnten bereits im Mittelalter in Meisterbetrieben erworben werden. Mit der Industrialisierung, ab der zweiten Hälfte des 18. Jahrhunderts, wurde eine strukturierte Berufsausbildung immer wichtiger. Bereits im 19. Jahrhundert entstand eine Art „duale Ausbildung“, wobei zum praktischen Lernen im Meisterbetrieb ein begleitender Unterricht in den Sonntags- bzw. Fortbildungsschulen abgehalten wurde. (Vgl. Gruber 2004)

Es gibt in Österreich mehr als 200 Berufe, die im dualen System erlernt werden können. Für jeden Beruf gibt es von Seiten des zuständigen Ministeriums eine Ausbildungsordnung, in der der Ausbildungsablauf (Berufsbild, Tätigkeiten, Aufgaben usw.) genau geregelt ist. Zum Großteil liegen die angebotenen Richtungen im handwerklichen Bereich und in der Produktion, es gibt aber auch Berufe im kaufmännischen, administrativen und im Gesundheitssektor, die auf diesem Weg erlernt werden können (Bürokaufleute, Reisebüroassistenz, Augenoptikerin usw.)

In Österreich wurden in den letzten Jahren viele Initiativen für die Verbesserung des Images der Lehre gesetzt, eine davon ist „Lehre mit Matura“. Damit will man Jugendlichen, aber auch ihren Eltern zeigen, dass die „Lehre“ keine „Sackgasse“ ist und ein weiterführender Bildungsweg (Studium) möglich ist.

Im internationalen Vergleich schneidet Österreich beim Anteil der Personen mit einem Abschluss auf der Sekundarstufe II mit 79,7 Prozent gut ab. Der EU28-Durchschnitt lag im Jahr 2014 bei 72,6 Prozent (Eurostat). In dieser Statistik werden betriebliche und schulische Ausbildungsabschlüsse mit und ohne Matura gemeinsam gezählt. Sichtbar ist, dass sich in den letzten Jahren weniger Jugendliche für diesen Ausbildungsweg entscheiden: Rund 40 Prozent aller 15-Jährigen wählten eine duale Berufsausbildung. Im Gegensatz zum aktuellen Trend entschieden sich zwischen den 1970er und 90er Jahren mehr als 45 Prozent der 15-Jährigen eines Jahrganges für dieses Ausbildungsmodell.

5.4.1 Geschichte der „dualen Ausbildung“ bzw. Berufsausbildung im ehemaligen Jugoslawien

Verstaatlichung der Unternehmen, Ausschluss vom Kominform-Bündnis und Gründung der „Blockfreien Staaten“ waren die wichtigsten politischen Ereignisse in der Sozialistisch Föderativen Republik Jugoslawien (SFRJ) nach dem Zweiten Weltkrieg. Seit den 50er Jahren basierte das wirtschaftliche System Jugoslawiens auf der Arbeiterselbstverwaltung: Begonnen wurde mit Industrie und Landwirtschaft und die Selbstverwaltung wurde laufend auf die anderen Sektoren ausgebaut. Auch in der Verfassung Jugoslawiens von 1974 wurde folgender sozialistischer Gedanke festgehalten. Dazu heißt es: *„Das Erziehungs- und Bildungswesen stützt sich auf die Errungenschaften der zeitgenössischen Wissenschaft, insbesondere des Marxismus auf Grundlage des wissenschaftlichen Sozialismus und dient der Befähigung der Werktätigen für die Arbeit, der Selbstverwaltung und ihrer Erziehung im Geiste der Errungenschaften der sozialistischen Revolution, der sozialistischen Ethik, der auf Selbstverwaltung beruhenden Demokratie, des sozialistischen Patriotismus, der Brüderlichkeit und Einheit, der Gleichberechtigung der Völker und Völkerschaften und des sozialistischen Internationalismus."*[8]

Der Bund der Kommunisten Jugoslawiens (*Savezkomunista Jugoslavije – SKJ*) war die einzig zugelassene, regierende Partei zwischen dem Ende des Zweiten Weltkrieges und dem Zerfall Jugoslawiens. Die gesellschaftlich-politischen Ereignisse Ende der 60er und Anfang der 70er Jahre bewegten die Kommunistische Partei dazu, einige Schritte zur Beruhigung der allgemeinen Situation einzuleiten. Neben der Änderung der Verfassung im Jahre 1974 hat die Partei im selben Jahr, auf ihrem 10. Kongress, die Grundsteine einer Bildungsreform gelegt. Mit dem Dokument „Grundlagen der selbstverwalteten-sozialistischen Transformation der Erziehung und Bildung" wurde die Basis für die Erlassung eines neuen Berufsausbildungsgesetzes (Zakon o *usmerenomo*brazovanju) geschaffen. Im Hintergrund stand der kroatische Politiker und Soziologe Stipe Šuvar, der seine Ideen über eine bessere Verbindung von Ausbildung und Beschäftigung in seinem Buch „Schule und Fabrik: entgegen die Erziehungs- und Ausbildungsreform" (*Škola i tvornica: u susretreformiodgoja i obrazovanja, 1977*) beschrieben hat. Bis dahin gab es auf der Sekundarstufe II,

8) http://www.verfassungen.net/yu/verf74-i.htm

also nach der Pflichtschule, wie in den meisten Ländern, zwei Ausbildungsmöglichkeiten:

a) Gymnasien: diese vermittelten die klassische, allgemeine Bildung. Ihre Absolventinnen und Absolventen wurden auf weitere Bildungswege, zum Beispiel auf ein Studium oder für eine „Höhere Schule" (*višaškola*), vorbereitet.
b) die berufsbildende Schiene: diese hatte nach Absolvierung der Grundschule eine klare fachliche Ausrichtung und vermittelte in erster Linie Berufsqualifikation, aber auch Allgemeinbildung. Der Anteil des praktischen Unterrichts war, je nach Ausbildungsrichtung, unterschiedlich. In Jugoslawien, nach dem Zweiten Weltkrieg, gab es Formen der „Schule für Ausbildung in der Wirtschaft" (*Škola učenika u privredi – ŠUP*), die hauptsächlich praktisch orientiert waren und Jugendliche für handwerkliche Berufe ausbildeten. Die Schülerinnen und Schüler absolvierten ihre Praktika direkt in den Fabriken und Werkstätten. Die Idee war, die isolierte pädagogische Lernsituation von Schulen nach außen zu verlegen und den Schülerinnen und Schülern die Arbeitswelt näherzubringen. Auf der anderen Seite bestand die reine schulische Berufsausbildung (z. B. technische Schulen).

Parallel dazu existierte eine rein praktische Ausbildung im Bereich der Privatwirtschaft und vor allem im Dienstleistungssektor. Typische Beispiele waren Friseurinnen und Automechaniker. Jugendliche wurden nach der abgeschlossenen Pflichtschule am Arbeitsplatz oder in den Kursen an den Arbeiteruniversitäten und Volkshochschulen zu bestimmten Berufen qualifiziert. „Lehrlinge", die in der Praxis ausgebildet wurden, waren in einem mehr oder weniger rechtlich geregelten Lehr-Arbeitsverhältnis. Am Ende ihrer Ausbildung legten die Jugendlichen eine Prüfung vor der Innungskommission ab oder arbeiteten einfach im Angestelltenverhältnis weiter ohne formal belegte Qualifikation. Diese Ausbildungsform heißt „zanat" (Handwerk) und war schon unter Osmanischer Herrschaft im heutigen Serbien bekannt. Bereits 1847 gab es die Handwerks- bzw. Zunftordnung (*Uredba o esnafima*), die aber seit der Gründung von Wirtschaftskammern nicht mehr gilt. Der Begriff „zanat" wurde aus dem Türkischen übernommen und heißt dort „Zanaat" (Handwerk). Lehrling wird als „šegrt" bezeichnet – auch dieser Begriff stammt aus dem Türkischen (sakirt). Im Laufe der Zeit wurde in Jugoslawien der Begriff „zanat" allgemein für alle Formen der Ausbildung verwendet, die zu Produktions- und Handwerksberufen führen und ohne Matura abschließen. Umgangssprachlich bezeichnet „zanat" demnach das praktische Ausbildungsangebot auf der Sekundarstufe II im Gegensatz zur „Schule".

Vom Ansehen werden Jugendliche, die in keine „Schule" gehen und „nur" eine praktische Ausbildung machen (*zanat*), niedriger bewertet als die Gleichaltrigen, die eine „Schule" besuchen. Jugendliche, die nicht die Voraussetzungen mitbringen, um in eine Schule mit Maturaabschluss aufgenommen zu werden, müssen mit „zanat" vorlieb nehmen. Sie weisen oft große Lücken im Allgemeinwissen auf, sind aber gute Handwerker. Wegen seiner höheren Wertigkeit wird von der Mehrzahl der Jugendlichen der Besuch eines Gymnasiums oder einer berufsbildenden Schule angestrebt. Die Matura gilt als „Nonplusultra" im Bereich der sekundären Bildung. In den letzten Jahrzehnten wurde das Schulsystem in Serbien immer stärker schulisch ausgerichtet, selbst bei der Ausbildung von Facharbeiterinnen und Facharbeitern wurde der Praxisanteil immer geringer und der Schulanteil immer größer.

Die große Bildungsreform während der kommunistischen Herrschaft in Jugoslawien wurde populär „Šuvarica" genannt und brachte den gemeinsamen Unterricht für alle Schülerinnen und Schüler auf der Sekundarstufe II im ersten bzw. in den ersten zwei Ausbildungsjahren.

„Usmereno/usmjerenoobrazovanje" wird ins Deutsche als „Berufsbildung" übersetzt. „Smer/smjer" bedeutet „Richtung", während das Verb „usmeravati/usmjeravati" als „anleiten, ausrichten, richten" zu verstehen ist. Die neue Ausbildungsstrategie in Jugoslawien zielte vor allem auf eine Erhöhung der Beschäftigung, einen besseren Einklang zwischen dem Bedarf der Wirtschaft und den verschiedenen Ausbildungseinrichtungen sowie auf eine Minderung der „Klassenunterschiede" zwischen denjenigen, die „denken", und denjenigen, die „produzieren". Es ging also um einen Ausgleich der Unterschiede zwischen intellektueller Elite und Arbeiterklasse (Baçević, 2006). Wie die

Erfahrung der Geschichte im Nachhinein zeigt, konnte das Streben nach einer weitgehend „klassenlosen" Gesellschaft mit dieser Bildungsreform nicht erreicht werden.

Mit der Reform wurde also für alle Schülerinnen und Schüler eine gemeinsame Grundlage (*zajedničkeosnove*) geschaffen. In jeder Teilrepublik Jugoslawiens wurde der Bedarf an bestimmten Berufsqualifikationen bzw. Fachkräften festgestellt und somit zwischen 300 und 600 verschiedene Ausbildungsprofile begründet. Diese Berufsqualifikationen wurden in fünf verschiedene Stufen eingeteilt, wobei die fünfte Qualifikationsstufe erst im Arbeitsprozess nach der abgeschlossenen Ausbildung erreicht werden konnte (Milenović, 1985). In der Regel konnten die Schülerinnen und Schüler ab dem dritten Schuljahr ihre jeweilige Fachrichtung wählen. Wie lange die Ausbildung zur Berufsqualifikation dauerte, war vor allem von der konkreten Berufsqualifikation abhängig. Die Ausbildung zu einem Handwerk und zu Produktionsberufen dauerte meist zwei bis drei Jahre. Diejenigen mit einem Abschluss einer dreijährigen Schule hatten die Möglichkeit, sich später berufsbegleitend weiterzubilden. Für die Absolventinnen und Absolventen einer vierjährigen Fachausbildung gab es den Zugang zum tertiären Bildungsbereich.

Nach wie vor wählte die Mehrzahl der Jugendlichen eher klassische und nicht-manuelle Ausbildungsrichtungen (Übersetzer, Programmierer usw.) und die anderen handwerkliche Berufe (Tischler, Maschinenbauschlosser, Werkzeugtechniker usw.). Das Ansehen nicht-manueller Tätigkeiten war nach wie vor höher als das von manuellen Berufen, bei denen Geschicklichkeit und Kraft erforderlich waren.

Diese Ausbildungsreform wurde später wegen ihrer ideologischen Ausrichtung kritisiert und in den 80er Jahren novelliert. Kurz vor dem Zerfall Jugoslawiens wurde sie abgeschafft und wieder durch die allgemeinen und berufsbildenden Schulen ersetzt. „Šuvarica" hätte Berufs- und Allgemeinbildung vermitteln, aber auch Probleme am Arbeitsmarkt und in der Gesellschaft beseitigen sollen. Diese Ziele konnten nicht erreicht werden. Die Wirtschaft zeigte wenig Interesse an dieser Art von Ausbildung, die sinkende Produktion in den Fabriken hatte keinen Bedarf an neuen Arbeitskräften, darunter litt auch der praktische Unterricht. Seitens der Jugendlichen gab es immer weniger Interesse für eine Ausbildung zu Produktionsberufen (im

Vergleich zur „klassischen Schule“ war dies eine geringere Qualifizierung). Die Mehrheit der Schülerinnen und Schüler hat die Qualifikationsstufen 3 oder 4 gewählt. Aber selbst wenn niedriger qualifizierte Berufsausbildungen gewählt wurden, hatten die Absolventinnen und Absolventen Schwierigkeiten, eine Beschäftigung zu finden. Der Zustrom in die Universitäten war ungebrochen, so dass die ideologische Agenda, mehr Arbeiter statt Studierende zu schaffen, nicht realisiert wurde. (Vgl. Smiljanić 1986).

5.4.2 Duale Berufsausbildung aus der Sicht der Migrantinnen und Migranten in Wien

Vor dem Hintergrund, dass „zanat“ zweite und „Schule“ erste Wahl ist, kamen und kommen die Migrantinnen und Migranten aus (Ex-) Jugoslawien nach Österreich. Das „duale Ausbildungsmodell“ in Österreich erinnert sie stark an das alte, ungeliebte Reformprojekt in ihrem Herkunftsland. In den Zeiten von „Šuvarica“ gingen die Wünsche und Bestrebungen von Schülerinnen und Schülern, aber auch von ihren Eltern mehr in Richtung klassische, schulische Bildung als in Richtung Produktionsberufe. Da die intellektuelle Arbeit nach wie vor im Vergleich zu der manuellen favorisiert wird, scheint es so zu sein, dass diese Einstellung auch noch heute gilt.

In den letzten Jahren und Monaten berichten Medien in Serbien öfters über die Idee der „dualen Ausbildung“ und ihrer möglichen Implementierung in das angeschlagene serbische Bildungssystem. Als Erfolgsstorys werden die Bildungssysteme aus der Schweiz, Deutschland und Österreich genannt und gerne wird der wirtschaftliche Wohlstand dieser Staaten als direktes, logisches Resultat der gut funktionierenden dualen Berufsausbildung genannt. Die Interpretation seitens der Medien, aber auch der sozialen Netzwerke bezüglich „duale Berufsausbildung“, reichen von Gleichstellung mit der misslungenen Bildungsreform aus den 70er Jahren in Jugoslawien bis hin zur Reduzierung auf handwerkliche Berufe, indem man diese Form der Ausbildung mit „zanat“ übersetzt. Das Problem ist, dass sich die „duale Berufsausbildung“ in Österreich mit beschriebenen Ausbildungsformen aus Ex-Jugoslawien nicht vergleichen lässt. Durch „Šuvarica“ wurden zwar auch verschiedene Fachkräfte ausgebildet, es gibt aber wesentliche Unterschiede zur „dualen Berufsausbildung" in Österreich:

1) „Šuvarica" sollte in den ersten ein bis zwei Jahren einen gemeinsamen, schulischen Bildungsweg nach der Pflichtschule ermöglichen.
2) Trotz Bestrebungen für mehr Verbindung zwischen Theorie und Praxis wurde der Anteil von 80 Prozent Praxis, wie es in Österreich der Fall ist, nicht erreicht.
3) Die Praktika in Betrieben wurden nicht bezahlt, Jugendliche fühlten sich ausgenutzt.

Auch im traditionellen Sinne unterscheidet sich das österreichische Modell der dualen Ausbildung von „zanat". In der laufenden Diskussion in Serbien werden alle diese verschiedenen Modelle der Berufsausbildung vermischt, was zu zusätzlichen Missverständnissen führt. Bei der Erwähnung Österreichs als Best-Practice-Beispiel werden oft die wichtigsten Charakteristiken dieses Ausbildungsmodells in Österreich ausgelassen.

Diese sind:

1) die Ausbildung findet an zwei Lernorten statt – Schule und Betrieb; es gibt ein hohes Maß an Praxis (80 Prozent),
2) die gesetzliche Grundlage ist durch Ausformulierung eines Lehrvertrages sowie eine gesetzliche Lehrlingsentschädigung klar geregelt.

Zusätzlich zu dieser inhaltlichen Verwirrung scheint es in Österreich einige Unklarheiten in Informationsbroschüren von NGOs, den Sozialpartnern bis hin zu Aussendungen von zuständigen Ministerien oder Bildungseinrichtungen zu geben, in denen die BKS-Community über das „duale Ausbildungssystem" informiert wird. Zum Beispiel weisen viele dieser Informationen Übersetzungsfehler auf. So wird, was besonders schwer wiegt, das „duale Ausbildungssystem" als „zanat" übersetzt. Aus Gesprächen mit Migrantinnen und Migranten mit BKS-Hintergrund lässt sich erkennen, dass die meisten Gesprächspartnerinnen und Gesprächspartner das „duale Ausbildungssystem" mit diesem eher negativ konnotierten Begriff verbinden und damit diesen Bildungsweg ablehnen. Da Eltern eine wichtige Rolle in der Berufs- und Bildungsentscheidung ihrer Kinder haben, ist anzunehmen, dass dieser Übersetzungsfehler weitreichende Konsequenzen für Jugendliche aus der BKS-Community in Österreich haben kann.

Unter der Annahme, dass sowohl Eltern, aber auch weitere Verwandte und Freunde Einfluss bei der Berufs- und Bildungsentscheidung ihrer Kinder haben, wäre es aus unserer Sicht sehr empfehlenswert, Eltern gezielt über das Bildungssystem in Österreich zu informieren. Das „duale Ausbildungssystem" bzw. die Art der Ausbildung, die sowohl im Betrieb als auch an der Schule stattfindet, muss den zugewanderten Menschen klar und deutlich vermittelt werden. Dazu wären folgende Maßnahmen hilfreich:

- Klare Übersicht über das österreichische Bildungssystem
- Eine einheitliche Sprache und korrekte Übersetzung der Begriffe in den mehrsprachigen Informationsmaterialien
- Klare Vermittlung an Eltern, dass das „duale Ausbildungsmodell" in Österreich weder mit „zanat" noch mit „Šuvarica" verwechselt werden darf
- Individuelle Begleitung und Unterstützung von Jugendlichen bei der Berufsfindung
- Bessere Vernetzung der verschiedenen Communities von Migrantinnen und Migranten mit den Bildungseinrichtungen

5.4.3 Zusammenfassung der wichtigsten Erkenntnisse

In der Literatur bzw. in Publikationen von und für Migrantinnen und Migranten gibt es Probleme bei der Übersetzung des Begriffs „Lehre" bzw. „duale Ausbildung". Das hat vor allem historische, aber auch soziolinguistische Ursachen. In Jugoslawien entwickelte sich das berufliche Ausbildungssystem immer mehr in Richtung Theorie bzw. Schule. Parallel dazu gab es jedoch auch Lehr-Arbeitsverhältnisse mit rein praktischer Ausbildung zum Beispiel für Friseurinnen und Friseure oder Mechanikerinnen und Mechaniker. Diese rein praktische Ausbildungsform wurde „zanat" (=Handwerk) genannt. Dieser Begriff stammt vom türkischen Wort „Zanaat". In der jugoslawischen Gesellschaft gab es somit zwei Ausbildungsvarianten, eine theoretische, die in den Schulen vermittelt wurde, und eine praktische, die vor allem in Produktionsbetrieben und im Dienstleistungsbereich absolviert werden konnte. Diejenigen Jugendlichen, die eine „zanat"-Ausbildung machten, hatten das gesellschaftlich geringere Ansehen.

In einer Bildungsreform in den 70er Jahren wurde beschlossen, eine bessere Verbindung zwischen Ausbildung und Beschäftigung zu schaffen, es wurde ein übergreifender Schultyp organisiert, der als „Šuvarica" (benannt nach dem Erfinder dieses Modells Stipe Šuvar) bezeichnet wurde. Diese Ausbildungsreform ist wegen ihrer ideologischen Ausrichtung und schlechten Umsetzung in Misskredit unter der jugoslawischen Bevölkerung geraten. Die Schülerinnen und Schüler sollten die Welt des Proletariats unmittelbar erleben, ihre Arbeitseinsätze in den Fabriken wurden nicht bezahlt, sodass sie sich ausgenutzt fühlten. Nachdem dieser Schultyp seine politische Agenda nicht erfüllen konnte, wurde im Zuge der immer deutlicheren Krise in Jugoslawien „Šuvarica" schließlich im Jahr 1990 abgeschafft. Die Schule und die schulische Ausbildung bleiben weitgehend beliebter als jegliche Form von Ausbildung, die direkt an die Arbeit bzw. Produktion gebunden ist. Insofern ist auch „zanat" (Handwerk) mit körperlich anstrengenden bzw. belastenden Tätigkeiten assoziiert. Wenn Eltern aus dem ex-jugoslawischen Raum in Österreich in Informationen zur Aus- und Weiterbildung das Wort „zanat" für „Lehre" bzw. „duale Ausbildung" lesen, fühlen sie sich an diese Schulform mit niedrigem Ansehen in ihren Herkunftsländern erinnert und bestärken ihre Kinder darin, diese Art von Ausbildung zu meiden. Da auch in Österreich die meisten Erziehungsberechtigten es unterstützen, wenn ihre Kinder eine weiterführende Schule besuchen anstatt eine Lehre zu absolvieren, fühlen sich die zugewanderten Eltern darin zusätzlich bestärkt.

5.5 Auswirkungen von geringer Erwerbseinbindung und Arbeitslosigkeit in der Familie

In den Schilderungen der interviewten Jugendlichen erzählten einige auch von der schwierigen Situation ihrer Familien aufgrund von Arbeitslosigkeit oder einer nur geringen Erwerbseinbindung. Dazu das folgende Beispiel aus Vorarlberg:

Bircan: *„Meine Eltern sind in der Türkei geboren. Mein Vater sitzt zu Hause, er ist zurzeit arbeitslos. Vorher arbeitete er auf Baustellen. Meine Mutter ist auch zu Hause. Mein großer Bruder ist schon verheiratet, er ist Maler und Bodenleger. Der kleine Bruder ist 18, der ist arbeitslos. Ich habe für ihn zwei Lehrstellen gefunden, aber nach ein, zwei Monaten hat er sie wieder verloren. Auch Vater hat für ihn zwei Jobmöglichkeiten gefunden, diese hat er ebenfalls schnell wieder aufgegeben. Sogar ein Cousin hat einen Job für ihn gefunden, aber mein Bruder ist immer nach einem Monat gekündigt worden. Jetzt ist er arbeitslos und führt sich auf wie ein Kind. Vielleicht haben sie ihn beim AMS abgemeldet, ich weiß es nicht. Mein Bruder ist immer unterwegs. Er war auch schon wegen Drogen im Häfen. Er hat schlechte Freunde, einen schlechten Umgang."*

Ein Kollege dazu: *„So wie dein Bruder lebt, bringt das nichts. Wenn er eine gute Zukunft haben will, muss er seinen Lebenswandel ändern."*

Bircan: *„Er hat aber anderes im Kopf. Er denkt so: Ich bin der Boss! Das führt dazu, dass er immer gekündigt wird. Ich weiß nicht, warum er so deppert ist."*

Eine problematische Situation schildert auch **Mehmet**, er erzählt: *„Meine Eltern sind jetzt arbeitslos, meine Mutter war Putzfrau, sie war einen Monat krank und hat danach ihre Arbeit verloren. Mein Vater hat gesundheitliche Probleme, er ist schon zwei Jahre ohne Arbeit, früher war er am Bau beschäftigt. Mein älterer Bruder hat die HTL abgeschlossen, er ist zurzeit beim Zivildienst, dann wird er etwas mit Elektronik machen. Meine Schwester macht auch eine Lehre, aber ich weiß nicht was. Ich glaube, sie ist auch in einem AMS-Kurs."*

Auch **Nadine**, die mit ihrer Schwester im gemeinsamen Haushalt der alleinerziehenden Mutter in Wien lebt, erzählt: *„Ich mache lieber die überbetriebliche Ausbildung als zu Hause zu bleiben. Meine Mutter unterstützt mich auch, aber meine Schwester geht nicht einmal in die Schule. Ich sage ihr immer, dass sie die Schule besuchen soll, aber sie hört nicht auf mich."*

Wenn die Eltern Probleme haben, überträgt sich dies meist auf ihre Kinder oder zumindest auf Teile davon. Ein Mitglied eines Vereines einer türkischen Community in Wien bestätigt diese Probleme, wenn es sagt: *„Bei uns gibt es Familien mit Problemen. Die Kinder sitzen oft* *stundenlang vor dem PC. Die Familie hat keine Chance. Die Eltern haben eine Scheu diese Probleme anzusprechen und zu sagen: Hört, ich habe ein Problem. Für sie ist das ist eine Schande.“*

Von Arbeitslosigkeit erzählen vermehrt Jugendliche mit türkischem Migrationshintergrund. Dazu zwei Beispiele:

Mohamed: *„Meine Eltern stammen aus der Türkei, mein Vater ist bereits in Pension. Vorher hat er Verschiedenes gemacht, er war auch Security bei der UNO-City. Meine Mutter ist Hausfrau. Ich habe sechs Geschwister, ich bin der Vorletzte. Zwei sind verheiratet, mein kleiner Bruder geht noch in die Schule, zwei sind wie ich hier und machen die überbetriebliche Lehre und zwei sind arbeitslos. Vorher war einer in einem Supermarkt beschäftigt, aber er hat aufgehört, keine Ahnung warum. Ich und meine zwei Brüder sind die einzigen in unserer Familie mit einer Berufsausbildung.“*

Enes: *„Meine Mutter ist Hausfrau und mein Vater arbeitet in einem Lager. Mein älterer Bruder ist arbeitslos. Er hat Maler gelernt.“*

Um der Arbeitslosigkeit zu entgehen, gründen Migranten oft Einzelunternehmen. Türkischstämmige Jugendliche erzählen etwa von der Übernahme eines Markt- oder Kebapstandes. Die damit verbundenen Arbeitszeiten sind jedoch sehr anstrengend. Ein Jugendlicher war froh, als sein Vater seinen Imbissstand wieder verkaufte. Er erzählt: *„Mein Vater hat seinen Kebapstand verkauft, er arbeitet jetzt beim Onkel. Er hat zwar gutes Geld verdient, aber er hat 18 Stunden am Tag gearbeitet, das war viel zu viel.“*

Vermehrt von Arbeitslosigkeit betroffen sind vor allem Arbeitskräfte mit formal niedrigem Bildungsabschluss. Dabei handelt es sich um Personen, die nur einen Pflichtschulabschluss vorweisen können und keine Lehre absolviert haben. Arbeitslosigkeit erzeugt zusätzlichen Stress in den Familien, worunter wiederum die Kinder leiden.

Neben den negativen Auswirkungen von Arbeitslosigkeit gibt es in den Interviews auch Hinweise, dass der familiäre Sprachgebrauch eine Rolle spielt. Bei den interviewten Jugendlichen, die sich zuhause überwiegend in deutscher Sprache unterhalten, zeigt sich in der Tendenz eine höhere Erwerbstätigkeit und die Lehrstellensuche sowie der Schulerfolg scheinen positiv beeinflusst zu werden.

Eine junge Vorarlbergerin, deren Eltern aus Bosnien stammen, erzählt: „*Wir sind Ausländer, haben uns aber an den Dialekt gewöhnt. Bis vor vier Jahren habe ich meine Muttersprache noch nicht gut beherrscht. Ich habe extra einmal meine ganzen Ferien in Bosnien verbracht, damit ich meine Muttersprache lerne. Zuhause sprechen wir nur deutsch, mein kleiner Bruder versteht zwar bosnisch, aber reden kann er nur wenige Worte. Meiner Mama war es immer wichtig, dass wir perfekt deutsch sprechen.*"

Die meisten Jugendlichen mit Migrationshintergrund wachsen zweisprachig auf. Auf der einen Seite gibt es die Familiensprache, auf der anderen Seite die deutsche Umgangssprache. Manchmal führt das zu Problemen, wie die folgenden zwei Beispiele aus Wien zeigen.

Suzan: „*Im Juni werde ich 18 Jahre alt. Das Problem ist, dass ich nicht gut türkisch und nicht gut deutsch rede. Ich stehe in der Mitte. Mit meinem Vater rede ich deutsch, aber ich lebe ja bei meiner Mutter, und mit ihr rede ich türkisch. Es war immer so, einmal türkisch, einmal deutsch, die zwei Sprachen haben sich bei mir gemischt.*"

Almina ergänzt: „*Meine Mutter ist Putzfrau und mein Vater arbeitet im Einzelhandel. Mein Vater ist schon über 30 Jahre da, aber er kann trotzdem nicht deutsch. Zuhause wird nur türkisch gesprochen und in der Arbeit auch, wie kann er da lernen?*"

Zusammenfassend lässt sich sagen: Jugendliche, die in Familien aufwachsen, deren Eltern entweder keiner Beschäftigung nachgehen oder oft von Arbeitslosigkeit betroffen sind, fällt es besonders schwer, eine Ausbildung erfolgreich zu beenden. Hinzu kommt, dass Familien, in denen Mütter und Väter wenig mit österreichischen Arbeitskolleginnen und -kollegen in Kontakt kommen, vor allem in ihrer Muttersprache kommunizieren. In Wien, aber auch in Vorarlberg wird diese Situation vor allem von Jugendlichen mit türkischer Herkunft geschildert.

Kinder von Eltern mit geringer Erwerbseinbindung haben somit ein hohes Risiko, in einer ähnlichen sozioökonomisch nachteiligen Situation zu verharren. Aus den geführten Interviews lässt sich ableiten, dass es sich besonders ungünstig auf die Jugendlichen auswirkt, wenn ein Elternteil (meist die Mütter) primär im Haushalt tätig ist und ein Elternteil (meist die Väter) einer Erwerbstätigkeit im geringqualifizierten Bereich nachgeht.

In den Interviews fiel auf, dass vor allem Lehrlinge einer überbetrieblichen Lehrausbildung mit türkischem Migrationshintergrund vermehrt von diesen nachteiligen familiären Erwerbskonstellationen berichten. Diese Dynamik entspricht im Übrigen dem klassischen „Modell der Reproduktion sozialer Ungleichheit", das Pierre Bourdieu entwickelt hat. (Vgl. Müller 2014)

5.6 Einfluss des kulturellen, ökonomischen und sozialen Kapitals – Daten und Fakten

Ausgehend von den bisherigen Erkenntnissen scheint ein Migrationshintergrund das Risiko auf eine schwierige Bildungslaufbahn zu erhöhen. In der Forschungsliteratur wird seit langem und wiederholt auf die soziale Selektivität im österreichischen Bildungssystem hingewiesen. Kinder und Jugendliche mit Migrationshintergrund finden sich im Durchschnitt häufiger in einer nachteiligen sozioökonomischen Position, wobei zwischen verschiedenen Herkunftsgruppen erhebliche Unterschiede bestehen.

5.6.1 Bildungsabschluss

Nachfolgende Daten beziehen sich auf den höchsten Bildungsabschluss der Eltern von Kindern der vierten Schulstufe des Schuljahres 2009/10, die im Zuge der Bildungsstandards erhoben wurden. (Vgl. Vogtenhuber et al. 2012, 23)

- Im Gesamtdurchschnitt hatten neun Prozent der Eltern maximal einen Pflichtschulabschluss, 38 Prozent einen mittleren Abschluss, 31 Prozent einen Maturaabschluss und 22 Prozent einen akademischen Abschluss.
- Von den Kindern ohne Migrationshintergrund hatten nur fünf Prozent der Eltern einen Pflichtschulabschluss, 40 Prozent einen mittleren, 32 Prozent eine Matura und 23 Prozent einen akademischen Abschluss.
- Von den Kindern mit Migrationshintergrund hatten dahingegen 26 Prozent der Eltern einen Pflichtschulabschluss, 31 Prozent ei-

nen mittleren, 27 Prozent eine Matura und 17 Prozent einen akademischen Abschluss.

Große Unterschiede bestehen zwischen verschiedenen Herkunftsregionen.

- Von den Kindern, die aus anderen EU-Ländern kommen, hatten besonders viele Eltern eine Matura (34 Prozent) oder einen akademischen Abschluss (34 Prozent). Deutlich weniger haben eine mittlere Qualifikation (24 Prozent) und nur acht Prozent haben maximal einen Pflichtschulabschluss.
- Von den Eltern türkischer Herkunft hat dagegen mehr als die Hälfte höchstens einen Pflichtschulabschluss (55 Prozent), ein Viertel hat eine mittlere Qualifikation (26 Prozent). Im Vergleich zu den Eltern ohne Migrationshintergrund haben bei den türkischstämmigen Eltern mit 15 Prozent nur halb so viele eine Matura und nur fünf Prozent verfügen über einen akademischen Abschluss.
- Die Eltern, die aus Ländern des früheren Jugoslawien stammen, unterscheiden sich bei den mittleren Qualifikationen (42 Prozent) und beim Anteil mit Matura (30 Prozent) kaum von den Eltern ohne Migrationshintergrund. Jedoch haben anteilsmäßig drei Mal mehr nur einen Pflichtschulabschluss (17 Prozent) und nur halb so viele einen akademischen Abschluss (zehn Prozent).

5.6.2 Berufliche Position

Auch der Anteil von Eltern mit niedrigem Berufsstatus ist bei Familien mit Migrationshintergrund im Durchschnitt deutlich höher als bei Familien ohne Migrationshintergrund. Erhebliche Unterschiede zwischen verschiedenen Herkunftsregionen sind allerdings zu beachten.

- Bei den Volksschülerinnen und -schülern der vierten Schulstufe des Schuljahres 2009/10 mit türkischer Herkunft haben 39 Prozent der Eltern einen niedrigen Berufsstatus (Hilfsarbeit, Anlagenbedienung, Montagearbeiten) und zehn Prozent zählen zur höchsten Statusgruppe (Führungskraft, AkademikerIn). 45 Prozent arbeiten als Bürokräfte, in Dienstleistungsberufen oder im Handwerk, sieben Prozent als TechnikerInnen oder in gleichrangigen Berufen.

- Bei den Eltern aus EU-Staaten sind die Anteile im hohen und niedrigen Statusbereich nahezu genau umgekehrt. Elf Prozent haben einen niedrigen, 37 Prozent einen hohen Berufsstatus.
- Eltern mit ex-jugoslawischer Herkunft unterscheiden sich beim Berufsstatus in geringerem Ausmaß von den Eltern türkischer Herkunft als bei den Bildungsabschlüssen. 10 Prozent sind Führungskräfte/AkademikerInnen. 55 Prozent arbeiten als Bürokräfte, in Dienstleistungsberufen oder im Handwerk, 10 Prozent als TechnikerInnnen oder in gleichrangigen Berufen. 26 Prozent sind in beruflichen Positionen mit niedrigem Status.
- Bei den Eltern ohne Migrationshintergrund haben sieben Prozent einen niedrigen und 36 Prozent einen hohen beruflichen Status. 21 Prozent arbeiten als Bürokräfte, in Dienstleistungsberufen oder im Handwerk, 37 Prozent als TechnikerInnen oder in gleichrangigen Berufen. (Vgl. Vogtenhuber et al. 2012, 23f.)

5.6.3 Haushaltseinkommen

Lachmayr und Leitgöb (2011) haben in ihrer Untersuchung zur sozialen Selektion bei Bildungswegentscheidungen eine repräsentative Elternbefragung analysiert. Dabei wurde auch das Nettohaushaltseinkommen erhoben. Diese Ergebnisse fügen sich in das obige Bild ein:

- Haushalte, in denen beide Elternteile der Schülerin/des Schülers in der Türkei geboren wurden, verfügen mehrheitlich über ein Nettohaushaltseinkommen von maximal 1.500 Euro monatlich. Nur etwa ein Zehntel hat mehr als 2.400 Euro pro Monat zur Verfügung.
- Bei Kindern mit in Österreich geborenen Eltern muss etwas mehr als ein Viertel der Haushalte mit weniger als 1.500 Euro im Monat auskommen, mehr als ein Drittel hat mehr als 2.400 Euro zur Verfügung.
- Auch Haushalte mit im früheren Jugoslawien geborenen Eltern haben eine durchschnittlich bessere Einkommenssituation als türkische Haushalte. (Vgl. S. 58/Abbildung 23)

Bei Berücksichtigung von Bildung und Beruf fällt bei den in der Türkei geborenen Eltern mehr als die Hälfte und von den im ehemaligen Jugoslawien geborenen Erziehungsberechtigten die Hälfte in die „niedrige Schicht". Bei den türkischstämmigen Eltern wird diese Einordnung vor allem durch die niedrige formale Bildung verursacht. Bei den in Österreich geborenen Eltern fällt nur ein Viertel in diese Gruppe. Bei den ex-jugoslawischen Haushalten gehen auch überproportional häufiger beide Elternteile einer Vollzeitbeschäftigung nach, während bei den türkischstämmigen Eltern besonders oft ein Elternteil primär im Haushalt tätig ist. (Vgl. Lachmayr, Leitgöb 2011, 35–37)

5.6.4 Ökonomisches, soziales, kulturelles und symbolisches Kapital

Bourdieu (1992, 2013) folgend beeinflusst das familiäre kulturelle Kapital die schulischen und beruflichen Orientierungen, die Kompetenz in der Schulsprache, das Auftreten und in Verbindung mit dem ökonomischen Kapital die äußere Erscheinung und Kleidung. Das kulturelle Kapital drückt sich durch Bildungstitel, die Vertrautheit mit höherer Kultur, das Beherrschen der Bildungssprache, den Besitz von Kulturgütern und dadurch erworbenes Verhalten aus. In Verbindung mit dem sozialen Kapital, also dem verfügbaren Beziehungsnetzwerk, beeinflusst es den Informationsstand, die Systemkenntnis und das Informationsverhalten der Familien. Die Möglichkeiten zur außerschulischen Lernunterstützung und -förderung hängen – wenn sie nicht innerhalb der Familie erbracht werden können – auch vom ökonomischen Kapital ab, z. B. für den Zukauf von Nachhilfestunden oder anderen fördernden bzw. vorbereitenden Kursen und Freizeitaktivitäten. Das ökonomische Kapital beeinflusst auch die Wohnsituation, wie die Wohnungsgröße und damit Lernräume und Rückzugsgebiete für Kinder und Jugendliche daheim, aber auch den Wohnort. Segregierte Wohngebiete, z. B. sozioökonomisch schwache Wohngebiete (etwa durch Sozialbauwohnsiedlungen), können zur schulischen Segregation beitragen, wenn bei der Einteilung der Schulsprengel darauf nicht Rücksicht genommen wird/werden kann. Das symbolische Kapital kann in der Schule seine Wirkung entfalten, wie

Kindern und Jugendlichen in der Schule begegnet wird, z. B. bevorzugte Behandlung aufgrund eines bekannten Familiennamens, des beruflichen Status und der Bildungstitel der Eltern oder umgekehrt, zugeschriebene Defizite und weniger Wertschätzung aufgrund von Signaleffekten durch den Familiennamen, beruflichen Status oder ein geringes Ausbildungsniveau der Eltern.

Der starke Zusammenhang zwischen den Schülerleistungen und dem Bildungshintergrund zeigt sich wiederholt in verschiedenen Schülerleistungstests, so etwa die PISA-Untersuchung 2009. In allen drei Testbereichen (Lesen, Mathematik Naturwissenschaft) erreichten Jugendliche, deren Eltern einen höheren Bildungsabschluss haben, bessere Testleistungen als Jugendliche, deren Eltern einen niedrigeren Bildungsabschluss haben. (Vgl. Schwantner, Schreiner 2010, 40) Wiederholt kommt zum Ausdruck, dass das durchschnittlich schlechtere Abschneiden von Kindern und Jugendlichen mit Migrationshintergrund mit dem Sozialstatus zusammenhängt. Bei den Bildungsstandards 2013 wurden die SchülerInnen der vierten Schulstufe in Mathematik und die SchülerInnen der achten Schulstufe in Englisch getestet:

- Wenn der Sozialstatus berücksichtigt wird, reduziert sich der Unterschied bei den durchschnittlichen Mathematik-Testergebnissen zwischen Schülerinnen und Schülern ohne und mit Migrationshintergrund von 64 Punkten auf 34 Punkte. (Vgl. Schreiner, Breit 2014d, 31)
- In der Englischkompetenz der Schülerinnen und Schüler der achten Schulstufe sinkt der Unterschied von 39 auf sechs Punkte. Während dabei an den Neuen Mittelschulen und AHS-Unterstufen ein Großteil der Leistungsunterschiede zwischen Jugendlichen ohne und mit Migrationshintergrund auf Unterschiede im Sozialstatus zurückzuführen ist, gilt das an Hauptschulen in geringerem Ausmaß. An den Neuen Mittelschulen reduziert sich der Unterschied von 24 auf fünf und an den AHS von 18 auf fünf Punkte. An den Hauptschulen geht er nur von 38 auf 21 Punkte zurück. (Vgl. Schreiner, Breit 2014b, 51)
- In Wien bestehen zwischen Jugendlichen ohne und mit Migrationshintergrund in den Englischkompetenzen so gut wie keine Unterschiede, wenn der Sozialstatus berücksichtigt wird. Der

Punkteunterschied reduziert sich von 55 auf drei Punkte. (Vgl. Schreiner, Breit 2014a, 53)

- Auch im Volksschulbereich zeigt sich in Wien ein stärkerer Einfluss der sozialen Herkunft als im österreichischen Gesamtdurchschnitt. Unter Berücksichtigung des Sozialstatus reduziert sich der Unterschied in der Mathematikkompetenz von 62 auf 20 Punkte und somit um zwei Drittel, während im Österreich-Durchschnitt der Unterschied etwa auf die Hälfte verkleinert wird. (Vgl. Schreiner, Breit 2014c, 32)

5.6.5 Probleme in den Rahmenbedingungen des Bildungssystems

In der Logik des österreichischen Schulsystems führt die Hauptschule/ Neue Mittelschule in die duale Ausbildung oder in eine berufsbildende Schule, während mit dem Besuch einer AHS der akademische Bildungsweg vorgezeichnet ist. Durch diese institutionelle Struktur werden die weiteren Bildungswege somit schon im Alter von zehn Jahren beim Wechsel von der Volksschule in die Sekundarstufe I vorgezeichnet, wo Kinder mit Migrationshintergrund häufiger in eine Hauptschule bzw. Neue Mittelschule wechseln. Die dargestellten Bildungsergebnisse veranschaulichen, dass Jugendliche mit Migrationshintergrund durchschnittlich das Pflichtschulsystem mit schlechter ausgestatteten Kompetenzen verlassen, im weiterführenden Schulbereich häufiger scheitern und im Wettbewerb um Lehrstellen durchschnittlich im Nachteil sind bzw. – wie es Lechner et al. (2008) formulieren – es ein „wenig leistbarer Luxus“ (S. 16) ist, bei der Lehrstellenwahl wählerisch zu sein. Lentner (2011b) identifiziert in ihrer Untersuchung oberösterreichischer Schülerinnen und Schüler der vierten Klassen an Hauptschulen und Polytechnischen Schulen gut ein Achtel als gefährdet, beim Übergang von der Pflichtschule in die Sekundarstufe II zu scheitern. Jugendliche mit Migrationshintergrund, insbesondere der ersten Generation bzw. mit türkischen Wurzeln, sind in dieser Risikogruppe überrepräsentiert.

Lassnigg (2013) spricht vom „Bildungsparadox der Berufsbildung“ (S. 337ff.). Er beschreibt damit die österreichische Situation, wonach gerade in der Berufsbildung Allgemeinbildung und Grundkompetenzen wenig gelernt und gelehrt werden, dort aber vor allem jene Jugendlichen vertreten sind, die Defizite in diesen Bereichen haben. Am Ende der Pflichtschule entspricht nämlich das Leistungsniveau der Schülerinnen und Schüler der oberen Hälfte an mittleren Schulen und Pflichtschulen dem Leistungsniveau der unteren Hälfte an höheren Schulen, sodass fast das gesamte Leistungsspektrum an den BMS, BS und APS unter dem Durchschnitt (Median) der höheren Schulen liegt. Schülerinnen und Schüler mit geringen Kompetenzen finden sich damit zum Großteil in jenen Schultypen wieder, in denen nur wenig oder kein Unterricht in Allgemeinbildung vorgesehen ist, sondern diese als „Vorleistung" der vorangehenden Bildungseinrichtungen angesehen wird. Hinzu kommt eine schwächer ausgeprägte Professionalisierung des Lehrpersonals. „Wenn man aber vom skizzierten Paradox ausgeht", schließt Lassnigg, „so müsste die Kompetenz der Lehrpersonen für die Jugendlichen aus dem unteren Leistungsspektrum umso höher sein." (S. 339)

Ein Grund, warum somit Jugendliche mit Migrationshintergrund in der Lehre unterrepräsentiert sind, ist auf Schwierigkeiten im österreichischen Bildungssystem zurückzuführen, das sozial stark selektiert. Die Überrepräsentation von Familien mit Migrationshintergrund in sozioökonomisch schwächeren Positionen wirkt sich auf die Bildungsergebnisse der Kinder mit Migrationshintergrund aus. Insgesamt ist das österreichische Schulsystem noch nicht ausreichend und durchgängig auf die gesellschaftlichen Veränderungen und die gewachsene gesellschaftliche Heterogenität ausgerichtet. Dies betrifft die Aus- und Fortbildung der Pädagoginnen und Pädagogen, die Unterstützungsstrukturen an Schulen und die schulischen Organisationsformen. (Vgl. Biffl, Skrivanek 2011, teils basierend auf: Nusche, Shewbridge, Lamhauge Rasmussen 2010, vgl. auch Boos-Nünning 2011) Durch die Halbtagsschule als verbreitete Organisationsform liegt in Österreich ein Teil der Bildungsarbeit im privaten, familiären Bereich, wo die Eltern unterschiedlich gut unterstützen können – je nach Kapitalausstattung. (Vgl. Lentner 2011a, 176) Vertreter der Migrationspädagogik gehen so weit zu sagen, dass mit Deutsch als Unterrichtssprache

„einer immer größeren Zahl von Schülerinnen und Schülern ein Mangel aufgebürdet [wird], der kein Defizit der Familien und

Kinder ist, sondern des (schulischen) Bildungssystems" (Mecheril, Plößer 2011, 3, unter Verweis auf Gogolin 2001).

Wie weit man dieser Ansicht folgt, hängt vom Standpunkt ab. Für das bestehende schulische Förder- und Unterstützungsinstrumentarium (Deutsch als Zweitsprache, muttersprachlicher Unterricht) ist zu konstatieren, dass es aus verschiedenen Gründen nicht adäquat auf den Bedarf von Kindern und Jugendlichen mit Migrationshintergrund angepasst ist. (Vgl. Biffl, Skrivanek 2011, 47) Des Weiteren scheint ein Teil der Kinder und Jugendlichen ohne Migrationshintergrund mit den gängigen Unterrichtsmethoden in Deutsch nicht erreicht zu werden. Jugendliche mit Migrationshintergrund sind nämlich unter den LeserisikoschülerInnen zwar überrepräsentiert, aber die Mehrheit der RisikoschülerInnen sind Jugendliche ohne Migrationshintergrund. Bei den PISA-Tests 2012 hatten 71 Prozent der LeserisikoschülerInnen keinen Migrationshintergrund, können also gegen Ende der Pflichtschulzeit nicht sinnerfassend lesen. (Vgl. Schwantner, Toferer, Schreiner 2013, 54)

In Bezug auf die „Vorbereitung" in der Familie bis zur Schule kann Bourdieus Feststellung über „doppelt verlorene Zeit" durch die Primärerziehung in der Familie auf diesen Kontext umgelegt werden. (Vgl. Bourdieu 1992, 56) Wenn es nämlich nicht gelungen ist, die erwarteten Standards in der Schulsprache zu erwerben und dann in der Folge zusätzliche Zeit, neben den regulären schulischen Anforderungen, aufgewendet werden muss, um diesen „Mangel" zu korrigieren, wurde doppelt Zeit verloren. Das kann Kinder mit und ohne Migrationshintergrund betreffen, ihr Unterstützungsbedarf kann sich aber unterscheiden. Zu nennen sind beispielsweise die Bedürfnisse von Kindern, die mehrsprachig aufwachsen und von Kindern, die noch keine Deutschkenntnisse haben, der Sprachgebrauch unterschiedlicher Milieus und die sprachlichen Anforderungen in der Schule.

5.6.6 Bildungsmotivation und Aufstiegsorientierung von Jugendlichen mit Migrationshintergrund

Bei der Suche nach Gründen für die Unterrepräsentation von MigrantInnen in der Lehre waren die Einstellungen der Jugendlichen mit Migrationshintergrund spezifisch zu diesem Ausbildungsweg bislang ein noch wenig erforschtes Feld.

Allgemein wird bei jungen Menschen mit und ohne Migrationshintergrund seit längerem eine Pluralisierung der Lebenswelten und Werteorientierungen festgestellt. Beicht und Granato (2011) beobachten dabei in Schule und Freizeit ein überwiegendes Neben- und Miteinander der verschiedenen Lebensstile und Kulturen. Die Differenzierungslinien sind unterschiedlich. Teils zwischen den Geschlechtern, teils zwischen Jugendlichen mit Migrationshintergrund und – so stellen die Autorinnen fest – seltener zwischen den Gesamtgruppen der Jugendlichen mit bzw. ohne Migrationshintergrund. (Vgl. S. 11)

Bei den Forschungsergebnissen zu Jugendlichen mit Migrationshintergrund ist auch immer zu berücksichtigen, welche Gruppe von Jugendlichen untersucht wurde. Ein Migrationshintergrund per se macht sie nicht zu Benachteiligten oder Zugehörigen einer Problemgruppe. Die von Lentner (2011b) getätigte Ausgangshypothese ihrer Untersuchung, wonach sich Jugendliche mit Migrationshintergrund aufgrund multipler Diskriminierungserfahrungen weniger zutrauen und an niedrigeren Berufskarrieren orientieren, wurde nicht bestätigt und es wurden keine Hinweise gefunden, dass sich Jugendliche mit Migrationshintergrund generell als stigmatisierte bzw. diskriminierte Gruppe wahrnehmen. Jugendliche mit Migrationshintergrund haben ähnliche Traumberufe und schätzen ihre schulische Gesamtleistung ähnlich ein wie Jugendliche ohne Migrationshintergrund. Allerdings glauben sie weniger an das Leistungsparadigma „Jeder, der wirklich will, sich richtig anstrengt, bekommt auch einen Arbeitsplatz". Die Autorin ortet aber auch bei den Jugendlichen mit Migrationshintergrund die Internalisierung der Prämissen des Individualisierungskurses, indem sie „in individuellen Voraussetzungen (z. B. gute/schlechte Schulnoten, Traumberuf ist überlaufen) die Ursachen für eine erfolgreiche/nicht erfolgreiche berufliche Integration" (Lentner 2011b, 148) suchen.[9] Auch

9) Lentner untersuchte SchülerInnen der vierten Hauptschulklassen sowie an Polytechnischen Schulen in Oberösterreich. Jugendliche, die eine andere Muttersprache als Deutsch angaben, wurden zu den Jugendlichen mit Migrationshintergrund gezählt. (Vgl. Lentner 2011b, 138)

das Ergebnis einer anderen Untersuchung passt in diesen Kontext. Lenger, Löffler, Dornmayr (2010) haben die ÜBA in Wien evaluiert. Die Befragung der Teilnehmerinnen und Teilnehmer des vorgeschalteten Berufsorientierungs- und Coaching-Kurses (BOCO) ergab beim Selbstvertrauen keine Unterschiede zwischen Jugendlichen mit und ohne Migrationshintergrund. (Vgl. S. 76)

Lentner (2011b) stellt bei Jugendlichen mit Migrationshintergrund, insbesondere bei der zweiten Generation, eine stärker extrinsische Arbeitsorientierung fest, d. h. das Prestige des Berufes, die Anerkennung durch die Arbeitskolleginnen und -kollegen sowie berufliche Aufstiegsmöglichkeiten sind ihnen wichtig. Auch die instrumentelle Orientierung – ein Fokus auf gute Bezahlung, ausreichendes Einkommen und genug Zeit für das Privatleben – hat insbesondere bei Jugendlichen der ersten Generation eine größere Bedeutung. Das Bedürfnis nach Selbstverwirklichung und einer Arbeit, die Spaß macht – Merkmale einer eher intrinsischen Orientierung –, ist bei Jugendlichen mit Migrationshintergrund im Allgemeinen schwächer ausgeprägt, vor allem bei Jugendlichen mit türkischen Wurzeln. Lentner (2011b) erklärt diesen pragmatischen Zugang mit der Aufstiegsorientierung. Auch Hackl und Wenty (2011) attestieren den untersuchten Jugendlichen mit Migrationshintergrund eine hohe Aufstiegs- und Bildungsorientierung.[10] Die Umsetzung gelinge allerdings häufiger nicht oder nur über „verschlungene Bildungswege". In Oberösterreich schaffen 61 Prozent der Jugendlichen mit Migrationshintergrund den Übertritt in eine Lehre bzw. weiterführende Schule, aber 91 Prozent der Jugendlichen ohne Migrationshintergrund. (Vgl. S. 102–104)

---

10) Sie haben zum Thema Berufsorientierung 41 Jugendliche (13 bis 17 Jahre alt) in Oberösterreich interviewt, 53 Aufsätze zum Thema Berufswahl von SchülerInnen der dritten und vierten Klassen Hauptschule und einer polytechnischen Schule im Raum Linz ausgewertet sowie zwei Berufsorientierungsworkshops beobachtet.

5.6.7 Einfluss des sozialen Umfelds

Untersuchungen stellen bei lehrstellensuchenden Jugendlichen mit Migrationshintergrund ein stärker umfeldorientiertes und fremdbestimmtes Entscheidungsmuster fest. (Vgl. Hannes 2011; Lechner et al. 2008; Moser, Bilgili 2010) Hannes identifiziert nur geringe Unterschiede in den Motiven der Berufswahl zwischen den Migrationsgenerationen. Bei Jugendlichen der ersten Generation wird die Berufswahl öfter mangels Alternativen getroffen, während bei der zweiten/dritten Generation anteilsmäßig öfter andere Gründe ausschlaggebend waren. Die jugendlichen Lehrabsolventinnen und -absolventen ohne Migrationshintergrund waren gelegenheitsorientierter und wählten den Beruf öfter inhaltlich reflektiert.[11] Für drei Viertel der befragten Jugendlichen mit Migrationshintergrund war es eine leichte Entscheidungsfindung. Am meisten sagen das die Außengeleiteten (83 Prozent), am vergleichsweise wenigsten die Alternativlosen (70 Prozent). Zufrieden mit der Entscheidung sind allerdings nur 59 Prozent, insbesondere die inhaltlich Reflektierten (71 Prozent) und die Außengeleiteten (68 Prozent). Bei den Alternativlosen ist nur die Hälfte mit der Entscheidung zufrieden. (Vgl. Hannes 2011, 131ff.) Generell gilt, dass eine fremdbestimmte Berufswahl die Wahrscheinlichkeit eines späteren Berufswechsels deutlich erhöht. (Vgl. Moser, Bilgili 2010, 41)

Interviews mit Wiener Lehrabsolventinnen und -absolventen ergaben bei den Interviewten mit Migrationshintergrund eine häufigere Einflussnahme der Familie bei der Berufswahl. (Lechner et al. 2008, 23) In der schon angesprochenen Untersuchung von Lentner (2011a, b) wurde festgestellt, dass den Jugendlichen mit Migrationshintergrund generell die Meinung ihres sozialen Umfelds – Eltern und Geschwister, Bekannte sowie Vertrauenspersonen – wichtiger ist. Der Kontakt zur Mutter als wichtigster Gesprächspartnerin ist bei allen betrachteten Herkunftsgruppen intensiver als bei den Jugend-

11) Die Ergebnisse (421 Befragte) wurden auf die in Oberösterreich lebenden Personen mit Migrationshintergrund im Alter von 19 bis 25 Jahren und höchstens Lehrabschluss hochgerechnet (14.500). In die telefonische Befragung waren auch Fragen der Untersuchung von Moser, Bilgili (2010) übernommen worden, so dass Vergleiche zwischen Jugendlichen mit und ohne Migrationshintergrund möglich waren. (Vgl. Hannes 2011, 124)

lichen ohne Migrationshintergrund. Es werden auch häufiger Gespräche mit dem Vater geführt. Berufliche Gespräche mit dem Vater haben dabei vor allem bei Jugendlichen mit türkischem und südosteuropäischem Ursprung eine größere Bedeutung. (Vgl. Lentner 2011a, 151 und Abbildung 28) Der Freundeskreis scheint bei der Bildungswegentscheidung bei Jugendlichen mit Migrationshintergrund, zumindest in Oberösterreich – dort wurden die Jugendlichen befragt – einen geringeren Einfluss als bei Jugendlichen ohne Migrationshintergrund zu haben. Bei den Jugendlichen österreichischer Herkunft decken sich bei 61 Prozent die Ausbildungspläne mit den Freundinnen und Freunden, bei den ex-jugoslawisch-stämmigen Jugendlichen sind es 47 Prozent und bei den türkischstämmigen 42 Prozent. Die Jugendlichen aus dem EU-Raum ähneln mit einem Anteil von 56 Prozent hingegen eher den Jugendlichen österreichischer Herkunft. Die Unterschiede zu den Plänen der Freundinnen und Freunde sind dabei bei Jugendlichen der ersten Generation deutlich größer als bei der zweiten Generation. Im Freundeskreis der Jugendlichen mit Migrationshintergrund absolvieren – wie sie selbst – mehr eine weiterführende Schule und weniger eine Lehrausbildung. (Vgl. Lentner 2011a, 151f.; vgl. auch Hannes 2011, 124ff.)

5.6.8 Einstellungen der Eltern

Bei Eltern mit Migrationshintergrund wird im Allgemeinen eine hohe Bildungsaspiration für ihre Kinder festgestellt, die Teil des Projekts „Migration“ ist: *„Die Migrationseltern sind mit der Hoffnung, ihre Lebensbedingungen und die ihrer Kinder zu verbessern, in die westlichen Industrieregionen eingewandert. Sie haben nicht nur ihre familialistischen Haltungen mitgebracht, sondern auch den Wunsch nach Bildung und wirtschaftlichem Erfolg ihrer Kinder. Auch in der nächsten und übernächsten Elterngeneration bleibt diese Orientierung erhalten.“* (Boos-Nünning 2011, 25)

Lachmayr und Leitgöb (2011) fanden, dass türkischstämmige Eltern überproportional oft einen Hochschulabschluss für ihre Kinder anstreben. Bei Eltern aus dem ehemaligen Jugoslawien ist es die Matura, während bei den in Österreich geborenen Eltern die Lehre überproportionale Anteile hat. Der weit verbreitete Wunsch der

Eltern, eine weiterführende Schule oder sogar ein Studium abzuschließen, lässt sich durch die Aussagen von Jugendlichen und Vereinsvertreterinnen und -vertretern unterschiedlicher Communities im qualitativen Teil dieser Publikation bestätigen. Wenn diese Erwartungen nicht eintreten, können Enttäuschung und Konflikte mit den Eltern folgen.

Die realisierten Bildungswege führen Jugendliche mit türkischen bzw. ex-jugoslawischen Wurzeln tendenziell in Richtung mittlerer Qualifikationen (Lehre, BMS, Meister). (Vgl. Lachmayr, Leitgöb 2011, 10f.) Gleichzeitig sind Schülerinnen und Schüler mit Migrationshintergrund in schulischen Belangen vergleichsweise stärker auf sich allein gestellt. Die Unterstützungsleistung ihrer Eltern ist öfter „abstrakt", z. B. durch Befürwortung des Bildungsaufstiegs, Ermahnungen zu lernen, Geschenke bei guten Noten und eine liebevolle Zuwendung. Direkte Unterstützung beim Lernstoff oder bei Hausaufgaben können sie vergleichsweise seltener geben. (Vgl. Boos-Nünning 2011, 37; Beicht, Granato 2011a, 20f., Beicht et al. 2011b, 186; Hannes 2011, 124; Lentner 2011b, 150) Da im österreichischen Bildungssystem bislang ein wichtiger Teil der Lernleistungen außerhalb der Schule liegt und die soziale Herkunft einen wichtigen Einflussfaktor für die Bildungswege und den Bildungserfolg darstellt, tragen diese Faktoren dazu bei, dass Jugendliche mit Migrationshintergrund bzw. ihre Eltern im Durchschnitt zwar seltener den Weg der Lehre anstreben, aber dann vergleichsweise häufiger eine überbetriebliche Ausbildung absolvieren.

Als eine weitere Ursache, warum Jugendliche mit Migrationshintergrund seltener eine Lehre absolvieren, wird vermutet, dass diese Ausbildungsform ihnen und ihren Eltern weniger bekannt ist, da es das duale Ausbildungssystem im Herkunftsland nicht gibt. Lentners (2011b) Ergebnisse[12] deuten in diese Richtung: Es wurde nach der Einstellung der Eltern zum Besuch einer „weiterführenden Schule"

12) In der Erhebung wurden oberösterreichische Schülerinnen und Schüler der vierten Klasse Hauptschule und der Polytechnischen Schulen befragt. Ein Migrationshintergrund wurde hier angenommen, wenn die Kinder eine andere Sprache als Deutsch als Muttersprache angegeben hatten. (Lentner 2011b, 138f.)

gefragt. Demnach besteht bei Eltern mit Migrationshintergrund eine deutlich größere Orientierung auf eine vollzeitschulische Ausbildung.

- Von ihnen möchten 37 bis 57 Prozent „sehr“ und 21 bis 24 Prozent „eher“, dass ihre Kinder eine weiterführende Schule besuchen.
- Bei Schülerinnen und Schülern mit deutscher Muttersprache wollen dies 17 Prozent „sehr“ und 16 Prozent der Eltern „eher“. (Vgl. Lentner 2011a, 122)

Milica Tomić zeigt für die Gruppe der Migrantinnen und Migranten aus dem früheren Jugoslawien auf, dass ihre Vorstellung der österreichischen Lehrlingsausbildung noch von den in den 1960er Jahren in Jugoslawien angebotenen Šuvarica-Schulen, die ein sehr niedriges Prestige hatten, sowie dem Begriff „zanat“ beeinflusst werden. Unter diesem Blickwinkel erscheint eine Lehre für die Eltern, aber auch für die Jugendlichen nicht attraktiv.

Die Aufstiegsmöglichkeiten und das Prestige der Lehre können somit geringer eingeschätzt werden als andere Ausbildungswege, wobei regionale Unterschiede zu berücksichtigen sind. So ist für viele Jugendliche mit Migrationshintergrund in Vorarlberg die Lehre durchaus eine gute Option, während sie in Wien für die meisten Jugendlichen mit Migrationshintergrund als zweite Wahl gilt.

Die Lehre ist ein traditionell männlicher Ausbildungsweg, auch bei den Lehrlingen mit Migrationshintergrund sind etwa zwei Drittel männlich. Dieses Muster scheint von den Einstellungen der Eltern gestützt zu werden, wonach schulbildungsorientierte Buben mit Migrationshintergrund „weniger Motivation und Unterstützung“ durch ihre Eltern erhalten als schulbildungsorientierte Mädchen mit Migrationshintergrund. Umgekehrt verhält es sich bei den lehrstellenorientierten Jugendlichen mit Migrationshintergrund, wo die Buben von mehr Unterstützung und Begleitung durch ihre Eltern berichten. (Vgl. Hackl, Wenty, 107f.)

5.6.9 Bekanntheit und Image der Lehre

Auch aus Sicht von Lehrbetrieben hat die Lehrlingsausbildung mit Imageproblemen bzw. dem Trend zu höheren Bildungsabschlüssen zu kämpfen, wie folgende Kommentare aus einer Wiener Lehrbetriebsbefragung veranschaulichen (vgl. Dornmayr 2010, 88ff.):

„Die Wertigkeit des Lehrberufes ist zu schlecht. Wenn man in der Schule nichts kann, wird man Lehrling. Es bräuchte mehr Unterstützung von den Eltern."
„Noch stärkere Stärkung des Images der Facharbeiterausbildung."
„Durch die Aufwertung des Lehrberufs die Wertigkeit erhöhen."
„Image der Lehre besser machen." „Das Image der Handwerker anheben."
„In den Schulen die Lehrberufe interessanter machen und mehr anzupreisen."

Gleichzeitig werden Jugendliche mit Migrationshintergrund aufgrund der Struktur des österreichischen Bildungswesens häufiger auf diesen Ausbildungsweg gesteuert. (Vgl. Moser, Bilgili 2010, 25) Der Übertritt in die Hauptschule zeichnet eher einen berufsbildenden Ausbildungsweg vor – in Form einer dualen Ausbildung oder als vollzeitschulische Ausbildung, eventuell mit Matura und damit Anschlussmöglichkeit an das tertiäre System. Wenn Jugendliche vorzeitig aus dem Schulsystem ausscheiden bzw. eine weitere Ausbildung nicht schaffen, sind es primär arbeitsmarktpolitische Maßnahmen, die im Sinne der „Ausbildungsgarantie" versuchen, den Jugendlichen eine Ausbildung zu ermöglichen. Die Instrumente stellen dabei vor allem auf eine duale Ausbildung ab. Demnach wäre auch die Frage zu stellen, warum Jugendliche mit Migrationshintergrund verstärkt in die Lehre gebracht werden sollen, wenn sie selbst eigentlich andere (höher) gesteckte Bildungsziele haben.

5.6.10 Bildungs- und Berufsorientierung

Der Bildungs- und Berufsorientierung wird zur Unterstützung von Jugendlichen am Übergang von der Pflichtschule in eine weiterführende Ausbildung eine wichtige Rolle zugeschrieben. Zu den Leistungen der angebotenen Bildungs- und Berufsorientierung liefert die Forschungsliteratur unterschiedliche Ergebnisse, was aber auch mit den unterschiedlichen Formen der untersuchten Maßnahmen zusammenhängt. Ableiten lässt sich, dass die Umsetzungsform, das Ausmaß sowie der Beginn der Maßnahmen wichtige Faktoren für die Wirksamkeit der Maßnahmen sind und die Schule eine entscheidende

Rolle einnimmt. Denn die Schule ist „der einzige Ort, wo alle Jugendlichen institutionell erreichbar sind". (Dornmayr et al. 2006, 130f.) In den Interviews, die Lechner et al. (2008) mit Wiener Lehrabsolventinnen und -absolventen führten, war die vorrangige Informationsquelle über berufliche und ausbildungsbezogene Möglichkeiten der Verwandten- und Freundeskreis. Mehrere Befragte sprechen Informationsdefizite an. Veranstaltungen oder Initiativen der Schule wurden von den Interviewten nur auf Nachfrage genannt und eher als ungenau bzw. wenig hilfreich beurteilt. Die Autorinnen und Autoren geben dabei zu bedenken, dass inzwischen vor allem durch das Internet deutlich mehr niederschwellige sowie anschaulichere und detaillierte Informationsangebote zur Verfügung stehen. (Vgl. S. 27) Hackl und Wenty (2011) kommen zum Ergebnis, dass Jugendliche, die eine außerschulische Berufsorientierungsmaßnahme[13] besucht haben, ihre Berufswahlentscheidung reflektierter treffen als Jugendliche ohne außerschulische Berufsorientierung. Bei der ersten Gruppe stufen die Autorinnen 60 Prozent der Jugendlichen mit Migrationshintergrund und 100 Prozent der Jugendlichen ohne Migrationshintergrund als reflektiert ein. Bei der zweiten Gruppe liegen die Anteile bei 40 Prozent bzw. 53 Prozent. (Vgl. S. 110) Zum anderen fanden sie, dass Jugendliche, die Berufsorientierung als eigenes Unterrichtsfach in der Schule hatten, tendenziell reflektierter waren, insbesondere Jugendliche mit Migrationshintergrund. Die Autorinnen stufen drei Viertel dieser Jugendlichen als reflektiert ein, während bei den Jugendlichen ohne Berufsorientierung als eigenes Unterrichtsfach etwa die Hälfte ihre Entscheidung willkürlich trifft oder überhaupt noch entscheidungsunsicher ist. Hannes (2011) stellte für Jugendliche mit Migrationshintergrund in Oberösterreich keinen messbaren

13) Untersucht wurden die Maßnahmen „Triangulum" und „Chancenschmiede". Beide BO-Maßnahmen wurden an Hauptschulen der siebten bis neunten Schulstufe angeboten und sollten sozial benachteiligte bzw. Jugendliche mit Migrationshintergrund bei der Berufsorientierung unterstützen. Triangulum umfasste drei Halbtage mit den SchülerInnen, während bei der Chancenschmiede über zwei Schuljahre Kontakt zwischen BerufsberaterInnen und Jugendlichen bestand und insgesamt 18 Halbtagesworkshops durchgeführt wurden. (Hackl und Wenty 2011, 112)

Einfluss der Teilnahme an Bildungs- und Berufsberatung auf die Motive der Berufswahl fest. Allerdings erstreckte sich das Ausmaß der Berufsorientierung bei fast zwei Drittel der Befragten auf eine Stunde bis einen Tag, während die von Hackl und Wenty (2011) untersuchten Jugendlichen (deutlich) umfangreichere Maßnahmen absolviert hatten. (Vgl. S. 112) Gemäß Lentner (2011b) sind die angestrebten Pläne der Jugendlichen desto realistischer, je früher mit der Berufsorientierung begonnen wurde. Des Weiteren ist dann die Wahrscheinlichkeit geringer, in die Gruppe der Orientierungslosen zu fallen. (Vgl. S. 150)

Die Ergebnisse von Lentner (2011b)[14] lassen den Schluss zu, dass im Schnitt Bildungs- und Berufsorientierungsmaßnahmen für Jugendliche mit Migrationshintergrund eine noch größere Bedeutung haben. Sie kommt nämlich zum Ergebnis, dass Jugendliche mit Migrationshintergrund die Beratungs- und Informationsangebote insgesamt als hilfreicher wahrnehmen und häufiger nutzen als Jugendliche ohne Migrationshintergrund. Jugendliche mit Migrationshintergrund gaben dabei häufiger an, sich in schulischen und beruflichen Belangen besser auszukennen als ihre Eltern. Ihre Eltern wären auch seltener eine Informationsquelle für sie. Jugendliche mit Migrationshintergrund beginnen sich allerdings signifikant später zu informieren als Jugendliche ohne Migrationshintergrund. Während sich von den befragten Jugendlichen mit deutscher Muttersprache 43 Prozent vor oder in der dritten Klasse erstmals zu informieren beginnen und 52 Prozent in der vierten Klasse der Sekundarstufe I, informieren sich 33 Prozent der Jugendlichen mit südosteuropäischen Muttersprachen sowie 23 Prozent der Jugendlichen mit türkischer Muttersprache vor oder in der dritten Klasse und je etwa 61 Prozent erstmals in der vierten Klasse. Wenn die Berufsorientierung erst später einsetzt, ist das Risiko größer, zur Gruppe der Orientierungslosen zu gehören. (Vgl. Lentner 2011b, 141f., 147)

14) Sie befragte Schülerinnen und Schüler in den vierten Klassen der Hauptschulen und an Polytechnischen Schulen in Oberösterreich.

5.7 Zusammenfassung

Das österreichische Bildungssystem selektiert Schülerinnen und Schüler in Abhängigkeit von der sozioökonomischen Position ihrer Eltern. Aus den verschiedenen Datensätzen lassen sich folgende Ergebnisse ableiten:

- Im Gesamtdurchschnitt haben in Österreich rund zehn Prozent maximal einen Pflichtschulabschluss, bei Eltern mit Migrationshintergrund liegt dieser Wert bei 26 Prozent (Eltern von Kindern der vierten Schulstufe im Schuljahr 2010). Bei Eltern mit türkischer Herkunft hat mehr als die Hälfte höchstens einen Pflichtschulabschluss (55 Prozent).
- Der Anteil von Eltern mit niedrigem Berufsstatus ist bei Familien mit Migrationshintergrund im Durchschnitt deutlich höher als bei Familien ohne Migrationshintergrund.
- Analog dazu lässt sich auch ein niedrigeres Nettohaushaltseinkommen nachweisen: Nur ein Zehntel der Schülerinnen und Schüler, deren Eltern in der Türkei geboren wurden, leben in Haushalten mit einem Nettoeinkommen über mehr als 2.400 Euro pro Monat. Bei Kindern, deren Eltern in Österreich geboren wurden, liegt dieser Prozentwert bei mehr als einem Drittel.
- Bei türkischstämmigen Eltern ist besonders oft ein Elternteil primär im Haushalt tätig.
- Die PISA-Untersuchungen der OECD ergeben wiederholt, dass das durchschnittlich schlechtere Abschneiden von Kindern und Jugendlichen mit Migrationshintergrund erheblich mit dem Sozialstatus der Eltern zusammenhängt.
- Verschiedene Forschungsergebnisse weisen auch darauf hin, dass sich in sozioökonomisch benachteiligten Familien die Unterstützungsleistung der Eltern für ihre Schülerinnen und Schüler auf eine „abstrakte" Ebene beschränkt.
- Trotz oder gerade wegen einer vielfach sozioökonomischen Schlechterstellung der Eltern fällt auf, dass zum Beispiel türkischstämmige Eltern überproportional oft einen Hochschulabschluss für ihre Kinder anstreben.

- Jugendliche mit Migrationshintergrund orientieren sich bei der Lehrstellensuche an den vorhandenen Möglichkeiten am Lehrstellenarbeitsmarkt.
- Aus den Interviews geht hervor, dass Jugendliche, die über keine persönlichen Kontakte zu Firmen verfügen, oft auf Bewerbungen wegen vermuteter Aussichtslosigkeit verzichten.

Die qualitative Analyse kommt zu folgenden Ergebnissen:
Fast alle Eltern in Österreich sind an einer möglichst hohen Schulbildung ihrer Kinder interessiert, bei Eltern mit Migrationshintergrund ist das nicht viel anders. Bei den interviewten Jugendlichen lässt sich ein soziokultureller Unterschied vor allem zwischen der türkischen Zuwanderungsgruppe und der BKS-Gruppe sowie anderen Gruppen feststellen. Die Erwerbseinbindung von Mann und Frau ist bei den interviewten Jugendlichen in fast allen Migrationsgruppen höher als in der türkischen Community. In den meisten BKS-Gruppen ist die Berufstätigkeit von Mann und Frau eine Selbstverständlichkeit. Bei den jugendlichen türkischer Herkunft bestehen regionale Unterschiede. Die türkische Community in Vorarlberg weist eine vergleichbare Erwerbseinbindung auf, allerdings dominieren hier unter den Eltern eher Tätigkeiten im geringqualifizierten Bereich.

Die geringe Erwerbseinbindung unter den Müttern und die meist unqualifizierten Arbeiten der Väter wirken sich in drei Punkten ungünstig auf die betreffenden Jugendlichen aus:

1. Die Jugendlichen sind eher als andere auf überbetriebliche Ausbildungsangebote angewiesen.
2. Sie lernen frühzeitig Phasen der Arbeitslosigkeit kennen.
3. Sie haben Schwierigkeiten in der Schule aufgrund geringer deutscher Sprachkenntnisse.

Ad 1) Es zeigt sich ein klarer Zusammenhang zwischen Jugendlichen, deren Eltern eine unqualifizierte Arbeit ausüben oder arbeitslos sind. Da diese Eltern eher schwach am österreichischen Arbeitsmarkt etabliert sind, haben sie kaum Möglichkeiten, ihren Kindern bei der Lehrstellen- oder Jobsuche zu helfen. Das Angebot einer überbetrieblichen Berufsausbildung ist für diese Gruppe besonders wichtig.

Ad 2) Jugendliche, deren Väter oder ältere Geschwister oft arbeitslos sind, gewöhnen sich an diesen Zustand, der zu einer zwar unangenehmen, aber aus ihrer Sicht normalen Begleiterscheinung des Alltagslebens wird. Das AMS in Bezug auf Jobs und Geldleistungen zu kontaktieren wird zu einer Selbstverständlichkeit.

Ad 3) Eltern, die der deutschen Sprache kaum mächtig sind, können ihre Kinder bei Hausübungen nur wenig unterstützen. Die Schülerinnen und Schüler sind weitgehend auf sich selbst angewiesen, viele können die Herausforderungen der Schule nicht erfolgreich bewältigen und müssen sich mit schlechten Abschlusszeugnissen auf Lehrstellensuche begeben, was ihre Erfolgsaussichten am Arbeitsmarkt schmälert.

Diese Dynamik entspricht dem „Modell der Reproduktion sozialer Ungleichheit" nach Bourdieu, das sich in dieser vorliegenden Studie vor allem innerhalb der türkischen Community nachweisen lässt.

Zusätzlich wird der Nachweis erbracht, dass viele Zuwanderinnen und Zuwanderer die duale Berufsausbildung für ihre Kinder als berufliche Option nicht besonders schätzen. Zum Teil rührt das schlechte Image der „Lehre" vom niedrigen Stellenwert dieser Berufslaufbahn in ihren Herkunftsländern her, zum Teil wird dieses durch Übersetzungsfehler in Broschüren und Unterlagen zu Möglichkeiten beruflicher Weiterbildung in Österreich weitertransportiert und zusätzlich erkennen die zugewanderten Eltern bald, dass auch in Österreich Lehre an zweiter Stelle und der Besuch einer weiterführenden Schule an erster Stelle stehen.

6. Über die betriebliche Berufsausbildung

Die duale Ausbildung bedeutet das Erlernen eines Lehrberufes in einem Betrieb und den Besuch einer Berufsschule während der Lehrzeit. Der Zugang zur Lehre ist an keine Voraussetzungen gebunden, auch das Nachweisen eines Schulabschlusses oder einer anderen Qualifikation ist nicht nötig. Um eine Lehrstelle in einem Betrieb zu finden ist es allerdings hilfreich, über einen möglichst guten Schulabschluss zu verfügen. Die Lehrzeit kann zwei bis vier Jahre betragen, je nachdem, welcher Beruf erlernt wird und ob es sich um eine Doppellehre handelt, mit der man zwei Berufe gleichzeitig erlernt.

Wie bereits von M. Tomić (Kap. 5.4) ausgeführt, verbringen die Lehrlinge ihre Lehrzeit rund 80 Prozent im Betrieb und die restlichen 20 Prozent in der Berufsschule. Der Berufsschulbesuch erfolgt meist wöchentlich, in einigen Lehrberufen wird er aber geblockt für zwei Monate pro Lehrjahr angeboten. Im Betrieb sollen berufsspezifische Kenntnisse erworben und berufspraktische Fertigkeiten vermittelt, erlernt und ausgeübt werden. Die Berufsschule soll theoretisches Fachwissen vermitteln und die Allgemeinbildung der Auszubildenden festigen.

Am Ende der Lehrzeit wird als Abschluss die Lehrabschlussprüfung abgelegt. Sie besteht aus einem Fachgespräch, dem theoretischen Teil der Prüfung, und aus dem praktischen Teil, in dem die Lehrlinge ein Werk vollbringen. Nach erfolgreicher Ablegung der Lehrabschlussprüfung ist man Gesellin/Geselle bzw. Facharbeiterin/Facharbeiter im erlernten Beruf. Es gibt auch die Möglichkeit, die Lehrausbildung mit dem Erlangen einer Matura zu verknüpfen.[15]

Den Begriff des dualen Systems verwendet man seit dem Jahr 1964. Darunter versteht man einen wechselseitigen beziehungsweise sich ergänzenden Bezug zwischen einer schulischen Ausbildung einerseits und einer betrieblichen Ausbildung andererseits. (Vgl. Arnold 1982, 148f)

Die wichtigsten Fragestellungen im Zusammenhang mit einer betrieblichen Ausbildung (BA) beziehen sich auf deren Qualität. Wel-

---

15) Vgl. http://oesterreich.com/bildung/berufsbildung-in-oesterreich

che Unterschiede gibt es dabei? Warum kommt es zur Auflösung von Lehrverträgen? Welche Voraussetzungen müssen gegeben sein, dass die Lehrlinge in den Betrieben mit der Ausbildung zufrieden sind? Ganz wichtig für die Fragestellungen dieser Untersuchung ist auch, wie Betriebe bei der Auswahl der Lehrlinge vorgehen bzw. welche Voraussetzungen Bewerberinnen und Bewerber mitbringen müssen, um von einem Lehrbetrieb aufgenommen zu werden.

6.1 Erfahrungen mit der betrieblichen Berufsausbildung

Lehrlinge mit Migrationshintergrund nutzen mehr als andere Lehrlingsgruppen das Angebot der überbetrieblichen Berufsausbildung (ÜBA). Während der zahlreichen Gespräche mit den jungen Leuten, die eine ÜBA absolvieren, zeigte es sich, dass nicht wenige Lehrlinge bereits Erfahrungen mit einer betrieblichen Ausbildung (BA) sammelten und nunmehr auf das Angebot einer ÜBA angewiesen sind. Ihre Aussagen beziehen sich auf unterschiedliche Gründe des Scheiterns in Lehrbetrieben. So ist es auch zu verstehen, dass sich zum Thema BA vergleichsweise viele negative Aussagen finden. Der Verlust eines betrieblichen Ausbildungsplatzes spiegelt allerdings auch die Probleme von jungen Menschen mit Migrationshintergrund wider, die bereits in der Schule große Schwierigkeiten hatten, die notwendigen Anforderungen zu erfüllen. Auch die Lehre hält für Jugendliche einige Hürden bereit. In vielen Betrieben werden an Lehrlinge bestimmte Erwartungen gestellt, die nicht immer erfüllt werden und mitunter zur Auflösung des Lehrvertrages führen. Dazu folgende Beispiele:

Alexander (17): *„Ich habe die vierte Klasse Hauptschule wiederholt und dann die Schule positiv abgeschlossen. Ich wollte Kfz-Techniker werden, habe einen Aufnahmetest geschafft und konnte in einem Betrieb anfangen. Nach zwei Monaten habe ich die Lehre abgebrochen. Ich durfte dort nichts machen, ich bin nur den ganzen Tag herumgestanden. Nicht einmal putzen durfte ich, ich bin mir deppert vorgekommen. Danach habe ich Urlaub gemacht, bin zum AMS gegangen und von dort haben sie mich in diese überbetriebliche Ausbildung geschickt."*

Dieser Wiener Jugendliche schaffte es offensichtlich nicht, das Vertrauen seiner Vorgesetzten zu gewinnen, er fühlte sich als fünftes

Rad am Wagen und löste von sich aus das Lehrverhältnis. Niemand im Betrieb, so scheint es, kümmerte sich um den jungen Mitarbeiter, er fühlte sich isoliert und abgelehnt. Dass es Betriebe gibt, die sich kaum um eine erfolgreiche Lehrlingskarriere kümmern, sondern andere Interessen verfolgen, zeigen die folgenden Beispiele:

Julia (16): *„Meine Eltern stammen aus Serbien, ich bin in Wien auf die Welt gekommen. Nach der Schule habe ich die Fachschule für Elektronik besucht. Schon nach einem Jahr stand für mich fest: Die Schule ist nichts für mich. Dann habe ich eine Lehre gesucht, ich wusste, dass es etwas Technisches sein soll. Über das AMS bin ich in einen Kfz-Betrieb gekommen. Dort haben sie mich einen Tag vor dem Probemonatsende gekündigt. Sie haben gesagt: Ich werde die Berufsschule nicht schaffen, obwohl meine schlechteste Note eine zwei war. Dann haben sie gesagt, dass es in der Firma wegen meines Verhaltens Gespräche gegeben habe, aber es hat nie Gespräche gegeben. Schließlich sagten sie als Kündigungsgrund, dass ich mir Dinge nicht merke. In Wirklichkeit haben sie keinen von uns mehr gebraucht, weil die Reifensaison zu Ende war.“*

Die junge Frau fühlte sich vom Betrieb ausgenutzt, alle von der Firma angegebenen Kündigungsgründe sind für sie nicht nachvollziehbar. Mit viel Glück hat sie später die Möglichkeit gefunden, im Rahmen der überbetrieblichen Ausbildungsschiene Kfz-Technik zu lernen. Als Mädchen hat sie es nicht leicht, Fuß in einer männerdominierten Berufsbranche zu fassen.

Niyazi (18): *„Ich habe nach der Schule in einem kleinen Betrieb eine Lehrstelle als Bauspengler gefunden. Mein Chef hatte immer Angst, dass ich krank werde und deshalb oft fehle. Fast täglich hat er mit mir darüber gesprochen, dass ich niemals krank sein darf, weil er mich jeden Tag braucht. Nach einem halben Jahr habe ich gekündigt. Ich war nie krank, aber seine ständigen Ermahnungen gingen mir auf die Nerven.“*

Weil die „Chemie“ zwischen dem Lehrling und seinem Chef nicht gestimmt hat, entschloss sich dieser Jugendliche die Lehre abzubrechen. Jetzt lernt der junge Wiener überbetrieblich Metallbearbeitung.

Fethi (17): *„Nach der Poly habe ich mich nur bei zwei Betrieben als Elektrotechniker beworben. Ich habe eine Zusage bekommen und habe in einem Betrieb die Lehre angefangen. Bald stellte sich heraus, dass der*

Chef sehr komisch war, er hatte etwas gegen mich. Ich habe die Lehre abgebrochen und wechselte ins ÜAZ.“

Wieder musste hier eine Lehre abgebrochen werden, weil das Arbeitsklima nicht so war, wie es sich der junge Vorarlberger gewünscht hätte.

Dalibor (17): *„Nach der Schule wollte ich eine Lehre machen. Ich habe sofort einen Lehrplatz über das Internet gefunden. Jetzt nach zwei Jahren weiß ich, warum es so problemlos gegangen ist. In dieser Firma gibt es keinen Respekt. Es wird im Akkord gearbeitet. Wenn ich Urlaub machen will, wird mein Wunsch nicht berücksichtigt. Wenn ich schnell arbeite, gibt es kein Lob, aber wehe, wenn ich einmal langsam bin, dann schimpft der Vorarbeiter mit uns. Ich mache die Lehre fertig, aber dann gehe ich weg, dort gibt es für mich keine berufliche Zukunft.“*

Der Wiener mit serbischem Migrationshintergrund ist mit seiner betrieblichen Ausbildung nicht zufrieden. Er fühlt sich ausgenutzt und schlecht behandelt. Aus Mangel an Alternativen hat er sich vorgenommen, die Lehre nicht abzubrechen und sich erst nach dem Abschluss um einen anderen Arbeitsplatz zu kümmern.

Wie diese Beispiele zeigen, wird es vielen Berufseinsteigern nicht leicht gemacht, sich in der neuen Lehrlingsrolle wohl zu fühlen. Der Wechsel von der Rolle als Schülerin bzw. Schüler in die eines Lehrlings ist ohnehin nicht leicht zu bewältigen, kommen noch Stress und mangelnde Unterstützung hinzu, führt das nicht selten zu einer Auflösung des Lehrvertrages. Ein junger Vorarlberger Lehrling meint dazu: *„Der Unterschied zwischen Schüler und Lehrling ist am Anfang nicht so gravierend, aber dann merkt man bald, warum man weiter in die Schule hätte gehen sollen. Als Lehrling wird man geschickt, man sieht, dass man in einer niedrigen Position ist. Man könnte eigentlich mehr machen, aber man darf es nicht, weil man ja noch Lehrling ist.“*

Eine junge Frau, die in einem bekannten Wiener Hotel ihre Lehre absolviert, musste sich ebenfalls erst an ihre neue Rolle gewöhnen, sie erzählt: *„Am Anfang fühlt man sich als Lehrling nicht so wohl, weil man sich nicht auskennt. Das ist aber normal, das betrifft jetzt nicht unbedingt das erste Lehrjahr, das passiert auch, wenn man in eine neue Abteilung wechselt. Am Anfang kannte ich mich zum Beispiel in der Rezeption nicht aus. Jetzt ist das kein Problem mehr, weil ich weiß, was* *ich zu tun habe. Am Anfang wird man ein bisschen auf die Seite geschoben, wenn viel los ist. Da hat keiner Zeit, dir etwas zu erklären. Es gibt aber die Möglichkeit, beim Zuschauen viel zu lernen. Die gute Betreuung der Gäste ist wichtiger als ich.“*

Diese junge Frau zeigt Verständnis für die schwierige Anfangsphase, sie nimmt das „Beiseiteschieben“ nicht persönlich und übersteht so auch schwierige Situationen.

Der Lehrlingsalltag präsentiert sich für die Jugendlichen nicht immer von der schönen Seite. Wiener Lehrlinge, die im Verkauf arbeiten, erzählen:

Carina: *„In unserer Firma sind wir zwei Jahre die Putzkleschn. Wir sind die billige Arbeitskraft. Zwei Jahre habe ich geputzt. Ich habe alles sauber machen müssen, weil ein Kunde das Klo nicht gefunden und in unseren Shop gebrunzt hat. Am Anfang habe ich mich nichts getraut zu sagen, dann habe ich den Mund aufgerissen, und jetzt bin ich weg.“*

Ein Schulkollege von Carina: *„Gerade als Lehrling darf man alles sagen, da hat man am meisten Schutz.“*

Carina: *„Aber erst nach den drei Probemonaten. Außerdem gibt es Lehrlinge, die nach Abschluss der Lehre vom Betrieb übernommen werden wollen und da ist es nicht förderlich, wenn man zu laut wird und sagt, was man denkt. Bei uns hat der Chef vom Shop das Sagen, ob du übernommen wirst oder nicht.“*

Kollege: *„Das Wichtigste in der Lehre ist, dass man Spaß hat, sonst schafft man die drei Jahre nicht.“*

Mit diesen Aussagen wird auf die schwierige Rolle von Lehrlingen hingewiesen. Sie sollen alle auch noch so unangenehmen Arbeitsaufträge möglichst ohne Widerrede ausführen. Ein Aufbegehren noch innerhalb der ersten Probemonate führt nicht selten zur Auflösung des Lehrverhältnisses. Um Spaß bei der Arbeit zu haben, braucht es eine dementsprechende Arbeitsatmosphäre, die jedoch längst nicht immer gegeben ist.

Unzufriedenheit wird von den Lehrlingen auch geäußert, wenn sie während der drei- bis vierjährigen Ausbildung nur ein kleines Segment ihres Berufes kennenlernen und keine umfassende Praxis über alle verschiedenen Arbeitsabläufe sammeln, die zur Lehrabschlussprüfung kommen. **Anna**, eine Einzelhandelskauffrau in Wien, beklagt sich: *„In meiner Supermarktfiliale war ich am Anfang in der Feinkostabteilung und danach beim Obst. Der Backshop und die Kassa sind noch offen. Eine junge Kollegin durfte bereits im ersten Lehrjahr an die Kassa gehen.“*

Das ist ein Hinweis, dass einige Betriebe an keiner systematischen Praxisschulung ihrer Lehrlinge interessiert sind. Solche Klagen werden wiederholt geäußert. **Conny**, eine junge Frau, die in einem großen Wiener Hotel ihre Ausbildung macht, erzählt: *„Ich lerne schon etwas, aber wir Lehrlinge arbeiten zwei Drittel der Arbeitszeit im Servicebereich. Da lernen wir quasi nichts. Auftragen, wegtragen, Service eben, aber das brauchen wir nicht. Unser Beruf ist HGA* (= Hotel-Gastgewerbe-Assistenz), *wir sollten eigentlich mehr mit den administrativen Dingen zu tun haben. Das Frontoffice können wir kaum bis gar nicht machen. Manche, die Glück haben, schaffen es, zwei, drei Monate in diesen Bereich zu kommen.“*

Ihre Kolleginnen bestätigen das und sagen: *„Das ist fast überall so.“* Oder: *„Es ist weit verbreitet, dass man als Lehrling nur als Restaurant- oder Reinigungskraft arbeitet. Ich finde es wichtig, dass man in alle Bereiche reinschnuppert, weil man alles kennenlernen muss. Schwerpunkt sollte aber die Rezeption sein, das fehlt oft in der praktischen Ausbildung.“*

Wird die Lehrzeit als Belastung erlebt, nehmen sich viele Lehrlinge vor zu kündigen, sobald sie den Lehrbrief in der Tasche haben. Dabei ist es ihnen nicht immer wichtig, zuerst eine fixe Zusage eines anderen Betriebes abzuwarten. Eine Einzelhandelskauffrau aus Vorarlberg meint: *„Ich werde nicht dort bleiben. Wenn die Lehre beendet ist, geh ich weg. Ich will nicht mehr. Danach bleibe ich daheim, gehe dann zum AMS und lasse mir dort weiterhelfen. Der Chef hat ohnehin noch nicht gesagt, ob er mich übernimmt.“*

Mit diesen Worten wird hier die fehlende Anerkennung beschrieben. Betriebe mit einem schlechten Arbeitsklima werden von den Lehrlingen, sobald sie mit ihrer Ausbildung fertig sind, so schnell wie möglich verlassen. Wie wichtig Anerkennung von Vorgesetzten und eine gute Zusammenarbeit mit den Kolleginnen und Kollegen in einem Betrieb ist, zeigt sich im folgenden Dialog unter Lehrlingen:

Marco: *„Jede Arbeit ist scheiße – oder?"*
Dominik: *„Wenn du einen guten Chef hast nicht."*
Sandra: *„Ich habe den Vorteil, dass der Chef leiwand ist und die Kollegen auch. Das ist gut."*

Lehrlinge, die unfreundlich behandelt und herumkommandiert werden, sind dementsprechend schlecht auf ihren Ausbildungsbetrieb zu sprechen. Zwei Wiener Lehrlinge, die in einer Fleischwarenfabrik ihre Ausbildung absolvieren, fühlen sich vor allem aus diesen Gründen nicht wohl, sie erzählen: *„Wir haben viel Arbeit, viel Stress. In der Firma geht es sehr hart zu. Im dritten Lehrjahr werden wir als normale Arbeiter betrachtet. Die Vorarbeiter sagen immer: Gas geben, schneller, schneller. Früher ist das Förderband immer auf 60 gelaufen, jetzt beim neuen Vorarbeiter läuft es auf 90. Er bekommt eine Prämie, wir haben nichts davon, nur mehr Stress. Wenn ich aufs WC gehe, fragt er, wo gehst du hin? Er kommt nach zwei Minuten auf die Toilette nach und ruft: Raus! Man kann nicht einmal richtig aufs Klo gehen. Er sagt nie: Danke, das hast du gut gemacht. Er sagt höchstens: Trottel oder auch serbischer Idiot. Es ist kein Problem zu arbeiten, aber es ist ein Problem, wenn wir beschimpft werden. Wenn er freundlich wäre, ist es kein Problem, aber er schreit nur. Das geht nicht. Du hast dann keine Motivation mehr zum Arbeiten."*

Fehlende Anerkennung, unhöflicher Umgang und hoher Arbeitsdruck sind keine guten Begleiterscheinungen, die den Berufseinstieg erleichtern. Die Freude am Beruf geht unter solchen Voraussetzungen schnell verloren. Nicht wenige Lehrlinge brechen deshalb die Berufsausbildung ab und versuchen es anderswo, wie das folgende Beispiel eines weiblichen Lehrlings zeigt.

Fatma: *„Beim Friseur wollte ich nicht lernen, denen war ich zu langsam. Beim Zahnarzt wollte ich selbst arbeiten, es war aber nicht meine Schuld, dass ich diese Lehre aufgegeben habe. Die Chefin hat immer nur mit uns geschimpft, da sind viele wieder gegangen, weil sie oft geschrien hat. Sie hat uns nicht wie Menschen behandelt."*

Jetzt absolviert diese junge Wienerin überbetrieblich das dritte Lehrjahr als Bäckerin und Konditorin, wo sie aufgrund einer guten Betreuung besser ihre handwerklichen Fähigkeiten zeigen kann.

Lehrlinge werden nicht selten durch ein hohes Arbeitstempo und eine große Arbeitsbelastung überfordert und Lehrverhältnisse gelöst, weil Jugendliche als Folge davon gesundheitliche Probleme bekommen, wie die folgenden Beispiele zeigen:

Multan: *„Der Beruf Elektrotechniker war schön, aber wegen der Gesundheitsschäden auch schlecht. Als Lehrling musste ich die schwere Arbeit machen. Ich musste auf den Baustellen Zement tragen und stemmen. Nach einem halben Jahr haben die gesundheitlichen Probleme angefangen und der Arzt hat gesagt, dass ich mir überlegen soll, ob ich diesen Beruf weiter ausüben will. Er hat gemeint, wenn ich schon im Alter von 16 Jahren gesundheitliche Probleme habe, wie wird es dann später sein?"*

Ein weiterer Elektrotechniklehrling aus Wien erzählt: *„Als Lehrling muss man im ersten Jahr alles machen, die Arbeit war sehr schwer. Ich hatte Rückenschmerzen vom Schutt und Kabel tragen. Wegen der Kleinteile in der Hand konnte ich nicht immer Handschuhe tragen. Manchmal arbeitete ich sehr hoch über dem Boden mit einer langen Leiter, mit der musste ich lernen zu gehen, dabei reibt man sich die Oberschenkel innen auf. Einige Kollegen geben Styropor oder Tücher dazwischen. Ich war nicht auf diese Sachen vorbereitet."*

Junge Berufsanfänger werden, wie diese beiden Beispiele aus Wien deutlich zeigen, manchmal geradezu verheizt. Ihnen werden schwere Arbeiten zugeteilt und es wird nicht erklärt, wie sie ihre Gesundheit erhalten können. Nicht wenige Lehrlinge sind mit solchen Situationen überfordert, beschließen aber dennoch eher selten, von sich aus das Lehrverhältnis zu beenden. Nur wenn die Gefährdung der Gesundheit offensichtlich wird, werden Lehrverträge gelöst. So erzählen zum Beispiel Friseurlehrlinge von Allergien, die manchmal einen Wechsel der Ausbildung notwendig machen. Andere, die dennoch die Lehre abschließen wollen, nehmen diese Beeinträchtigung in Kauf:

Hala: *„Der Beruf ist anstrengend, man bekommt leicht Rückenschmerzen. Vor allem im Winter, wenn alles geschlossen ist, habe ich verstärkt mit Allergien zu kämpfen. Mich juckt die Haut, die Finger werden wund. Ich vertrage ein Präparat für Dauerwelle nicht. Mit Handschuhen zu arbeiten wäre besser, aber dann fehlt das Gefühl. Es gibt ein Mit-*

tel aus der Apotheke, das meinen Kolleginnen hilft, mir leider nicht. Dauerwellen sind ein Problem.“

Die junge Vorarlbergerin hält durch, obwohl ihr die Arbeit als Friseurin große gesundheitliche Probleme bereitet. So groß sind ihre Alternativen auch wieder nicht, dass sie ihre Lehre aus gesundheitlichen Gründen abbricht.

Zusammenfassend lässt sich sagen: Selbst wenn Jugendliche das Glück haben, nach der Schule in einem Betrieb als Lehrling aufgenommen zu werden, ist es keineswegs sicher, dass sie die Lehre erfolgreich beenden können. Die Gründe für die Beendigung eines betrieblichen Lehrverhältnisses liegen vielfach bei den Betrieben, aber auch bei den Jugendlichen selbst. Folgende Gründe führen oft zu einem Abbruch des Lehrverhältnisses:

- Lehrlinge fühlen sich überfordert, sozial isoliert, beklagen sich über mangelnde Anerkennung und Respektlosigkeit. Nicht selten wird ihnen kein konkretes Aufgabengebiet zugewiesen oder sie fühlen sich nicht ausreichend unterstützt.
- Viele Lehrlinge werden noch innerhalb der drei Probemonate gekündigt, weil sie den Erwartungen nicht entsprechen.
- Lehrlingen stößt es unangenehm auf, wenn sie wiederholt als billige Reinigungskräfte eingesetzt und von jeder fachlichen Arbeit ferngehalten werden.
- Gesundheitliche Probleme tragen ebenfalls zu einer Beendigung des Lehrverhältnisses bei.

Trotz solcher belastenden Begleiterscheinungen hält der Großteil der Lehrlinge durch und wechselt meist erst nach erfolgreichem Lehrabschluss den Betrieb.

6.2 Niedriges Einkommen

Ein weiterer Punkt wird von Lehrlingen ebenfalls oft angesprochen – die Lehrlingsentschädigung. Viele fühlen sich als „billige Arbeitskräfte“ missbraucht. Wiener Lehrlinge, die im Hotel- und Gastgewerbe ihre Lehre machen, sprechen dieses Unbehagen an, wenn sie erzählen: *„Die Hotels suchen oft Lehrlinge, wir machen die Arbeit wie alle an-*

deren. Vor allem im dritten Lehrjahr sind wir überall voll einsetzbar, bekommen aber weniger bezahlt. Wir sind günstig und können auch einspringen, wenn jemand krank ist. Das Gute ist, dass wir nicht so viel Verantwortung tragen." **Define**, die in einem großen Wiener Hotel arbeitet, bestätigt dieses Unbehagen: *„Ich habe das Gefühl, dass wir im Hotel nur billige Arbeitskräfte sind. Wir schuften viel, bekommen aber nur wenig Geld. Ich glaube, dieses Gefühl hat jeder Lehrling irgendwann einmal. Egal was ist, man wird nur als Lehrling angesehen, man sieht uns nicht als Mensch oder als Mitarbeiter, sondern als Lehrling."* **Marietta**, eine weitere Kollegin, die auch in einer Hotelkette beschäftigt ist, stimmt dieser Meinung zu, wenn sie sagt: *„Ich sehe das so: Ich werde zwar von meinen Kolleginnen und Kollegen als normale Arbeitskraft angesehen, ich mache auch dasselbe wie sie, habe aber den Nachteil, dass ich nur die Hälfte von dem meiner Kollegen verdiene. Nur vom Arbeitsbereich her sind wir alle gleichgestellt."*

Lehrlinge reagieren sehr sensibel auf Ungleichbehandlungen. Sie beurteilen, ob ihre Arbeitsleistung ausreichend abgegolten wird und ob ihre Arbeitsleistung im Vergleich zu den fixen Angestellten in einem ausgewogenen Verhältnis steht. Das Einkommen wird in Bezug auf die betriebliche Ausbildung von den Lehrlingen oft thematisiert. Dieses entspricht nicht immer den Wunschvorstellungen der Lehrlinge. Viele Lehrlinge mit Migrationshintergrund sind besonders in Niedriglohnbranchen stark vertreten. Dazu gehören der Verkauf, Friseur und Kosmetik.

Ein Verkäufer im Lebensmittelbereich sagt dazu: *„Wissen Sie, was das Problem beim Einzelhandel ist? Wir verdienen zu wenig Geld. Im ersten Jahr sind es 450 Euro, im zweiten 570 Euro, im dritten rund 800 Euro."* Fast alle Lehrlinge sind gut über die verschiedenen Einkommensmöglichkeiten informiert. Sie wissen über die unterschiedlichen Höhen der Lehrlingsentschädigung pro Lebensmittelkette Bescheid. Die eine Supermarktkette zahlt besser, die andere schlechter. Da überall viel gearbeitet werden muss, beeinträchtigt dies die Zufriedenheit der jungen Arbeitnehmerinnen und -nehmer mit der Lehrstelle.

Einige angehende Verkäuferinnen machen zusätzlich schlechte Erfahrungen mit der Arbeit an der Kassa, was ihren Stress erhöht. Ein Lehrling aus Wien erzählt in diesem Zusammenhang: *„Bei der Kassa* *gibt es oft Probleme. Wenn bei der Abrechnung eine Null bleibt, ist es ideal. Wenn mehr als zehn Euro zu viel in der Kassa bleiben, sagt der Chef: Du hast den Kunden verarscht. Wenn zehn Euro zu wenig bleiben, fragt er: Warum hast du so viel Minus gemacht? Bei der Kassa gibt es Stress, wenn die Leute Schlange stehen. Einige Kunden versuchen dich zu verwirren. Auch den Kollegen ist nicht immer zu trauen. Wenn der Platz frei ist, gehen manche Mitarbeiter zur Kassa, nehmen den Code vom Kollegen und bedienen sich."*

Angehende Friseurinnen fühlen sich ebenfalls niedrig entlohnt, eine Gruppe von Lehrlingen in Vorarlberg erzählt dazu folgendes: *„Ich finde, das ist sehr schade. Wir kriegen ab und zu eine Trinkgeldpauschale, aber zum Beispiel im Sommer gibt es keine, weil nicht viel los ist. Es gibt auch immer weniger Kunden, die Trinkgeld geben. Vor allem in Vorarlberg gibt es viele Kunden, die geizig sind. Wenn eine Frisur 50 Euro und mehr kostet, haben wir kaum etwas davon. Ab und zu bekommt man Trinkgeld, aber meistens geht man leer aus. Die Männer sind meistens sehr lieb, sie reden mit mir und sind sehr freundlich, aber sie lassen sich auf den Cent genau zurückgeben."*

„Dort wo ich arbeite", ergänzt eine andere Gesprächspartnerin, *„ich bin Lehrling in einer von insgesamt 180 Filialen in ganz Österreich, gibt es ebenfalls wenig Trinkgeld. In den anderen Filialen ist das anders, die in Innsbruck bekommen ein brutal hohes Trinkgeld."* Eine weitere angehende Friseurin sagt: *„Mir ist aufgefallen, dass ich kaum Trinkgeld bekomme, wenn mir etwas besonders gut gelungen ist. Trinkgeld bekomme ich nur, wenn ich freundlich bin. Freundlichkeit ist in unserem Beruf das Wichtigste, die Arbeitsleistung ist zweitrangig."*

Spezielle Erfahrungen machen die Friseurlehrlinge auch mit Stammkundschaften. Eine erzählt: *„Am Anfang kriegst du Trinkgeld, aber je länger du die Kunden kennst, desto weniger geben sie. Ich bekomme von den Stammkundschaften, ich habe sie bis zu achtzig Prozent, kein Trinkgeld mehr. Ich bin jetzt bald im dritten Lehrjahr, wahrscheinlich denken sie, ich bekomme jetzt ohnehin schon eine höhere Lehrlingsentschädigung als im ersten und zweiten Jahr."*

Ein junger Mann, der Friseur in einem Laden in Dornbirn lernt, kann sich hingegen diesbezüglich nicht beschweren. Er freut sich darüber, dass er besonders zu Weihnachten viele Geldgeschenke bekommt. Seine Kolleginnen aber widersprechen ihm, er könne nicht

Dornbirn, wo die Kundschaft bekanntermaßen großzügig sei, mit anderen kleinen Städten vergleichen, wo sie arbeiten.

Auch die sozialen Interaktionen in einem Friseurladen sind für die jungen Leute nicht immer einfach zu bewältigen. Über das Kundenverhalten sagen sie: *„Anstrengend sind vor allem Kunden, die ständig dasselbe erzählen. Bei schwierigen Kunden musst du dennoch immer freundlich sein. Wenn sie dann wieder gehen, denke ich mir: So, das habe ich jetzt auch wieder ausgestanden. Der Vorteil dieses Berufes ist aber auch, dass man lernt, die verschiedenen Menschen besser einzuschätzen. Einige Kunden schauen wild aus, entpuppen sich aber als ganz liebe Menschen. Die Menschenkenntnis wird besser. Man muss lernen sich mit verschiedensten Menschen zu unterhalten. Kunden, die mir genau auf die Finger schauen, wie und was ich tue, nerven mich. Da ist es mir lieber, sie nehmen eine Zeitschrift in die Hand und lesen etwas anstatt mich ständig zu kontrollieren."*

Alle diese Ausführungen zeigen, dass sich die jungen Friseurinnen gerne über die Vor- und Nachteile ihres Lehrberufes unterhalten. Sie haben gelernt über ihre Rolle als Friseurlehrling zu reflektieren, ihre sprachliche Kompetenz wird gefördert und ihre zahlreichen Kontakte mit ihrer Kundschaft führen insgesamt zu mehr Offenheit.

„Gerade wir Kosmetikerinnen verdienen sehr wenig", beklagt sich wiederum Yesim mit ausgeprägtem Ländledialekt. *„Im dritten Lehrjahr bekommen wir höchstens 600 Euro. Leider habe ich bei der Berufswahl nicht auf das Einkommen geschaut. Die Fitnesstrainer kommen im dritten Lehrjahr immerhin auf 720 Euro."* Ein Lehrberuf, der vergleichsweise wenig Einkommen bringt, erfordert eine besonders hohe Motivation, um die Lehre erfolgreich abzuschließen.

Zusammenfassend lässt sich sagen: Viele Lehrlinge entwickeln bald ein Gefühl für Ungerechtigkeit, besonders sensibel reagieren sie auf Nachteile bei der Bezahlung. Die Lehrlingsentschädigung ist zwar von Branche zu Branche klar geregelt und wird von den Betrieben in der Regel dementsprechend berücksichtigt, aber Unzufriedenheit gibt es besonders dann, wenn Lehrlinge erkennen müssen, dass sie oft mehr als die Stammbelegschaft in einem Betrieb leisten müssen, obwohl diese bessere finanzielle Konditionen hat.

Nicht selten wird auch die Höhe der Lehrlingsentschädigung in Frage gestellt, aus Sicht der Lehrlinge fällt diese oft zu niedrig aus. In Branchen, wo es zusätzlich die Möglichkeit von Trinkgeld gibt, klagen Lehrlinge über dieses meist spärliche Zusatzeinkommen.

6.3 Lange und unterschiedliche Arbeitszeiten

Viele Lehrlinge beschweren sich über zu wenig Freizeit, die mit ihrer Berufsausbildung verbunden ist. **Adile**, die in einem Lebensmittelladen in Vorarlberg ihre Lehre macht, erzählt: *„Diese Woche habe ich zwei Tage frei, einen Tag davon ist Schule. Dafür muss ich am Freitag, Samstag und Sonntag arbeiten. Ich bin außerdem Springerin, muss eine Woche in Götzis, eine in Hohenems und dann wieder in Rankweil arbeiten. Ich muss um 5.00 Uhr am Morgen anfangen und stehe schon um 4.00 Uhr auf. Ich muss in den Filialen das frische Obst entgegennehmen und einschlichten. Ich arbeite von 5.00 Uhr früh bis 13.00 Uhr oder bis 14.00 Uhr, am Samstag nur bis 11.00 Uhr. Ich habe kein freies Wochenende."*

Lehrlinge, die eine normale Arbeitszeit haben, sind dementsprechend zufriedener mit ihrer Lehrlingssituation. Zwei junge Vorarlberger, die in einer Metallfirma ihren Beruf lernen, erzählen: *„Unsere Arbeitszeit geht von 7.00 Uhr bis 16.30 Uhr. In der ersten Woche war ich es nicht gewöhnt so früh aufzustehen, aber mittlerweile habe ich damit kein Problem mehr."*

Diese zwei Beispiele deuten an, dass es im Hinblick auf die Arbeitszeiten sehr unterschiedliche Regelungen gibt. Die einen müssen sehr früh aus dem Bett und zusätzlich noch am Wochenende arbeiten, die anderen haben eine regelmäßige Arbeitszeit von Montag bis Freitag.

Die Arbeitszeit ist vor allem im Handel, aber auch in der Gastronomie häufig Thema. Junge Wiener Verkäuferinnen sagen dazu: *„Wir haben Dienst von 6.30 Uhr bis 16.00 Uhr oder von 9.00 Uhr bis 20.00 Uhr. Jeder zweite Samstag war bisher frei, aber jetzt gibt es ein neues Gesetz. Im Zeitraum von vier Wochen darf man drei Wochen an einem Samstag arbeiten, pro Monat steht uns nur mehr ein freies Wochenende zu. Das ist Scheiße."*

Klipp und klar wird hier zum Ausdruck gebracht, dass eine Verschiebung der Arbeitszeiten zum Wochenende hin von den Lehrlingen abgelehnt wird.

Eine Kombination aus langer Arbeitszeit und fehlender Anerkennung veranlasste eine Verkäuferin in Wien, ihre betriebliche Lehre nach dem zweiten Lehrjahr abzubrechen. **Lale** erzählt: *„Nach der Schule habe ich das AMS nicht gebraucht, aber jetzt bin ich beim AMS. Seit zwei Monaten arbeite ich nicht mehr in der Firma, die Arbeit wurde mir zu viel. Das Arbeitsklima war nicht mehr gut. Mir wurden Sachen unterstellt, die nicht gestimmt haben. Seit meinem ersten Lehrjahr habe ich an der Kassa gearbeitet. Eigentlich dürfen Lehrlinge erst ab dem zweiten Lehrjahr an die Kassa. Zwei Jahre habe ich dort gearbeitet. Als ich gegangen bin, hat sich herausgestellt, dass ich 120 Überstunden hatte. Ich werde sicher nicht klagen. Scheiß drauf! Ich will mit denen nichts mehr zu tun haben. Als ich gegangen bin, hat der Chef alle Stunden, die ich gearbeitet habe, am PC gelöscht. In diesem Geschäft habe ich gleich nach der Schule meine Lehre begonnen, am Anfang hat noch alles gepasst, aber dann wurde es immer schlimmer. Bei uns wurde drei Mal eingebrochen, mir wurde unterstellt, ich hätte 25.000 Euro geklaut. Der Chef meinte, ich hätte meinen „Freunden", den Einbrechern, Tipps gegeben."*

Zwei Jahre lang hat diese Jugendliche die ungünstige Kombination aus Misstrauen, Überforderung und Überstunden ausgehalten, bis es ihr zu viel wurde und sie das Lehrverhältnis löste.

Wiener Lehrlinge, die im Telekommunikationsbereich als Verkäuferinnen tätig sind, erzählen ebenfalls von langen Arbeitszeiten: *„Wir arbeiten in der Telekommunikation und fangen um 9.00 Uhr an. Es kommt öfters vor, dass wir bis 21.00 Uhr durcharbeiten."* Kollege: *„Aber das sind ja zwölf Stunden. Ich beginne im Supermarkt um 6.00 Uhr früh und gehe um 13.00 Uhr nach Hause."* Kolleginnen: *„Was willst machen, wenn im Team zwei Kollegen krank sind? Dann bleibt uns nichts anderes übrig als die Beratung zu übernehmen."*

Diese Jugendlichen nehmen die langen Arbeitszeiten kritiklos in Kauf, weil sie nach Beendigung der Lehrzeit weiterhin im Team mitarbeiten wollen.

Auch Lehrlinge, die in den verschiedenen Hotels ihre Lehre machen, weisen auf lange Arbeitszeiten hin, sie erzählen: *„Den Beruf und das Lernen unter einen Hut zu bringen ist schwierig. Besonders* *hart ist der Spätdienst, dieser dauert von 12.00 Uhr mittags bis 21.00 Uhr abends, manchmal geht es auch bis 23.00 Uhr. Die Arbeitszeit ist eigentlich klar geregelt, wenn man zum Beispiel zehn Tage durcharbeitet, gibt es danach vier Tage frei. Zehn Tage durchzuarbeiten kommt aber nicht oft vor.*"

Kollegin: „*Ich arbeite jede zweite, dritte Woche sieben, acht Tage durch.*"

Kollege: „*Ich hatte einmal zwei Monate lang den Zehn-Tage-Rhythmus. Das ist sehr hart. Ich bin dann zu meiner Chefin gegangen und habe ihr gesagt, dass mir das zu anstrengend ist, danach musste ich nicht mehr so lange arbeiten.*"

Kollegin: „*Die Arbeit ist anstrengend und Feiertage existieren bei uns nicht. Wenn es gut klappt, haben wir jedes zweite Wochenende frei. Sobald wir 18 Jahre alt sind, wird diese Regelung nicht mehr so berücksichtigt, dann hat man nicht mehr jedes zweite Wochenende frei. Hat man nicht frei, ist das nicht so gut. Es rufen Freunde an, mit denen kannst du dich nicht treffen, weil du arbeiten musst, wenn sie frei haben. Mit der Familie ist es dasselbe, wer sitzt am Sonntag nicht zu Hause? Ich!*"

Für junge Menschen, die, solange sie die Schule besuchten, noch viel Zeit mit ihrer Freundesclique und der Familie verbringen konnten, ändert sich durch die Lehre sehr viel. Wenn sie noch dazu in einer Sparte ihre Lehre machen, wo auch an Feiertagen und Wochenenden gearbeitet wird, fällt die Umstellung besonders schwer.

Eine 18-Jährige hat nach zwei Lehrjahren wegen der langen Arbeitszeiten abgebrochen und besucht nur mehr einmal in der Woche die Berufsschule, um die Lehre auf diese Weise zu beenden. Sie erzählt: „*Ich bin beim AMS gemeldet. Jetzt gehe ich nur zur Schule und bereite mich auf die Prüfung vor. Danach suche ich in einem Hotel einen neuen Job. Der Grund meiner Abmeldung ist privater Natur. Meine Mutter wurde krank und mit meinen Arbeitszeiten konnte ich ihr nicht gut helfen. Als Lehrling hat man immer Spät- und nie Frühdienst. Den Frühdienst sichern sich die fixen Mitarbeiter. Spätdienst bedeutet: Arbeitsbeginn ist um 10.00 Uhr oder 11.00 Uhr vormittags und man bleibt bis am Abend bis zirka 19.00 Uhr. Bei einem solchen Dienst habe ich nichts vom Tag, da komme ich müde nach Hause und kann nichts mehr unternehmen.*

Zwischen 10.00 Uhr und zirka 13.30 Uhr gibt es viel Arbeit. Die fix angestellten Mitarbeiter haben in dieser Zeit nicht viel zu tun, sie schauen zu, wie wir arbeiten. Wir müssen uns anstrengen, versuchen eine gute Arbeitsleistung zu bringen, denn wir wollen ja vielleicht nach der Lehre übernommen werden. Mit der Zeit nervt das, wenn die anderen zuschauen, während wir arbeiten.“

Zwar sind es hier private Gründe, die einen Abbruch der Lehre zur Folge haben, aber es kommt auch klar zum Ausdruck, dass ihr als Lehrling eher die ungünstigen Arbeitszeiten zugewiesen werden. Gute Arbeit unter genauer Beobachtung zu leisten wird als weitere negative Begleiterscheinung ihres Lehrlingsalltages genannt.

Ferah, eine junge Wienerin, die in der gehobenen Gastronomie ihr drittes Lehrjahr absolviert, fasst ihre Erfahrungen so zusammen: *„Wie ich gehört habe, sind nicht viele mit der betrieblichen Ausbildung zufrieden. Die verschiedenen Arbeitszeiten und die persönliche Behandlung stören am meisten. Ich kann mir gut vorstellen, in diesem Betrieb weiter zu arbeiten, es ist nicht so schlimm. Aber es ist auch nicht so gut, daher werde ich mir andere Angebote anschauen, wo die Arbeitszeiten besser sind. Es ist aber nicht so, dass ich mich beschweren muss.“*

Diese junge Berufsanfängerin hat sich mit der Situation weitgehend arrangiert, sie nimmt die Arbeitszeiten so wie sie in dieser Branche üblich sind. Dennoch wird sie versuchen einen Betrieb zu finden, in dem die Arbeitszeiten etwas günstiger sind.

Eine andere Kollegin erzählt: *„Die Dienste sind nicht das Problem, dass die wechseln, ist in dieser Branche normal. Schwierig sind eher die zahlreichen Überstunden, das Hin- und Herspringen zwischen Service und Rezeption. Das muss man oft täglich machen oder von Woche zu Woche.“*

Die Arbeitszeit wird von den Betrieben vorgegeben, junge Leute müssen sich erst daran gewöhnen. Sie müssen meist früher, als sie dies aus ihrer Schulzeit gewöhnt sind, aufstehen und sie kommen später nach Hause. Zwei Lehrlinge, die in einer metallverarbeitenden Firma arbeiten, erzählen: *„Wir arbeiten in einer Metallfirma und da gibt es Schichtarbeit. Wir haben zwei Schichten: Eine geht von halb acht bis halb fünf und die zweite Schicht geht von halb zwei bis halb acht Uhr am Abend plus Samstag. Eine Woche mache ich die 1er Schicht, eine Woche die 2er Schicht. Die 1er Schicht ohne Samstag ist besser. Lieber früher* *aufstehen und dafür am Samstag frei haben. Sonst schlafe ich bis 11.00 Uhr und gehe dann in die Firma."*

Oft werden die langen Arbeitszeiten von den jungen Leuten als notwendige Begleiterscheinung ihrer Berufsausbildung betrachtet. Vor allem mittelfristig setzen sich die jungen Erwachsenen zum Ziel, die Lehre abzuschließen. Mit dem Lehrbrief in der Hand wollen sie später einen Arbeitsplatz mit besseren Arbeitszeiten suchen. Eine junge Vorarlbergerin im zweiten Ausbildungsjahr erzählt: *„Ich will nicht in dieser Bäckerei bleiben, ich möchte später in einem anderen Betrieb arbeiten. Ich will nicht mehr. Im ersten Jahr hat es mir gut gefallen, da gefällt einem alles, man ist froh, eine Lehrstelle gefunden zu haben. Aber im Laufe der Zeit passt doch einiges nicht. Ich arbeite jeden Tag von 6.00 Uhr früh bis 12.00 Uhr mittags. Danach habe ich zwei Stunden Mittagspause. In dieser Zeit fahre ich nach Hause, eine Fahrtstrecke dauert eine Viertelstunde. Ab 14.00 Uhr geht es dann wieder weiter bis 18.30 Uhr. Samstag und Sonntag hat das Geschäft auch offen. Am Abend bin ich sehr müde. Die Kollegen sind leider auch nicht nett. Ich mache die Lehre fertig, aber nach dem Abschluss werde ich, sobald ich eine andere Stelle gefunden habe, kündigen."*

Diese junge Frau hat lange Arbeitszeiten, sie muss sehr früh aufstehen und kommt spät nach Hause. Selbst am Wochenende ist sie oft in der Bäckerei beschäftigt. Auch das Betriebsklima ist nicht gut. Dennoch wird die Lehre zu einem positiven Abschluss gebracht, erst danach wird eine neue Arbeitsstelle gesucht.

Eine Verkäuferin in einem Textilgeschäft in Vorarlberg klagt ebenfalls über viele Arbeitsstunden, sie erzählt: *„Lehrlinge haben bei uns immer Minusstunden, obwohl ich jeden Tag von 9.00 Uhr bis 18.40 Uhr und am Samstag bis 17.00 Uhr im Geschäft stehe. Der Berufsschultag zählt als Arbeitszeit. Niemand konnte mir bisher erklären, warum wir Lehrlinge immer Minusstunden haben. In der Filiale, in der ich arbeite, kann ich inzwischen alles. Nur das Büro mache ich noch nicht, aber die Chefin hat mir auch schon einige Abläufe im Büro gezeigt. Ich soll, sobald ich die Lehre abgeschlossen habe, in die Zentrale nach Graz wechseln, um Schulungen zu machen. Ich soll später eine Filialleitung übernehmen. Am Samstag sind bei uns oft zwei Teilzeitverkäufer beschäftigt, die kennen sich nicht aus. Während meine Chefin bei* *ihren Verwandten in der Türkei auf Urlaub ist, muss ich diese anleiten, die Chefin vertraut mir.“*

Diese tüchtige Verkäuferin hat das Vertrauen ihrer Vorgesetzten erworben und alle Voraussetzungen, um in dieser Textilkette Karriere zu machen. Interessant ist auch der Hinweis, dass ihre Chefin einen türkischen Migrationshintergrund hat. Dieser Umstand erhöht offensichtlich die Karrierechancen anderer tüchtiger Mitarbeiterinnen mit Migrationshintergrund.

Zusammenfassend lässt sich sagen: Es ist kein Zufall, dass sich viele Lehrlinge mit Migrationshintergrund in Branchen mit unregelmäßigen Arbeitszeiten befinden. Tourismus und Handel, die durch eher ungünstige Arbeitszeitregelungen charakterisiert sind, sind für die meisten Jugendlichen nicht besonders attraktiv. Die Lehrlinge müssen in diesen Branchen zum Teil sehr früh aufstehen, kommen spät nach Hause und sie haben auch Dienst am Wochenende und an Feiertagen. Nicht selten müssen Lehrlinge auch Überstunden machen. Viele Jugendliche beklagen sich über die geringe Freizeit, die ihnen zur Verfügung steht.

Die meisten Lehrlinge nehmen diese zusätzlichen Erschwernisse ohne Widerrede in Kauf, weil sie eine oft mögliche Weiterbeschäftigung in der Firma nicht leichtfertig aufs Spiel setzen wollen.

6.4 Positive Lehrverhältnisse

Vielen negativen Erzählungen ist gemeinsam, dass sich Lehrlinge in ihren Betrieben nicht akzeptiert, ausgenützt und überfordert fühlen. Lehrlinge, die mit ihrer betrieblichen Lehrausbildung zufrieden sind, geben übereinstimmend an, dass sie ein gutes Gefühl haben, wenn sie im Betrieb gefordert, aber nicht überfordert werden.

Eine Jugendliche, die Einzelhandelskauffrau lernt, erzählt: *„Ich bin zufrieden, ich werde sehr gefordert. Wir machen alles. Es gibt viele, die in den Firmen nichts machen dürfen. Das hängt auch vom Einzelnen ab, ob du was machen kannst oder nicht, ob du gut bist oder nicht. Im Geschäft musst du zeigen, dass du praktisch veranlagt bist.“* Dieser jungen Vorarlbergerin gelingt es sehr gut, ihre praktischen Fähigkeiten als Verkäuferin unter Beweis zu stellen. Dementsprechend positiv schildert sie ihre Lehrlingssituation.

Kosmetikerinnen, die mit ihrer Berufswahl ebenfalls zufrieden sind, erzählen: *„Uns gefällt die Lehre, die Ausbildung passt. Das Einkommen könnte höher sein, aber wenn man die Möglichkeit hat eine Berufsausbildung zu machen, sollte man sie nützen. Man lernt viel Interessantes und wir haben schon viel gehört."*

Trotz einer vergleichbar niedrigen Lehrlingsentschädigung freuen sich diese jungen Berufseinsteigerinnen in Vorarlberg über die erworbenen Kenntnisse in ihrem Lehrberuf.

Wichtig ist den Lehrlingen auch, dass sie nicht als billige Arbeitskräfte gesehen werden. Die Jugendlichen fühlen sich anerkannt, wenn der jeweilige Betrieb die Lernfortschritte der Lehrlinge regelmäßig kontrolliert. Ein Vorarlberger Lehrling erzählt: *„In diesem Betrieb, in dem ich demnächst schnuppern werde, schauen sie auch auf die Berufsschulnoten. Wenn es mit den Noten bergab geht, geben sie Unterstützung und es gibt eine Schulung."* Lehrlinge sind mit der betrieblichen Ausbildung besonders zufrieden, wenn sie das Gefühl haben, dass den Vorgesetzten das berufliche Fortkommen der Lehrlinge ein wichtiges Anliegen ist und sie dementsprechend Förderung und Unterstützung erhalten.

Ein weiterer eher kontrovers diskutierter Bereich betrifft unmittelbar die Rolle des Lehrlings. Dass Lehrjahre keine Herrenjahre sind, wird von überraschend vielen Lehrlingen nahezu widerspruchslos hingenommen. Ein junger Vorarlberger sagt dazu: *„Als Lehrling wird man behandelt, wie man Lehrlinge eben behandelt. Gut kann man nicht sagen. Die ersten zwei Jahre merkt man, dass Lehrjahre keine Herrenjahre sind. In den ersten zwei Jahren kann man noch nicht viel selber machen, da putzt man, im dritten Jahr kann man schon mehr Facharbeit machen. Am Anfang muss man wegräumen und zuschauen, das ist aber auch wichtig. Jeder fängt mal klein an, das ist immer so."* Sein Berufsschulkollege ergänzt: *„Als Lehrling räume ich zusammen, das Putzen passt schon, die Lehrlingsentschädigung ist auch gut. Am Mittwoch habe ich Schule und jeden Donnerstag muss ich am Morgen in der Firma dem Chef meine Notenliste zeigen. Wenn die Noten nicht passen, es einen Vierer oder gar Fünfer gibt, dann muss ich mir strenge Worte von meinem Chef anhören."*

In dieser Wortmeldung kommt die wichtige Rolle des Lehrherrn gut zum Ausdruck. Die Lehrlinge registrieren es durchwegs positiv, wenn es ein Interesse über ihr Fortkommen in der Berufsschule gibt. Dies bestätigt auch die folgende Aussage einer jungen Wienerin: *„Mein Chef nimmt beim Spätdienst auf mich Rücksicht. Wenn er weiß, dass ich am nächsten Tag Berufsschule habe, lässt er mich bereits zwischen halb acht Uhr und halb neun Uhr abends nach Hause gehen. Wenn ich ihm sage, dass ich Schularbeit habe, gibt er mir den ganzen Tag frei, damit ich lernen kann. Der Chef will, dass wir die Schule erfolgreich abschließen. Mein Chef will immer das Zeugnis sehen. Mit dem letzten war er sehr zufrieden, ich hatte alles Einser und Zweier."* Ein junger Vorarlberger ist ebenfalls zufrieden und sagt: *„Bei mir schaut sich der Betrieb das Berufsschulzeugnis genau an. Mein Chef hat gesehen, dass die Leistungskurve nach oben geht. Er sieht, dass ich es schaffe, die Lehre durchzuziehen, dass es bei mir klappt."*

Die Kontrolle der Vorgesetzten wird nicht als unbotmäßige Schnüffelei interpretiert, sondern als ein Ernstnehmen der jungen Mitarbeiterinnen und Mitarbeiter. Die Botschaft für die Lehrlinge lautet: Mein berufliches Fortkommen ist den Vorgesetzten in dieser Firma ein wichtiges Anliegen, es ist der Firma nicht einerlei, wie es mir in der Berufsschule geht.

Zusammenfassend lässt sich sagen: Neben einem wertschätzenden und respektvollen Umgang wünschen sich Lehrlinge auch eine berufliche Herausforderung. Es gefällt ihnen, wenn sie ihre persönlichen und auch praktischen Fähigkeiten unter Beweis stellen können. Sie wollen sich nicht als billige Arbeitskräfte sehen, denen jede noch so uninteressante Arbeit zugewiesen werden kann.

Besonders positiv äußern sich Lehrlinge über das Verhalten ihrer Vorgesetzten, wenn diese Interesse an ihrem beruflichen Fortkommen signalisieren. Die ständige Kontrolle der Berufsschulnoten wird eher als Ansporn gesehen, in diesem Bereich nicht nachzulassen bzw. sich weiter zu verbessern. In einer von der AK in Auftrag gegebenen Studie (Wieser, Häntschel 2012) zum Thema: „Motivation von Jugendlichen in der betrieblichen Lehrausbildung" wird nachgewiesen, dass es oft an der fehlenden betrieblichen Ausbildungsqualität liegt, die zum Abbruch einer Lehrausbildung führt.

6.5 Zur Bedeutung der Lehrlingsausbildung – Daten und Fakten

Die duale Ausbildung unterscheidet sich im Zugang von vollzeitschulischen Ausbildungswegen, denn es sind die Betriebe, die die Lehrlinge auswählen. Imdorf (2010) begreift die Lehrlingsauswahl als einen Spezialfall der Personalselektion, bei der die jugendlichen Bewerberinnen und Bewerber nicht nur auf ihre betriebliche Produktivität, sondern auch auf ihre Passung im und zum Betrieb abgeschätzt werden und auf ihre Leistungsfähigkeit in der Berufsschule. Für den Zugang zu diesem Ausbildungsweg sind somit die Personalverantwortlichen der Lehrbetriebe die zentralen Akteure.

Die betrieblichen Auswahlkriterien ergeben sich aus den betrieblichen Erfordernissen, die Imdorf nach drei „betrieblichen Welten" unterscheidet: In der „industriellen Welt", d. h. in den Kerntätigkeitsbereichen einer Organisation, ist die fachliche Eignung relevant. Neu Auszubildende werden anhand klassischer Arbeitstugenden, berufsspezifischer Anforderungen und schulischer Kompetenzen ausgewählt. Neben der fachlichen Eignung müssen die Kandidatinnen und Kandidaten aber auch in den anderen „Welten" des Betriebs „akzeptiert" werden. Das ist zum einen die „häusliche Welt des Betriebs" und zum anderen die „Welt des Marktes". Die häusliche Welt beschreibt die Sozialordnung innerhalb des Betriebs, die zwischenmenschlichen Beziehungen und Erwartungen, damit verbundene Autoritäts- und Abhängigkeitsverhältnisse sowie Differenzierungen innerhalb der Belegschaft. Die Neueingestellten sollen im betrieblichen Ablauf „führbar und fügsam" sein, den Autoritäten folgen, sie anerkennen und sich einfügen. In Klein- und Mittelbetrieben ist diese häusliche Welt „oft an den Koordinationsformen der traditionellen, patriarchalstrukturierten Familie" (206) orientiert. Darüber hinaus müssen die Lehrlinge in die „Welt des Marktes" passen, also zum Image des Betriebs und auf die Akzeptanz bei Kundinnen/Kunden und Geschäftspartnerinnen/Geschäftspartnern stoßen.

6.5.1 Auswahlkriterien der Betriebe

Untersuchungen für Österreich ergeben, dass Betriebe das persönliche Interesse am Beruf sowie Pünktlichkeit und Zuverlässigkeit als sehr wichtige Kriterien einstufen, ebenso wie die Lern- und Leistungsbereitschaft, Arbeitsmotivation, Genauigkeit und Sorgfalt sowie gute Umgangsformen. Die Zufriedenheit mit den geforderten Arbeitstugenden bewegt sich bei den befragten Wiener Lehrbetrieben zwischen 70 Prozent (persönliches Interesse) und 90 Prozent (gute Umgangsformen). Die schulischen Leistungen sind nicht das wichtigste Kriterium, aber auch die Zufriedenheit damit ist mit 56 Prozent geringer. Bei den Mathematikleistungen überwiegt überhaupt der Anteil der unzufriedenen Betriebe mit 57 Prozent. Dornmayr und Wieser (2010) betonen, dass die Unzufriedenheit mit den Mathematik- und Fremdsprachenkenntnissen dabei deutlich höher ist als mit den „in der Öffentlichkeit viel diskutierten" (S. 61) Deutschkenntnissen. (Vgl. auch Moser, Bilgili 2010, 45) Weiters wird beobachtet, dass die Eltern als wichtige Ansprechpersonen von den Personalverantwortlichen wahrgenommen werden und es positiv bewerten, wenn die Jugendlichen von ihren Eltern zum Vorstellungstermin begleitet werden. (Dornmayr et al. 2007, 4ff.)

6.5.2 Individualistische Praxistests

Gemäß einer repräsentativen Befragung österreichischer Lehrbetriebe 2007 führt mit 85 Prozent ein Großteil „individualistische Praxistests" (Imdorf 2010, 212) bei der Lehrlingsauswahl durch. Es wird also die individuelle Leistung des Bewerbers/der Bewerberin beurteilt. Das kann z. B. in Form von schriftlichen oder praktischen Tests, durch Auslagerung an ein Assessment Center oder Potentialanalysen erfolgen. Nur zwei Prozent der Unternehmen lassen die Aufnahmetests ausschließlich von externen Einrichtungen durchführen. Festgestellt wurde, dass „bei vielen Unternehmen ein Wunsch nach verstärkter Vorselektion von Bewerberinnen und Bewerbern – vor allem seitens des AMS" gewünscht wird. (Vgl. Dornmayr et al. 2007, 5)

Diese Beobachtung stellt ein Potential für den Zugang von Jugendlichen mit Migrationshintergrund zur betrieblichen Ausbildung dar. Segert (2009) zufolge haben Jugendliche mit Migrationshintergrund bessere „Integrationschancen“, wenn über das AMS rekrutiert wird, als bei betrieblicher Eigenrekrutierung, vorausgesetzt die Betriebe hatten in der Vergangenheit keine negativen Erfahrungen mit dem AMS.

Generell spielen Schulnoten und Testergebnisse eine wichtige Rolle, um in die engere Wahl der Betriebe zu kommen. Für die Vergabe der Lehrstelle ist dann aber der Eindruck im persönlichen Aufnahmegespräch ausschlaggebend, in dem neben dem Auftreten auch der Informationsstand zum Lehrberuf und Lehrbetrieb als Indikator für das persönliche Interesse und den Motivationsgrad entscheidend sind. Der pragmatischere Zugang von Jugendlichen mit Migrationshintergrund mit einer stärker extrinsischen und instrumentellen Arbeitsorientierung sowie Orientierung an den Gelegenheitsstrukturen kann sich somit nachteilig auf den Erhalt einer betrieblichen Lehrstelle auswirken. (Vgl. Lentner 2011b, 146)

6.5.3 Ausbildungsreife

Basierend auf einer 2011 durchgeführten Unternehmensumfrage stellt der Österreichische Gewerbeverein fest, dass die Absolventinnen und Absolventen von Pflichtschulen zu einem hohen Anteil nicht „einsetzbar“ sind, und zwar egal „ob es sich um reichere oder ärmere, städtische oder ländliche Gebiete oder Regionen mit hohem oder niedrigen Migrantenanteil handelt“. Von den befragten Unternehmerinnen und Unternehmern schätzten knapp 30 Prozent die grundlegenden Lesefertigkeiten der Schulabgängerinnen bzw. Schulabgänger als unzureichend ein, mehr als 40 Prozent die grundlegenden Rechenoperationen und 60 Prozent das Prozentrechnen. Die Hälfte der Befragten stuft die Fähigkeit, englischsprachige Diskussionen in Alltagssituationen zu führen, als unzureichend ein und für zwei Drittel ist der Einblick der Schülerinnen und Schüler in die politischen Systeme unzureichend bzw. nicht vorhanden.[16] (Vgl. auch Schmid, Hafner 2011, 74)

16) Vgl. http://www.gewerbeverein.at/de/newsdetail/0-47/schulabgaenger_zu_hohem_ anteil_nicht_einsetzbar (Zugriff: 31. Jänner 2014)

Die „Ausbildungsreife" ist in Deutschland ein zentrales berufsbildungspolitisches Diskussionsthema bei Schwierigkeiten von Jugendlichen, eine Lehrstelle zu finden, bzw. den Schwierigkeiten von Betrieben, „geeignete" Bewerberinnen und Bewerber zu finden. Gemeinhin gelten Jugendliche als „ausbildungsreif", wenn sie zeitnah zum schulischen Abschluss eine betriebliche Ausbildung beginnen. Schaffen sie den nahtlosen Übergang nicht, gelten sie als nicht „ausbildungsreif", insbesondere dann, wenn sie von arbeitsmarktpolitischen Maßnahmen aufgefangen werden. Sie gelten als „Benachteiligte" und werden in Teilen der öffentlichen Meinung mit einer Reihe von Defizitzuschreibungen etikettiert. Zu nennen sind mangelnde Kulturtechniken, Lernschwäche bzw. Lernbeeinträchtigung, fehlende Sozialkompetenzen, schlechte Schulnoten und fehlende Tugenden wie Höflichkeit, Arbeitsmotivation, Engagement, Pünktlichkeit. (Vgl. Dobischat et al. 2012, 8f.)

Auch in den österreichischen Diskurs hat die „Ausbildungsreife" Eingang gefunden. Das Spektrum, was ein „ausbildungsreifer" Lehrling dabei mitbringen soll, ist breit. Aus einer qualitativen Befragung von 13 österreichischen UnternehmensvertreterInnen[17] leiten Schmid und Hafner (2011) einige generelle Kriterien für die „Ausbildungsreife" ab. Sie umfassen die Grundrechnungsarten, ein Gefühl für mathematisch ausdrückbare Größenordnungen und Zahlenverhältnisse, sinnerfassendes Lesen und Schreiben, sprachliches Ausdrucksvermögen, die Fähigkeit, sich in sozialen Situationen zu orientieren (z. B. Kommunizieren, Höflichkeitsregeln) und in Alltagssituationen zurechtzufinden („Hausverstand"), zwischenmenschliche Beziehungen aufzubauen und zu stabilisieren sowie Entscheidungsfähigkeit im Hinblick auf die eigene Lebensgestaltung und -führung. (Vgl. S. 72, 75) Sie decken sich mit den Beschreibungen, die Dobischat et al. (2012)

17) Die InterviewpartnerInnen waren Ausbildungsverantwortliche, GeschäftsinhaberInnen oder GeschäftsführerInnen aus Unternehmen der Nahrungsmittelherstellung, Sachgütererzeugung, Handel, Unternehmensberatung, Bau, Banken- und Kreditwesen, Verkehr und Energie sowie Gewerbe und Handwerk. Der Großteil der Unternehmen bildete Lehrlinge aus, drei Viertel hatten weniger als 50 MitarbeiterInnen, die anderen mehr als 100. (Vgl. Schmid und Hafner 2011, 72)

im deutschen Diskurs über die Jugendlichen mit mangelnder „Ausbildungsreife" feststellen. Zu berücksichtigen gilt, dass die Jugendlichen im Lehrlingsalter mitten in der Adoleszenz sind, also in einer Phase erheblicher körperlicher und seelischer Veränderungen, die mit Änderungen der Selbstwahrnehmung und in der Gestaltung der Beziehungen einhergehen. Die Introspektionsfähigkeit, die Fähigkeit zum abstrakten Denken sowie moralische Werthaltungen und Normen entwickeln sich in dieser Lebensphase. (Vgl. Remschmidt 2013) Dass sie bereits voll entwickelt sind, insbesondere die Entscheidungsfähigkeit über die eigene Lebensführung, kann in diesem Alter nicht erwartet werden.

6.5.4 Passungsverhältnis

Bei der Diskussion um die Ausbildungsreife und „Mängel" der Jugendlichen ist zu berücksichtigen, in welchem Verhältnis das Leistungsniveau der Jugendlichen zum Anforderungsniveau der Lehrbetriebe steht.

- Laut einer Umfrage des Deutschen Industrie- und Handelskammertags (DIHK) hatten im Jahr 2010 54 Prozent der befragten Unternehmen Schwierigkeiten, ihre Ausbildungsplätze zu besetzen.
- 95 Prozent sahen die Probleme in zu wenigen geeigneten Bewerberinnen und Bewerbern. Drei Viertel der Unternehmen müssten demnach Abstriche bei der Qualifikation machen.

Dobischat, Kühnlein und Schurgatz (2012) relativieren diese Sichtweise und verweisen darauf, dass Unternehmen zum einen unrealistisch hohe Anforderungen an die Jugendlichen stellen und zum anderen ihre Ausbildungsplätze für die Jugendlichen nicht attraktiv sind. Die erste Einschätzung wurde auch von Trainerinnen im Zuge der Tiroler ÜBA-Evaluierung gemacht, wonach Betriebe teils „überzogene Vorstellungen" haben und sich einen Lehrling wünschen, der „nichts kostet, alles kann, in der Schule gut ist und keine Fragen stellt" (zit. nach Löffler, Helling 2011, 47).

In der DIHK-Umfrage wurden jene Ausbildungsberufe und -betriebe relativ wenig nachgefragt, die körperlich belastend, wenig perspektivenreich, schlecht bezahlt und/oder unattraktive Arbeitszeiten haben. Diese Berufe finden sich vor allem im Hotel- und Gastgewerbe sowie im Baugewerbe. Insgesamt unterscheiden sich die Anforderungen zwischen den Branchen. Darin kann sich das unterschiedliche „Passungsverhältnis", nicht aber eine allgemeine, mangelnde Ausbildungsreife widerspiegeln. Banken und Versicherungen legen auf mündliches und schriftliches Ausdrucksvermögen am meisten Wert, im Gastgewerbe sind es persönliche Kompetenzen wie Ausdauer, Belastbarkeit und Umgangsformen. (Vgl. Dobischat et al. 2012, 29)

Inwieweit Betriebe Besetzungsprobleme haben, hängt auch von ihrer Personalpolitik ab. Es wird beobachtet, dass Betriebe, die die Lehrausbildung als Instrument der Fachkräftesicherung ansehen, bei den Einstiegsqualifikationen kompromissbereiter sind als Betriebe, bei denen die Personalrekrutierung durch betriebliche Ausbildung eine untergeordnete Rolle spielt. Betriebe mit Besetzungsproblemen würden im Leistungsbereich – bei den schulischen Leistungen, Fremdsprachenkenntnissen oder Testergebnissen – höhere Anforderungen stellen, während Betriebe ohne Besetzungsprobleme vergleichsweise größeren Wert auf die soziale Kompetenz legen. (Vgl. Beicht, Granato 2011a, 16; Ebbinghaus, Loter 2010, 17)

6.5.5 Anteil von Migrantinnen und Migranten in der Belegschaft

In Imdorfs Untersuchungen hielten Ausbildungsverantwortliche teils auch fest, dass sie selbst nichts gegen „Ausländer" hätten, aber Rücksicht auf die Mitarbeiterinnen und Mitarbeiter genommen werden müsste, die „ausländische" Lehrlinge eventuell nicht so gut aufnähmen. (Vgl. Imdorf 2010, 204–205) Im Zuge der Evaluierung arbeitsmarktpolitischer Maßnahmen für Migrantinnen und Migranten in der Steiermark wurde von steirischen Arbeitsmarktexpertinnen und -experten die Einschätzung gemacht, dass in der österreichischen Gesellschaft teils noch das Bewusstsein und Verständnis dafür fehlt, dass sich Österreich zu einem Zuwanderungsland entwickelt hat und Migrationen kein vorübergehendes Phänomen sind, sondern die Unternehmens- und Gesellschaftsstruktur mitprägten. Diese sozialen Veränderungen wären im gesellschaftlichen Selbstbild noch nicht verankert. Das könne sich im betrieblichen Umfeld dann in einer negativen Haltung der Belegschaft gegenüber Migrantinnen und Migranten niederschlagen (vgl. Biffl, Faustmann, Rössl, Skrivanek 2012, 86) und die Akzeptanz erschweren.

6.5.6 Ethnische Ökonomien

In Wien wurde von der Wirtschaftskammer 2007 mit der gezielten Akquise von Lehrstellen bei Unternehmerinnen und Unternehmern mit Migrationshintergrund begonnen. Sie ist bei den Lehrstellenberaterinnen und -beratern der Lehrlingsstelle der Wirtschaftskammer Wien (WKW) verankert. Die Umsetzung wurde von der MA 17, der Magistratsabteilung für Integrations- und Diversitätsangelegenheiten, begleitet. Bei der Umsetzung wird mit den Netzwerken der ethnischen Communities zusammengearbeitet. Die Erfahrungen haben ergeben, dass bei vielen Betrieben großer Beratungsbedarf besteht und vielfach das Wissen über die Lehrausbildung oberflächlich ist. In manchen Fällen konnte den Unternehmerinnen und Unternehmern auch aufgezeigt werden, dass sie ihren Kindern im Familienbetrieb selbst eine Lehrausbildung ermöglichen können. Ein entscheidender Erfolgsfaktor wird im mehrsprachigen Beratungsangebot gesehen, das türkisch, serbisch-bosnisch-kroatisch, polnisch und russisch umfasst. Mehrsprachige Informationsmaterialien werden auch in Oberösterreich als Vorteil beim Erstkontakt und im leichteren Aufbau einer wertschätzenden Kommunikationsbasis gesehen. Für die Umsetzung der Lehrausbildung müssten allerdings ausreichende Deutschkenntnisse vorliegen, um den Richtlinien entsprechend ausbilden zu können. Die Erfahrungen aus Oberösterreich ergaben auch bei aus Deutschland stammenden Unternehmerinnen und Unternehmern Beratungsbedarf. Die aufsuchende Lehrstellenberatung, wie sie in Oberösterreich umgesetzt wird, zeigte auch in dieser Gruppe positive Effekte. (Vgl. Haberfellner 2012, 104ff.)

6.5.7 Im regionalen Vergleich

Die regional unterschiedliche Bedeutung der dualen Ausbildung und Repräsentation von Lehrlingen mit Migrationshintergrund steht mit der regionalen Struktur und Entwicklung der Wirtschaft sowie des Arbeitsmarktes in Zusammenhang. Die duale

Ausbildung wird traditionell von den Sparten Gewerbe und Handwerk, Industrie und Handel getragen.

- Österreichweit wurden 2013 gemäß Lehrlingsstatistik 71 Prozent der Lehrlinge von Betrieben dieser Sparten ausgebildet.
- Größere Anteile haben auch der Tourismus und die Freizeitwirtschaft mit neun Prozent und Betriebe, die nicht Mitglied der Gewerblichen Wirtschaft sind („Sonstige Lehrberechtigte), mit sieben Prozent.
- Knapp acht Prozent der Lehrlinge absolvierten eine Überbetriebliche Lehrausbildung (ÜBA).
- Einen hohen Anteil haben überbetriebliche Lehrverhältnisse in Wien und im Burgenland mit 19 Prozent bzw. 18 Prozent. Am niedrigsten ist der Anteil in Salzburg, Tirol und Vorarlberg mit je zwei Prozent.
- In den übrigen Bundesländern liegen die ÜBA-Anteile zwischen fünf Prozent (Kärnten und Oberösterreich) und neun Prozent (Niederösterreich). (Vgl. Biffl, Skrivanek, 39/Abbildung 16)

Das Angebot überbetrieblicher Ausbildungsplätze ist eine Reaktion auf den teils sehr angespannten Lehrstellenmarkt. Österreichweit waren im Jahresdurchschnitt 2013 5.700 Jugendliche beim AMS als lehrstellensuchend vorgemerkt und nur 3.400 offene Lehrstellen gemeldet. Statistisch gesehen kamen somit auf eine offene Lehrstelle 1,7 Lehrstellensuchende.

- In Wien waren es statistisch 4,7 Lehrstellensuchende pro Lehrstelle, in Niederösterreich 3,3, im Burgenland 2,8 und in Kärnten 2,1 Lehrstellensuchende.
- Salzburg und Tirol verzeichnen dagegen einen Lehrstellenüberhang mit durchschnittlich 0,4 bzw. 0,5 Lehrstellensuchenden pro Lehrstelle.
- In Oberösterreich und in Vorarlberg ist das Verhältnis mit 1,2 bzw. 1,3 Lehrstellensuchenden pro Lehrstelle fast ausgeglichen. (Vgl. Biffl, Skrivanek 2015, 48/Abbildung 19)

Diese rein quantitative Gegenüberstellung sagt nichts darüber aus, inwiefern die angebotenen Lehrstellen den Wunschberufen und Berufsbildern der Lehrstellensuchenden entsprechen. So ergab – wie vorne angeführt – beispielsweise eine Umfrage unter deutschen Lehrbetrieben, dass vor allem jene Ausbildungsberufe und -betriebe relativ wenig nachgefragt wurden, die körperlich belastend, wenig perspektivenreich, schlecht bezahlt sind und/oder unattraktive Arbeitszeiten haben. Diese Berufe finden sich vor allem im Hotel- und Gastgewerbe sowie im Baugewerbe. (Vgl. Dobischat et al. 2012, 29)

Geht man von der Annahme aus, dass jugendliche Teilnehmerinnen und Teilnehmer an einer kurzfristigen Schulungsmaßnahme des AMS eigentlich auch eine Lehrstelle suchen, und fasst sie mit den ÜBA- bzw. IBA-Lehrlingen und den als lehrstellensuchend vorgemerkten Jugendlichen zur Gruppe der „Jugendlichen ohne betrieblichen Ausbildungsplatz“ zusammen, so vergrößert sich die „Lehrstellenlücke“ erheblich. Zum Stichtag 30. April 2014 standen österreichweit dann 19.000 Jugendliche ohne betrieblichen Ausbildungsplatz 3.400 sofort verfügbaren offenen Lehrstellen gegenüber bzw. 5,6 Jugendliche einer Lehrstelle. (Vgl. Biffl, Skrivanek 2015, 48/Abbildung 19)

- Besonders schwierig stellt sich die Situation in Wien mit 17,6 Jugendlichen pro Lehrstelle dar. Auch im Burgenland und in Niederösterreich ist die Situation mit zehn Jugendlichen ohne betrieblichen Ausbildungsplatz pro Lehrstelle angespannt.
- Am besten schneiden in diesem Vergleich Salzburg, Tirol und Kärnten ab, wo 0,9 bzw. 1,7 bzw. 3,9 Jugendliche einer sofort verfügbaren Lehrstelle gegenüberstehen.
- In Vorarlberg sind es 5,4, in Oberösterreich 5,6 und in der Steiermark 6,6 Jugendliche.

Zu wiederholen gilt, eine rein quantitative Gegenüberstellung sagt nichts darüber aus, inwiefern die angebotenen Lehrstellen den Berufswünschen der Jugendlichen entsprechen, aus welchen Gründen die Jugendlichen keine Lehrstelle finden oder warum sie nicht eine weiterführende Schule besuchen. In jedem Fall verdeutlichen diese Zahlen die hohe Bedeutung arbeitsmarktpolitischer Maßnahmen für Jugendliche, die nach der Pflichtschule nicht in betrieblicher oder schulischer Ausbildung sind bzw. diese abgebrochen haben. Für sie sind die arbeitsmarktpolitischen Maßnahmen ein sehr wichtiges Auffangnetz.

6.5.8 In zeitlicher Perspektive

Die Zahl der Lehrlinge ist seit 1980 erheblich zurückgegangen. Während 1980 noch 194.000 Lehrlinge ausgebildet wurden, waren es 1990 nur mehr 146.000 und im Jahr 2013 etwa 121.000. Der Rückgang vollzog sich vor allem bis Mitte der 1990er Jahre. Seitdem wird er durch den starken Ausbau arbeitsmarktpolitisch geförderter Lehrstellen abgeschwächt und die Zahl der Lehrlinge bewegt sich seither zwischen insgesamt 120.000 und 130.000 Lehrlingen jährlich. Die Zahl der Jugendlichen in einer betrieblichen Lehre ist allerdings bis 2013 weiter auf etwa 105.000 zurückgegangen. Den stärksten Lehrlingsrückgang verzeichneten das Burgenland, Wien und die Steiermark. In Vorarlberg war der Rückgang mit Abstand am geringsten, auch in Tirol, Oberösterreich und Salzburg fiel der Rückgang vergleichsweise geringer aus als in den anderen Bundesländern. (Vgl. Biffl, Skrivanek 2015, 50/Tabelle 7)

In den Sparten Gewerbe und Handwerk (– 9.000), in der Industrie (– 7.000) und im Handel (– 7.000) ging zwischen 1990 und 2000 die Zahl der Lehrlinge österreichweit erheblich zurück.

- Diese Sparten trugen 1990 noch 85 Prozent der Lehrlingsausbildung, im Jahr 2000 waren es noch 80 Prozent, bis 2010 reduzierte sich ihr Anteil auf 71 Prozent, wobei sich der Rückgang im Gewerbe und Handwerk bis 2010 fortsetzte, in der Industrie die Zahl der Lehrlinge wieder zunahm und im Handel sich der Rückgang abschwächte.
- In der Sparte Bank und Versicherung nahm die Zahl der Lehrlinge beständig zu, insgesamt trägt diese Sparte aber nur einen kleinen Teil der Lehrlingsausbildung (2013 1.300 Lehrlinge).
- Im Bereich Transport und Verkehr nahm die Zahl der Lehrlinge zwischen 1990 und 2000 ab, erhöhte sich aber bis 2010 wieder auf das Niveau von 1990 und lag auch 2013 mit knapp 2.800 Lehrlingen über dem Niveau von 1990.
- Die Tourismus- und Freizeitwirtschaft verzeichnete in den 1990er Jahren einen Rückgang bei den Lehrlingszahlen, bis 2005 überschritt ihre Zahl wieder das Niveau von 1990, seitdem sinken die Lehrlingszahlen wieder. Im Jahr 2013 wurden 10.000 Lehrlinge von der Sparte Tourismus und Freizeitwirtschaft ausgebildet.

- Die Zahl der Lehrlinge in Nichtkammer-Lehrbetrieben („sonstige Lehrberechtigte"), z. B. bei Rechtsanwälten und Magistraten, erhöhte sich von knapp 4.000 im Jahr 1990 auf mehr als 6.000 im Jahr 2000 und auf knapp 9.000 im Jahr 2010.
- Überbetriebliche Lehrstellen wurden 1990 noch nicht angeboten, im Jahr 2000 wurden knapp 2.600 statistisch erfasst,[18] bis 2010 hatte sich ihre Zahl auf 9.500 erhöht.
- Für das Jahr 2013 zeigen sich die negativen Auswirkungen der Konjunkturentwicklung am Lehrstellenmarkt. Gegenüber 2010 wurden um 9.000 Lehrlinge weniger ausgebildet, der Rückgang betraf dabei insbesondere die Sparten Tourismus- und Freizeitwirtschaft sowie Gewerbe und Handwerk. (Vgl. Biffl, Skrivanek 2015, 52f./Tabelle 8)

Gründe für die rückläufige Entwicklung der Lehrlingsbeschäftigung waren bis in die 1990er Jahre zum einen ein Rückgang der Nachfrage nach Lehrstellen aufgrund eines steigenden Zustroms in weiterführende Schulen sowie demografisch bedingt kleinere Kohorten von Jugendlichen.

- 1980 wurden in Österreich knapp 62.000 LehranfängerInnen gezählt, 1990 45.000 und seitdem bewegt sich die Zahl der LehranfängerInnen zwischen 35.000 und 40.000.
- Die Zahl der 15-Jährigen lag im Jahresdurchschnitt 1980 bei 130.000, 1990 bei 94.000 und stieg bis 2007 wieder auf 100.000 an. Seitdem ist sie rückläufig und lag 2013 bei 89.000.[19]

Zum anderen sank die Zahl der Betriebe, die Lehrstellen anboten. Der wirtschaftliche Strukturwandel bewirkte einen allgemeinen Beschäftigungsrückgang im Produktionsbereich und einen Zuwachs im Dienstleistungsbereich. Hinzu kommt, dass durch Spezialisierung, neue Produktions- und Fertigungsmethoden, die Auslagerung von

18) Im Auftrag des AMS überbetrieblich ausgebildete Jugendliche wurden im Jahr 2000 noch nicht statistisch erfasst. Die angeführten 2.600 Jugendlichen stellen somit eine Untergrenze dar.

19) http://wko.at/statistik/jahrbuch/Folder-Lehrlinge2007.pdf; http://wko.at/statistik/jahrbuch/Folder-Lehrlinge2013.pdf (letzter Zugriff: 29. Jänner 2014)

Betriebsteilen oder Unternehmensfunktionen Betriebe zum Teil nicht mehr im gesamten Berufsbild ausbilden können und folglich keine Lehrstellen mehr anbieten. Zusätzlichen Druck auf den Lehrstellenmarkt übt der Trend zur Höherqualifizierung aus. (Vgl. Bock-Schappelwein et al. 2006, 18; Lenger et al. 2010, 7)

6.5.9 Wien und Vorarlberg im Vergleich

Wien hat trotz der angespannten Lage am Lehrstellenmarkt einen hohen Anteil von Migrantinnen und Migranten unter den Lehrlingen. Der Lehrstellenrückgang im Handwerk, Gewerbe und in der Industrie wurde vor allem durch den Ausbau überbetrieblicher Lehrstellen abgefangen. Knapp 19 Prozent der Wiener Lehrlinge wurden 2013 überbetrieblich ausgebildet. (Vgl. Biffl, Skrivanek 2015, 53/Tabelle 8) Wie Vertreterinnen und Vertreter von Wiener ÜBA-Ausbildungseinrichtungen beobachten, können Betriebe stark selektieren. Bewerbungen von Jugendlichen mit schulischen Defiziten oder auch von Jugendlichen mit Migrationshintergrund würden im Bewerbungsverfahren schnell ausgeschieden. (Vgl. Friedl-Schafferhans, Hausegger 2013, 25) Jugendliche mit Migrationshintergrund haben in Wien überdurchschnittlich hohe Anteile in der überbetrieblichen Lehre.

Für Jugendliche ohne Migrationshintergrund ist die Lehre in Wien vergleichsweise weniger attraktiv:

- Von den Schülerinnen und Schülern mit deutscher Umgangssprache der zehnten Schulstufe besuchen in Wien 30 Prozent eine Berufsschule gegenüber 37 Prozent österreichweit.
- Bei den Schülerinnen und Schülern mit nicht deutscher Umgangssprache liegt der Anteil in Wien bei 36 gegenüber 34 Prozent im Österreich-Schnitt. (Vgl. Biffl, Skrivanek 2015, 26/Tabelle 2)

Diese Unterschiede zwischen Jugendlichen mit deutscher und nichtdeutscher Umgangssprache hängen vermutlich auch damit zusammen, dass Jugendliche mit Migrationshintergrund anteilsmäßig öfter frühzeitig, nach Abschluss der Pflichtschule, ausscheiden bzw. ein höheres Risiko haben, eine Ausbildung abzubrechen. Diese Jugendlichen werden dann vor allem durch arbeitsmarktpolitische Maßnahmen aufgefangen, deren Ziel die Vermittlung in den Arbeitsmarkt – in ein Lehr- oder Dienstverhältnis – ist. Von den beim AMS vorgemerkten Jugendlichen[20] (15 bis 19 Jahre) in Wien hatten 2013 zwei Drittel einen Migrationshintergrund, österreichweit waren es 42 Prozent. Ähnlich hoch war der Anteil der Migrantinnen und Migranten bei den lehrstellensuchenden Jugendlichen mit 64 Prozent in Wien bzw. 41 Prozent im Österreich-Schnitt.[21]

In Wien wird für die Jugendlichen in einer ÜBA eine bipolare TeilnehmerInnenstruktur festgestellt. Zum einen sind es Jugendliche mit guten Zeugnissen, die keine Lehrstelle gefunden haben, zum anderen Jugendliche mit massiven Defiziten in den schulischen Grundkompetenzen. Bei Jugendlichen mit Migrationshintergrund werden darüber hinaus mangelnde Deutschkenntnisse festgestellt, andererseits wären sie besser in den Familienverband eingebunden, fänden einen besseren Zugang zu den Trainerinnen/Trainern und zeigten mehr Respekt. Die Probleme in Deutsch werden von den Trainerinnen und Trainern bzw. Trägereinrichtungen als institutionelles Problem des Schulbereichs wahrgenommen, wo den Jugendlichen mit Migrationshintergrund aufgrund ihrer Deutschdefizite Bildung vorenthalten werde, indem sie in sonderpädagogische Betreuung kämen. (Vgl. Lenger, Löffler, Dornmayr 2010, 87)

Vorarlberg hat nach Wien den zweithöchsten Anteil von Migrantinnen und Migranten unter den Lehrlingen (bezogen auf die zitierten Arbeitsmarktdaten für 2012). Im Gegensatz zu Wien zählt es zu den Bundesländern mit einer günstigen Entwicklung am Lehrstellenmarkt. Zwischen 2000 und 2010 verzeichnete Vorarlberg den größten Zuwachs an Lehrlingen, der von fast allen Sparten getragen wurde. Während in den anderen Bundesländern die Lehrlingszahlen im Handwerk und Gewerbe weiter zurückgingen, blieben sie in Vorarlberg stabil. Quantitativ die größten Zuwächse verzeichneten die Sparten Industrie (+ 300) und die Nichtkammer-Betriebe (+ 200). Weni-

20) Das sind Jugendliche, die arbeitslos sind oder an einer Qualifizierungsmaßnahme teilnehmen.

21) Eigene Auswertungen und Berechnungen der Arbeitsmarktdatenbank am 13. März 2014.

ger Lehrlinge wurden vom Handel sowie der Sparte Transport und Verkehr ausgebildet. In Vorarlberg ist das Verhältnis zwischen Lehrstellensuchenden und offenen Lehrstellen relativ ausgeglichen und es gibt nur wenige überbetriebliche Lehrstellen (zwei Prozent der Lehrlinge). Die Struktur und Entwicklung der regionalen Wirtschaft und des Arbeitsmarktes dürften somit dazu beitragen, dass Betriebe weniger selektiv sein können und Jugendliche mit Migrationshintergrund bessere Chancen haben, als Lehrlinge aufgenommen zu werden. Zum anderen deuten die jeweiligen Anteile der Schülerinnen und Schüler mit deutscher bzw. nicht deutscher Umgangssprache darauf hin, dass in Vorarlberg – wie auch in Oberösterreich – die duale Ausbildung ein traditioneller, attraktiver Ausbildungsweg ist, den Jugendliche mit Migrationshintergrund in ähnlicher Weise einschlagen.[22]

In Vorarlberg wurde bislang keine regionale Evaluierung der ÜBA durchgeführt. Aufschlussreich ist aber eine diesbezügliche Evaluierung, die in Tirol durchgeführt wurde, wo die Lehrlingssituation ähnlich gut wie in Vorarlberg ist.

In dieser Evaluierung wurde seitens der befragten Trägereinrichtungen und Ausbildungspersonen die Feststellung getroffen, dass der Bildungsstand der Jugendlichen im Allgemeinwissen „erschreckend“ sei, und zwar unabhängig von anderen Merkmalen, wie Geschlecht und Migrationshintergrund. Die Berufsschulen würden sich an das „schlechte“ Niveau anpassen, die Betriebe aber nicht, da sie auf gut ausgebildete Fachkräfte angewiesen wären bzw. weil teils die Betriebe überzogene Vorstellungen hätten. Bei den Jugendlichen mit Migrationshintergrund bestünden Sprachprobleme, teilweise waren von ihnen die Anweisungen der Ausbildungspersonen nicht verstanden worden. (Vgl. Löffler, Helling 2011, 47f) Die unterschiedliche Struktur der ÜBA-Lehrlinge, in Wien bipolar und in Tirol mit vielen Schwierigkeiten, lässt sich mit der Situation am Lehrstellenmarkt in Zusammenhang bringen. Tirol hat einen Lehrstellenüberhang und

22) 2012 waren von den Schülerinnen/Schülern der zehnten Schulstufe mit deutscher Umgangssprache in Oberösterreich 42,7 Prozent in einer Berufsschule, in Vorarlberg 44,1 Prozent. Bei den Schülerinnen/Schülern mit nicht deutscher Umgangssprache waren es 40,4 Prozent bzw. 38,6 Prozent.

eine günstige Entwicklung des Lehrstellenmarktes. Nur knapp zwei Prozent (2013) der Lehrlinge werden überbetrieblich ausgebildet. Wien hat hingegen die größte Lehrstellenandrangsziffer und knapp 19 Prozent der Lehrlinge werden überbetrieblich ausgebildet. Demnach werden in Tirol vor allem Jugendliche von der ÜBA aufgefangen, die vielseitige Probleme haben, während in Wien auch ein Mangel an Ausbildungsplätzen Jugendliche in die ÜBA bringt und darauf hinweist, dass Jugendliche mit Migrationshintergrund im Wettbewerb um betriebliche Lehrstellen im Nachteil sind.

6.6 Zusammenfassung

Die Ergebnisse der statistischen Erhebungen und Unterlagen zur Bedeutung der betrieblichen Ausbildung sind:

- Jugendliche mit Migrationshintergrund sind vor allem bei einer angespannten Lehrstellensituation im Wettbewerb um betriebliche Lehrstellen im Nachteil.
- Generell spielen Schulnoten und Testergebnisse, aber vor allem auch „gute Umgangsformen“ eine große Rolle.
- 71 Prozent der Lehrlinge wurden österreichweit in den Sparten Gewerbe und Handwerk, Industrie und Handel ausgebildet.
- 2013 kamen statistisch gesehen auf eine offene Lehrstelle 1,7 Lehrstellensuchende. In Wien war dieses Verhältnis 4,7, in Vorarlberg 1,3.
- Die Zahl der Jugendlichen in einer betrieblichen Lehre ist im Jahre 2013 auf etwa 105.000 zurückgegangen. (1980 wurden noch 194.000 Jugendliche ausgebildet.)
- In Wien haben Jugendliche mit Migrationshintergrund überdurchschnittlich hohe Anteile in der überbetrieblichen Lehre (19 Prozent), in Vorarlberg gibt es nur wenige überbetriebliche Lehrstellen (zwei Prozent der Lehrlinge).

Ergebnisse der qualitativen Analyse: Jugendliche mit durchschnittlichen bis schlechten Zeugnissen finden nach Beendigung ihrer Schulkarriere weder in Vorarlberg noch in Wien leicht eine Lehrstelle. Selbst wenn sie es schaffen, einen Lehrvertrag zu bekommen, ist es keineswegs sicher, dass sie die Lehre erfolgreich abschließen. In den ÜBAs finden sich nicht wenige Lehrlinge, die Erfahrungen in einem

Betrieb sammeln konnten. Leider handelt es sich dabei oft um ausgesprochen schlechte Erfahrungen. Nicht immer sind für das Scheitern allein die Betriebe verantwortlich, aber in den Erzählungen von Lehrlingen lassen sich dennoch übereinstimmende Schwierigkeiten festmachen. Die Probleme einer Lehre in Lehrbetrieben sind:

- fehlendes Verständnis bis hin zu Respektlosigkeit von Vorgesetzten
- fehlende Wertschätzung
- offenes Misstrauen
- keine systematische Einschulung
- überwiegend berufsfremde und niedrige Tätigkeiten
- Früh-, Nacht- und Wochenendarbeit
- Überstunden
- niedriges Einkommen

Die Summe aller, aber auch einzelne Punkte wirken sich sehr negativ auf die Motivation der betreffenden Lehrlinge aus (vgl. dazu auch Wieser, Häntschel 2012). Weil sich die meisten Lehrlinge ihre berufliche Zukunft nicht verbauen wollen, halten dennoch viele bis zum Lehrabschluss durch, nehmen sich aber vor, danach sofort zu kündigen. Nicht wenige Lehrlinge werfen schon vorher das Handtuch und wechseln in eine andere Fachrichtung oder setzen ihre Ausbildung überbetrieblich fort.

Lehrlinge, die mit den angeführten Punkten während ihrer Ausbildung kaum in Berührung kommen, die sich gefordert, anerkannt und wertgeschätzt fühlen, sind mit ihrer Ausbildung sehr zufrieden. In Vorarlberg ist diese Kultur verbreiteter als in Wien.

Lehrlinge mit Migrationshintergrund beklagen sich häufig über eine fehlende Vertrauensbasis zu ihren Vorgesetzten, sie erhalten oft keine Einschulung, fühlen sich als fünftes Rad am Wagen oder ausgenutzt. Besonders häufig schildern sie, dass sie respektlos behandelt werden. Oft wird ihnen in den Betrieben deutlich vermittelt, auf der untersten Stufe der Hierarchie zu stehen. Wenn solche unangenehmen Formen der Interaktion häufig auftreten, tragen sie zu einer Verunsicherung und in weiterer Folge zu einer Demotivierung der Lehrlinge bei.

Lehrlinge in Wien berichten von ausgesprochen unangenehmen Arbeitsaufträgen, die sie ausführen müssen. Das Putzen und Reinigen ist in jeder Branche laut ihren Erzählungen offensichtlich ein fester Bestandteil des Lehrlingsdaseins. Das Zuschieben von unangenehmen Arbeitsaufträgen an Lehrlinge funktioniert meist gut, weil viele Lehrlinge eine mögliche Weiterbeschäftigung nach der Lehre nicht gefährden wollen.

Viele Wiener Lehrlinge, die unzufrieden mit ihrem Lehrverhältnis sind, klagen auch darüber, nur fachliche Teilkenntnisse während ihrer praktischen Ausbildung zu erwerben. Neben dem Stress, dadurch womöglich die Lehrabschlussprüfung nicht zu schaffen, stört sie daran vor allem die damit verbundene Geringschätzung. Sie reagieren darauf mit Frustration, weil sie sich ausgenutzt fühlen, und nehmen sich vor, spätestens nach Abschluss der Lehre den Betrieb zu wechseln, nicht wenige brechen die Lehre ab.

Fehlende Anerkennung, ein unhöflicher Umgangston und hoher Arbeitsdruck ist eine sehr ungünstige Kombination, die sich negativ auf die Zufriedenheit der Lehrlinge auswirkt. Kommen noch Misstrauen und gesundheitliche Probleme hinzu, können die Jugendlichen nur mehr den Abbruch der Lehre als Ausweg sehen.

Neben diesen unangenehmen Begleiterscheinungen wird auch das Einkommen, also die Höhe der Lehrlingsentschädigung, kritisiert. Besonders dann, wenn Lehrlinge erkennen, dass sie gleich viel oder sogar mehr als die altgediente, aber viel besser verdienende Stammbelegschaft leisten, fühlen sie sich ungerecht behandelt. Vor allem weibliche Lehrlinge, die zum Großteil in Niedriglohnbranchen ihre Lehre absolvieren und auch auf Trinkgeld angewiesen sind, kritisieren ihre geringen Einkommensmöglichkeiten.

Ein weiteres großes Feld von Unzufriedenheit bezieht sich auf die branchenspezifisch unterschiedlichen Arbeitszeitregelungen. Lehrlinge leisten oft zahlreiche Überstunden, sie müssen zum Teil schon um 4.00 Uhr früh aufstehen, erzählen von zweistündigen Mittagspausen und von zwölfstündigen Arbeitstagen, von denen sie spät völlig müde nach Hause kommen. An das Arbeiten an Wochenenden, inklusive Sonntag und Feiertag, gewöhnen sie sich besonders schwer. Als besondere Belastung empfinden sie dabei die soziale Ausgrenzung, die mit einer Wochenendarbeit verbunden ist.

Im Unterschied zu den genannten belastenden Faktoren gibt es aber auch viele Lehrlinge, die mit ihrer Situation sehr zufrieden sind.

Ein besonders auffälliges Merkmal von positiven Lehrverhältnissen ist, dass den Jugendlichen neben einer Anerkennung, einem erwiesenen Respekt, einer Unterstützung und einem Ernstnehmen ihrer Bedürfnisse auch eine berufliche Herausforderung wichtig ist. Lehrlinge wollen etwas Ausprobieren und nicht nur zuschauen oder niedrige Arbeitsaufträge ausführen. Lehrlinge zeigen ein fachliches Interesse und freuen sich über erworbene Fachkenntnisse. Unter solchen günstigen Rahmenbedingungen sind sie mit ihrer Ausbildung zufrieden.

7. Erfahrungen mit der überbetrieblichen Berufsausbildung

Die „überbetriebliche Berufsausbildung“ ist eine arbeitsmarktpolitisch überaus wichtige Innovation, sie bietet vielen Jugendlichen, die keinen Lehrplatz finden, die Möglichkeit, einen Beruf zu lernen. Typisch bei den Kontakten mit Einrichtungen, die über das AMS die überbetriebliche Berufsausbildung anbieten, war die Aussage der Verantwortlichen: *„Sie suchen Jugendliche mit Migrationshintergrund? Kein Problem: Diese stellen bei uns ohnehin in allen Berufsgruppen die überwiegende Mehrheit dar.“*

In den ÜBAs finden sich überdurchschnittlich viele Jugendliche mit Migrationshintergrund. Für diese Jugendlichen ist dieses Ausbildungsangebot oft die einzige Möglichkeit, eine berufliche Qualifizierung zu erreichen. Wie die Jugendlichen dieses Angebot nützen und welche Vor- und Nachteile damit verbunden sind, wird im folgenden Abschnitt analysiert.

7.1 Überbetriebliche Ausbildung in Wien

Die überbetrieblichen Lehrwerkstätten sind in Wien so organisiert, dass die Jugendlichen vom ersten Lehrjahr an möglichst viele Praktika in Firmen machen. Ein wichtiges Ziel der ÜBAs ist es, vielen Lehrlingen den Übertritt in eine Firma zu ermöglichen. Bevor es dazu kommt, wird versucht, die Jugendlichen gut vorzubereiten, damit sie den besonderen Herausforderungen, die eine Lehre in einem Betrieb an sie stellt, gewachsen sind. Je nach Unterstützungsbedarf und unterschiedlichen Potentialen der Lehrlinge kommt es bereits im ersten oder zweiten Lehrjahr zum Wechsel in eine betriebliche Ausbildung. Ein großer Teil jedoch schafft eine Übernahme in einen Betrieb nicht. Diese Lehrlinge beenden entweder erfolgreich ihre berufliche Ausbildung in der ÜBA oder brechen diese leider vorzeitig ab.

7.1.1 Schwerpunkte der überbetrieblichen Ausbildung

Auf eine gute Ausbildung wird in den verschiedenen ÜBAs großer Wert gelegt. Diese umfasst alle Bereiche, die für eine erfolgreiche

Berufskarriere wichtig sind. Folgende drei Schwerpunkte lassen sich nennen:

- Fachliche Ausbildung in Theorie und Praxis
- Entwicklung und Festigung eines wünschenswerten Rollenverhaltens und
- Hilfe und Unterstützung bei Praktika

Fachliche Ausbildung in Theorie und Praxis:

Die fachliche Ausbildung erfolgt in Theorie und Praxis, was bedeutet, dass in den ÜBAs der Lernstoff der Berufsschule durchgearbeitet wird und alle für die Lehrabschlussprüfung relevanten praktischen Kenntnisse geübt werden. Dazu ein Beispiel:

Eine junge Frau, die sich als Floristin ausbilden lässt, erzählt neben ihrer Ausbildnerin von ihrem Praktikum: *„Der erste Kranz, den ich im Blumenladen binden musste, hat lange gedauert. Die Chefin und ihre fixe Mitarbeiterin haben mir geholfen. Beim Binden des zweiten Kranzes war ich schon schneller."*

Betreuerin: *„Hier schauen wir zuerst auf die Genauigkeit und dann üben wir die Schnelligkeit. Wir kooperieren mit Betrieben, die sich auf unsere Lehrlinge einstellen, sie übernehmen auch Lehrlinge. Die geben Feedback und sagen uns, was noch verbesserungswürdig ist. Das ist immer gut. Wir sprechen darüber und dann gibt es das nächste Praktikum."*

Die verschiedenen Arbeitsabläufe, die es in jedem Berufsfeld gibt, werden in den ÜBAs eingeübt. Angehende Kfz-Technikerinnen und -Techniker zerlegen gebrauchte Autos und bauen sie wieder zusammen, Elektrotechnikerinnen und -techniker sowie Maurer üben alle verschiedenen Techniken, die sie in ihrem Beruf brauchen. Bäckerinnen und Bäcker sowie Lehrlinge, die das Kochen lernen, bereiten täglich das Buffet im Lehrbetrieb für alle im Haus vor. Die Ausbildung wird möglichst praxisnah gestaltet. Ein Ausbildner aus der Maurerabteilung erzählt: *„Die Burschen bekommen eine Aufgabe. Diese müssen sie mit Zeitvorgabe selbstständig bewältigen. Es wird genau geschaut, ob die Ziegel regelmäßig gemauert, sie in der Waage sind und die Fugen ausreichend Mörtel haben. Für alle diese Kriterien gibt es ein Punktesystem."*

Während der Praktika findet ein ständiger Informationsaustausch zwischen den Ausbildungspersonen und den Verantwortlichen in den

Betrieben statt. Für Jugendliche, die besonders schwierige Voraussetzungen mitbringen, um die verschiedenen Herausforderungen zu schaffen, gibt es die IBA (Integrative Berufsausbildung), die eine verlängerte Lehrzeit vorsieht. Eine Ausbildnerin der IBA: *„Die ganze Ausbildung dauert bei uns vier Jahre, die ersten zwei Lehrjahre sind auf drei Jahre ausgedehnt. Normal dauert die Lehre drei Jahre."*

Viele Lehrlinge sind froh über die gute Unterstützung, die ihnen im Zusammenhang mit den Herausforderungen der Berufsschule in einer ÜBA gewährt wird. So werden parallel zur praktischen Anleitung immer wieder Theoriestunden eingelegt, in denen mit den Lehrlingen der Lernstoff der Berufsschule vertieft und geübt wird.

Ein Ausbildner sagt dazu: *„Wir haben beim Lehrlingswettbewerb teilgenommen, da mussten wir viel Theorie lernen, da der Ehrgeiz da ist, bei diesem Wettbewerb gut abzuschneiden. Bei diesem Wettbewerb nehmen alle Lehrlinge, auch die betrieblichen, in Wien teil. Die Erfahrungswerte zeigen, dass wir seit zwei Jahren die betrieblichen Lehrlinge in die Tasche stecken. Die Großfirmen bilden ihre Lehrlinge kaum aus. Vorher waren noch die wirtschaftlichen Lehrlinge besser. Uns gibt es seit fünf, sechs Jahren, wir mussten erst ein System entwickeln. So wie es jetzt aussieht, haben wir das richtige System gefunden und können es nun laufend verbessern."*

Ein wichtiger Grund für eine erfolgreiche Ausbildung ist auch die gute Zusammenarbeit mit den Berufsschulen. Eine Betreuerin sagt dazu: *„Wir arbeiten mit der Berufsschule eng zusammen. Wenn es Schwächen in Mathe oder im Fachbereich gibt, dann nehmen wir das durch. Werden in der Berufsschule Prüfungen angekündigt und Schularbeiten, dann wiederholen wir den Stoff vorher gemeinsam."*

In diesem Zusammenhang gibt es jedoch von Seiten der Ausbildungspersonen Kritik an den Berufsschulen, die vermehrt zum Blockunterricht übergehen, anstatt beim bewährten System einzelner Berufsschultage zu bleiben. Ein Ausbildner dazu: *„Jetzt haben die Lehrlinge zum Beispiel am Freitag Schule. Ich weiß, sie haben einen Test oder eine Schularbeit, dann setze ich die Nachhilfelehrerin ein und so können wir die Lehrlinge gezielt auf die Prüfung vorbereiten. Im Blockunterricht kann ich das nicht machen, sie haben sechs bis acht Wochen*

Schule und gegen Ende des Blocks kommen die Prüfungen, wo sie sich dann meist schwer tun. Die Wirtschaft bestimmt und nicht wir. Den Betrieben ist es lieber, wenn die Lehrlinge ein paar Wochen fort sind, wenn ohnehin nicht viel Arbeit anfällt. In der übrigen Jahreszeit brauchen sie die Lehrlinge als wichtige Personalressource."

Eine gute Begleitung und Förderung von benachteiligten Jugendlichen, die eine Lehre beginnen, ist demnach besser möglich, wenn die Berufsschulen keinen Blockunterricht anbieten.

Wichtig ist den Ausbildungspersonen auch eine möglichst kleine Gruppengröße, die eine individuelle Förderung erlaubt, weil sich dadurch eher Erfolge einstellen.

Im letzten Lehrjahr erfolgt, wie es ein Ausbildner formuliert, der *„Feinschliff"*. Dabei werden die Lehrlinge auf die Lehrabschlussprüfung vorbereitet. Die gute Vorbereitung führt dazu, dass fast alle den Abschluss positiv schaffen. Ein Ausbildner: *„Bei der Prüfung kommen über 90 Prozent durch. Wenn wir wissen, wer die Prüfung abnimmt, können wir uns gut darauf einstellen."*

Entwicklung und Festigung eines wünschenswerten Rollenverhaltens:

Neben der fachlichen Ausbildung, die in einer ÜBA sowohl die praktischen Fertigkeiten als auch das theoretische Wissen umfasst, versuchen die Ausbildnerinnen und Ausbildner den Jugendlichen mit mehr oder weniger Erfolg wichtige Tugenden wie Pünktlichkeit, Verlässlichkeit, Fleiß und einen respektvol*len Umgang zu vermitteln.*

Aus dem Beobachtungsprotokoll: *„Der Ausbildner ist im Grundton sehr freundlich, schlägt aber manchmal gegenüber den Jugendlichen auch einen scharfen Ton an. Das muss er machen, um die vereinbarten Regeln durchzusetzen. So gilt zum Beispiel während der Ausbildungszeit ein Handyverbot. Wer sich nicht daran hält, dem wird vom Ausbildner das Mobiltelefon abgenommen und während der Arbeitszeit in eine Lade gesperrt. Das Musikhören ist ebenfalls nicht erlaubt, das wird nur gewährt, wenn eine ansprechende Leistung an den Tag gelegt wird. Eine weitere wichtige Regel lautet: Keine Gewalt! Gewalttätigkeit führt zur sofortigen Auflösung des Ausbildungsvertrages. Auf die Pünktlichkeit wird ebenfalls großer Wert gelegt. Die meisten Jugendlichen aus der Gruppe halten sich an die Arbeitszeiten, zwei jedoch kommen oft zu spät, sie haben viele*

Fehlzeiten. Diese beiden Jugendlichen werden es nach Einschätzung des erfahrenen Ausbildners kaum schaffen, in einem Betrieb Fuß zu fassen.“

„Alle Lehrlinge bekommen pro Jahr ein Paar Arbeitsschuhe und eine Garnitur Arbeitsgewand, wenn es kaputt geht, müssen sie sich selbst neue Kleidung kaufen.“

Die Notwendigkeit, das Sozialverhalten der Lehrlinge zu schulen, wird als besonders wichtige Aufgabe gesehen. Eine Ausbildnerin sagt dazu: *„Am Arbeitsplatz ist es so, dass man mit dem einen kann, mit dem anderen nicht, da geht es um die eigene Persönlichkeit. Wir versuchen es so abzustimmen, dass die Lehrlinge nicht überfordert und emotional nicht gekränkt werden. Das fachliche Wissen ist ja vorhanden, aber meistens scheitert es am Menschlichen. Die Leute können nicht gut miteinander, dann hauen sie den Hut drauf.“*

Die Aussagen dieser Ausbildnerin weisen darauf hin, dass viele Lehrlinge im Umgang mit Kolleginnen, Kollegen und Vorgesetzten oft falsch reagieren und so ihren Arbeitsplatz gefährden. Viele Lehrlinge müssen lernen, mit kleineren und größeren Konflikten gut umzugehen. Die Jugendlichen werden sowohl persönlich als auch fachlich auf den Berufsalltag vorbereitet. Sie lernen die Basiskenntnisse sozialen Verhaltens, um in der Arbeitswelt gut zu bestehen.

Hilfe und Unterstützung bei Praktika:

Ein weiterer Schwerpunkt der ÜBAs besteht darin, Lehrlinge auf möglichst viele Praktika zu schicken, mit dem Ziel, dass sie von einem der Betriebe übernommen werden. Aber auch ohne Übernahmemöglichkeiten lernen die Jugendlichen unterschiedliche Betriebskulturen kennen und können diese differenziert bewerten. Ein Maurerlehrling einer ÜBA sagt: *„Hier lernt man nicht das richtige Mauern, es geht alles zu langsam. Auf der Baustelle geht es schnell zu. Aber auf der Baustelle lernt man nichts, da musst du nur stemmen und den Müll entsorgen.“* Sein Kollege ergänzt: *„Hier lernt man mehr als in einer Firma. Auf der Baustelle musst halt schnell sein. Auf der Baustelle hast Stress, hier hast keinen, das ist ein Vorteil.“*

Ein weiterer Maurerlehrling ergänzt: *„In den Firmen lernt man das Mauern nicht. Die Leute, die in Firmen sind, werden zwei Mal im Jahr nach Guntramsdorf geschickt, dort gibt es einen Lehrbauhof, dort lernen sie eine Woche das Mauern. Wir brauchen das nicht, weil wir das sowieso* *können. Für den Lehrabschluss ist das für uns sehr wichtig, weil wir dann bei der Prüfung das Mauern gut beherrschen.“*

Jugendliche, die Praktika machen, bekommen ihrerseits von den Kolleginnen und Kollegen in den Betrieben ein Feedback. Eine Gruppe von Lehrlingen, die sich in einer ÜBA fachlich ausbilden lässt, ärgert sich: *„Wir schämen uns in dieser Einrichtung zu lernen. Von unserer Firma werden auch viele Behinderte und psychisch Kranke betreut. Wir wollen nicht, dass andere denken, wir würden nichts im Kopf haben und dumm sein.“* Viele Jugendliche, die mit solchen und anderen abwertenden Reaktionen konfrontiert werden, sprechen auch von einer „Lehre zweiter Klasse“.

Lehrlinge, die zuvor in einer ÜBA waren und inzwischen ihre Ausbildung in einem Betrieb fortsetzen bzw. umgekehrt, wissen über die Unterschiede einer BA und ÜBA besonders gut Bescheid. Ein angehender Kfz-Techniker erzählt: *„Als Lehrling werde ich in der Firma stark gefordert, ich lerne sehr viel, man lernt verschiedene Automarken kennen. Während der überbetrieblichen Ausbildung kannte ich mich nur bei einem Auto aus. Du machst dort zehn Mal dasselbe. Du baust zehn Mal den Auspuff aus und wieder ein. Der Vorteil ist, dass wir jederzeit die Ausbildner fragen können, im Betrieb geht das nicht.“*

Ein anderer Lehrling kennt ebenfalls die Unterschiede beider Ausbildungsformen, er berichtet: *„Viele Kollegen haben eine überbetriebliche Ausbildung gemacht. Sie sind jetzt alle arbeitslos. Sie haben keine Praxis. Sie haben einen Lehrabschluss, aber was nützt der, wenn man sich nicht auskennt? Es ist ein großer Unterschied zwischen AMS und betrieblicher Ausbildung.*

In der Schule haben sie es leichter. Weil sie keine Arbeit haben, haben sie mehr Zeit zu lernen. Sie können ihre Ausbildner jederzeit fragen, sich in Ruhe etwas anschauen, das geht im Betrieb nicht. Das ist ein Vorteil gegenüber uns. Wir arbeiten von Montag bis Samstag, sie nur von Montag bis Freitagmittag.“

Der Hinweis, dass in den Betrieben die praktische Ausbildung besser ist, stimmt nicht immer. So berichten Maurerlehrlinge, dass sie in einer ÜBA mehr lernen als in einer Baufirma, wo sie oft nur bei der Verschalung oder in der „Estrichpartie“ mitarbeiten.

Ein Elektrotechniker weiß aus eigener Erfahrung, dass er von der betrieblichen Ausbildung nicht viel profitiert hat. Er erzählt: *„Der Unterschied zwischen betrieblicher und überbetrieblicher Ausbildung ist, dass man in der überbetrieblichen Lehre viel mehr lernt. In einer Firma lernt man nichts. In meiner Firma hat mich mein Meister immer schleppen lassen, er hat mir nichts Fachliches gelernt. Ich war dann auch körperlich am Ende, weil ich immer schleppen musste. Jeden Tag musste ich Zement rauf- und runtertragen, das war sehr anstrengend. Das sollten die Firmen ändern. In der überbetrieblichen Lehre kannst du in Ruhe etwas lernen, sie ist auch körperlich nicht anstrengend. Das einzige Problem ist, dass wir hier weniger verdienen. Im dritten Lehrjahr sind es 670 Euro.“*

Sein Kollege ergänzt: *„Besser wäre es, wenn man auf die Lehre vorbereitet werden würde. Als Lehrling macht man meist nur unqualifizierte Arbeiten. Das Gebäude steht schon, aber immer müssen wir noch weg- und zutragen. Bei mir war es so: Wir haben mit Polen zusammengearbeitet, sie durften die Kabel zusammenschließen, ich als Lehrling nicht. Die Polen waren aber nur Hilfsarbeiter. Ich musste immer nur Schellen suchen, sie putzen und wegtragen. Nach einiger Zeit geht die Motivation verloren. Man sieht, der andere macht weniger als ich, verdient aber mehr, das ist frustrierend.“*

Es gibt Betriebe, die sich kaum um die fachliche Ausbildung ihrer Lehrlinge kümmern. In einer ÜBA wird hingegen sowohl das notwendige praktische Wissen als auch die Theorie so gut wie möglich vermittelt. Einzig die Bezahlung macht den Lehrlingen einer ÜBA besonders zu schaffen. In Bezug auf die Einkommensfrage sind alle Lehrlinge in Wien und Vorarlberg, die eine ÜBA besuchen, einer Meinung, sie fühlen sich gegenüber den Kolleginnen und Kollegen in den Betrieben benachteiligt. Der Wunsch, allein deswegen in eine BA zu wechseln, ist unter den Lehrlingen groß. Einer sagt: *„Ich möchte die überbetriebliche Ausbildung in einer Baufirma fortsetzen. Hier kriege ich bloß 294 Euro brutto. Vorher habe ich als Installateurlehrling in einem Betrieb über 900 Euro verdient. Wenn ich in einer Baufirma die Lehre weiter mache, bekomme ich im dritten Lehrjahr über 1.000 Euro Lehrlingsentschädigung.“* Ein anderer Lehrling ergänzt: *„Als Maurer verdient man gut. Hier bekommt man leider nicht viel, alle beschweren sich darüber. In der Firma wird man aber* *auch oft ausgenutzt. In einer Firma lernt man nicht so viel wie hier, aber man erhält mehr Lohn.“*

„Im ersten Lehrjahr habe ich in der Werkstatt bereits 440 Euro verdient, im zweiten 550 Euro. Jetzt muss ich mich wieder mit 294 Euro zufrieden geben, leider“, sagt ein Jugendlicher, der seine Ausbildung in einer ÜBA fortsetzen muss, nachdem er seine betriebliche Lehrstelle verloren hatte.

Die ÜBA hat vor allem wegen dem damit verbundenen geringeren Einkommen keinen so hohen Stellenwert unter den Lehrlingen, wie auch die folgende Aussage zeigt: *„Eine Nullstelle beim Geld dazu, dann wäre es perfekt, aber es ist besser als nix.“*

Wenn an den Lebensstandard keine hohen Ansprüche gestellt werden, ist die Zufriedenheit größer: Ein Lehrling meint: *„Ich bin zufrieden, ich habe keine Wohnung, brauche nicht so viel Geld. Der Führerschein ist kein Problem, ich kaufe kein teures Auto.“*

7.1.2 Erfahrungen mit Praktika

Eine gute fachliche Betreuung der Lehrlinge während der ÜBA führt nach einigen Praktika, allerdings branchenspezifisch unterschiedlich, vermehrt zu einer Übernahme in einen Betrieb. Ein Ausbildner, der jedes Jahr zehn Jugendliche betreut, erzählt: *„Von uns werden sehr viele Lehrlinge übernommen, weil sie etwas können. Ich bringe von meinen zehn Lehrlingen die Hälfte unter. Zehn ist eine optimale Gruppengröße. Wir bieten eine gute Unterstützung. Einige machen auch ein Auslandspraktikum in Irland, England, Deutschland und Malta. Es gibt da ein europäisches Programm, mit dem wir gute Erfahrungen gemacht haben.“*

Lehrlinge werden in den ÜBAs individuell gefördert, unterstützt und im Idealfall im Zuge von Praktika von den Firmen übernommen.

Wie viele Lehrlinge leidvoll erfahren müssen, verlaufen nicht alle Praktika ideal. Ein angehender Maurer: *„Ich habe drei Wochen in einer Firma praktiziert. Ich musste schwere Säcke mit Kalk tragen, das war sehr anstrengend. Immer wurde großer Druck ausgeübt. Das Problem war, dass ich dort nichts gelernt habe. Sobald keine Säcke mehr zum Tragen waren, wollte mich die Firma nicht mehr. Ich habe für diese Schwerarbeit 90 Euro pro Woche bekommen.“*

Diese Aussage bezieht sich auf eine leider nicht seltene Praxis von Unternehmen, die junge, kostengünstige Lehrlinge von ÜBAs im Rahmen eines Praktikums übernehmen, um sie kurzfristig als billige Arbeitskräfte einzusetzen.

Ein Elektrotechniker erzählt unter lebhafter Zustimmung seiner Kollegen: *„Ich habe schon oft ein Praktikum gemacht, aber übernommen haben sie mich nicht. Sie hatten entweder kein Geld oder sie nehmen keine Lehrlinge auf. Denen geht es nur darum, dass sie kostenlose Mitarbeiter bekommen."* Ein anderer ergänzt: *„Das erste Praktikum ist chaotisch verlaufen, dort hatte man keine Ahnung, was man machen sollte. Das war eine Firma, die auch eine Sparte Bau hatte. Ich musste dort als Bauarbeiter aushelfen."*

Während der Praktika fühlen sich Lehrlinge zum Teil falsch eingesetzt. Einer hat sich überlegt, wo für ihn die Grenzen sind: *„Ich will nicht, dass man mich zum Einkaufen schickt, das mache ich sicher nicht. Mir hat ein Freund erzählt, dass er die ganze Zeit für seine Kollegen etwas einkaufen musste. Das geht doch nicht. Man ist nicht dort zum Einkaufen, sondern zum Arbeiten."*

Weitere schlechte Erfahrungen betreffen das Betriebsklima, ein Bäckerlehrling erzählt: *„Ich habe das Praktikum in einer großen Brotbäckerei gemacht. Dort sind die Zustände nicht sehr hygienisch. Viele Fliegen gibt es dort. Die Kollegen wechseln von der Nussfülle zur Mohnfülle ohne ihre Hände zu waschen. Vieles liegt am Boden, man muss aufpassen, dass man nicht ausrutscht. Dort machte ich das Praktikum, ich bin gefragt worden, ob ich dort die Lehre fortsetzen will, aber ich habe auf dieses Angebot verzichtet."*

Ausgenutzt fühlte sich ein Kfz-Techniker während seines Praktikums in einer großen Werkstatt: *„Ich durfte im Praktikum einiges machen, weil ich im zweiten Lehrjahr war. Ich habe die Bremsen gewechselt und habe bei den Zahnriemen geholfen. Aufgenommen wurde ich nicht, ich war dort zehn Wochen."*

Lehrlinge, die viele Praktika in Betrieben machen, fühlen sich ähnlich wie Kolleginnen und Kollegen, die schlechte Erfahrungen mit einer BA machen, ausgenutzt und schlecht behandelt. Der Wunsch einer Übernahme in eine BA ist jedoch oft so stark, dass viele Jugendliche länger ein Praktikum machen, als es eigentlich zumutbar ist.

7.1.3 Übernahme als Ziel

Ein wichtiges Ziel von Lehrlingen einer ÜBA und ihren Ausbildungspersonen ist die Übernahme in einen Lehrbetrieb. Dieses Ziel lässt sich nur erreichen, wenn die Jugendlichen die Unterstützungsangebote in der ÜBA annehmen und sich an die verschiedenen Herausforderungen des Arbeitsalltages gewöhnen. Ein 18-Jähriger erzählt: *„Nach der Schule habe ich mir gedacht, dass ich nie eine normale Lehrstelle schaffen werde. Jetzt habe ich gesehen, dass es doch geht. Die Noten in der Berufsschule werden immer besser. Ich war jetzt schnuppern und holte mir gestern in der Firma die Bestätigung. Der Chef hat mich gefragt, ob ich es mir vorstellen kann, bei ihm zu arbeiten. Ich habe sofort zugesagt."*

Jugendliche mit Migrationshintergrund und schlechten Schulabgangszeugnissen sind vielfach der Meinung, für eine Berufsausbildung keine entsprechenden Voraussetzungen mitzubringen. Hinweise auf ein schwach ausgebildetes Selbstwertgefühl finden sich jedenfalls zur Genüge. Umso erfreulicher ist es für stark verunsicherte junge Menschen, wenn sie es trotz schwieriger Startbedingungen schaffen, mit gezielter Unterstützung in einer ÜBA von einem Betrieb übernommen zu werden, eine Lehre erfolgreich abzuschließen und sich damit gute berufliche Perspektiven zu eröffnen.

Eine junge Frau, deren Eltern aus der Türkei stammen, erzählt: *„Ich habe jedes Praktikum in derselben Supermarktfiliale gemacht. Die Chefin hat gesehen, dass ich gut arbeite, sie hat gesagt: Dich brauchen wir! Jetzt werde ich in die betriebliche Ausbildung wechseln, worüber ich mich sehr freue. Der Vorteil ist, dass ich dann mehr verdiene und außerdem gibt es Prämien für gute Noten."*

Der besondere Vorteil von Praktika ist, dass die Lehrlinge zeigen können, wie sie sich bei der Arbeit anstellen. Viele Lehrlinge machen dabei gute Erfahrungen, sie werden von Betrieben übernommen, wenn sie es schaffen, pünktlich, zuverlässig sowie freundlich zu sein und zu zeigen, dass sie zupacken können. Die Übernahme in eine BA gelingt meist entweder bereits im ersten oder im zweiten Lehrjahr und hängt neben einer guten Performance der Jugendlichen während des Praktikums von vielen weiteren Faktoren ab, wie der folgende kurze Auszug aus einer Unterhaltung von vier Lehrlingen zeigt:

Makram: *„Ich wurde am Ende vom zweiten Lehrjahr übernommen. Mein Betreuer in der Firma hat gesagt, dass er mit dem Chef über meine Aufnahme reden will. Das hat er gemacht und dann ging es ganz schnell."*

Samir: *„Ich hatte auch Interesse, aber dort, wo ich mein Praktikum gemacht habe, gab es keine Plätze mehr."*

Serdar: *„Ich wäre fast aufgenommen worden, aber leider habe ich meine Bänder überdehnt und war nicht mehr in der Lage zu gehen. Das war Pech."*

Serhat: *„Das hatte ich auch. Im ersten Lehrjahr war ich mit einem Kollegen im Praktikum, einer von uns beiden sollte aufgenommen werden. Ich habe den Vorzug erhalten. Eine Woche vor der Aufnahme habe ich mir die Knöchel verschoben, ich bekam einen Gips, und aus war es mit meinem Wechsel."*

Ein Hauptgrund, dass Jugendliche oft keine betriebliche Lehrstelle bekommen, liegt neben persönlichen Missgeschicken, aber auch charakterlichen Mängeln vor allem am knappen Lehrplatzangebot. Ausbildnerinnen und Ausbildner in den ÜBAs beobachten einen besorgniserregenden Trend. Immer mehr Betriebe bilden keine Lehrlinge aus. Ein Ausbildner nennt folgende Gründe: *„Ich war früher, bevor ich hier angefangen habe als Ausbildner zu arbeiten, in meiner Baufirma für die Lehrlingsausbildung verantwortlich. Immer weniger Firmen nehmen Lehrlinge auf, weil meiner Meinung nach die Lehrlingsvorschriften überreguliert sind. Mittlerweile ist zwar die Auflösung eines Lehrverhältnisses kein so großes Problem mehr wie früher, aber zum Beispiel dürfen die Lehrlinge nur mit einer Flex arbeiten, die 1200 Watt hat. Die neuen Maschinen haben aber 1600 und die Eigenschaft, dass sie langsam in Schwung kommen und nicht so abrupt loslegen wie die alten Modelle. Die Jugendlichen dürfen nur 25-Kilo-Säcke tragen und sie müssen immer gut gesichert werden, wenn sie in mehr als vier Meter Höhe arbeiten. Diese Vorschriften führen dazu, dass viele Betriebe es sich nicht antun, eigene Lehrlinge auszubilden.*

Ein zweites Problem ist, dass heute Jugendliche oft mehrere Mängel hinsichtlich ihres Wissenstandes und ihrer Arbeitseinstellung aufweisen. Für viele Jugendliche wäre es besser, wenn sie ein halbes Jahr bis zu ein-

einhalb Jahren bei uns auf die betriebliche Lehre vorbereitet werden würden. Hier lernen die Jugendlichen alles, was sie wissen müssen. Dabei käme es zu einem Aussieben, weil auch wir auf Pünktlichkeit und Verlässlichkeit großen Wert legen. Die Firmen hätten dann keine großen Scherereien mehr mit den Lehrlingen und sie könnten auf diese Weise wenigstens die harten Bestimmungen des ersten Lehrjahres umgehen."

Diesen zweiten Punkt führt auch ein anderer Ausbildner ins Treffen, wenn er sagt: „*Viele Betriebe wollen die Lehrlinge im ersten Jahr gar nicht nehmen. Es gibt nicht wenige Lehrlinge, die den Firmen mit ihrem Verhalten Probleme bereiten, sie sind unpünktlich und bringen keine Arbeitsleistung. Bei uns fallen diese Lehrlinge raus, die anderen, die Willigen, können wir gut auf den Beruf vorbereiten.*"

In Zeiten, in denen auf Firmentreue kein so großer Wert mehr wie früher gelegt wird, nimmt auch die Bereitschaft vieler Betriebe ab, Lehrlinge, die womöglich noch dazu Schwierigkeiten machen, zu beschäftigen. Einige Ausbildnerinnen und Ausbildner meinen, dass durch ihre Arbeit in den ÜBAs Firmen noch mehr aus der Pflicht genommen werden, selbst Lehrlinge auszubilden. Sie beklagen sich zum Teil darüber, dass die Allgemeinheit die Kosten für die berufliche Ausbildung junger Menschen zahlt und die Firmen über verschiedene Auswahlverfahren nur mehr die besten Fachkräfte aufnehmen. Andere Ausbildungspersonen meinen, dass diese Strategie vieler Betriebe durchaus nachvollziehbar und ein kaum zu bremsender Trend sei.

Die ÜBAs sind wichtig und sinnvoll. Würde es dieses Angebot nicht geben, wären vor allem Jugendliche mit schlechten Ausgangspositionen am Arbeitsmarkt benachteiligt. Jugendliche, die es schaffen, über die ÜBA eine Lehre in einem Betrieb fortzusetzen, erhalten in diesen Einrichtungen eine wichtige Unterstützung. Selbst wenn sie nicht übernommen werden, qualifizieren sie sich auf diese Weise, sie gewöhnen sich an den Arbeitsrhythmus und machen sich die notwendigen Verhaltensweisen für ein Beschäftigungsverhältnis zu eigen. Mit einer Berufsausbildung haben sie als Gesellinnen und Gesellen eine höhere Qualifikation und es eröffnen sich ihnen mehr Beschäftigungsmöglichkeiten. Dies bestätigt auch eine Ausbildnerin, wenn sie sagt: „*Ich treffe regelmäßig ein paar junge Leute, die bei mir die Ausbildung gemacht haben. Dann frage ich immer, wie es den anderen geht. Alle haben durch ihre Lehrabschlussprüfung einen Job, den sie sonst sicher nicht bekommen hätten. Zwei sind zum Beispiel Straßenbahnfahrer, einer ist Briefträger. Das sind Berufe, die sie zwar nicht gelernt haben, aber es sind Jobs, für die man eine abgeschlossene Ausbildung vorweisen muss.“*

Mit einem Lehrbrief erhöhen sich die Chancen am Arbeitsmarkt.

Zusammenfassend lässt sich sagen: Die ÜBAs in Wien setzen auf drei Schwerpunkte:

1. Sie bilden Lehrlinge fachlich gut in Praxis und Theorie aus,
2. sie arbeiten daran, den Jugendlichen die notwendigen Tugenden, die ein Beschäftigungsverhältnis verlangt, beizubringen, und
3. sie versuchen den Lehrlingen möglichst viele Praktika zu vermitteln, um ihre Chancen einer Übernahme in einen Lehrbetrieb zu erhöhen.

Zu 1) Individuelle Förderung und Ausbildung in Theorie und Praxis: Die fachliche Ausbildung bezieht sich sowohl auf die Praxis als auch auf die Theorie. In meist modern eingerichteten Werkstätten wird versucht, den Lehrlingen alle relevanten Arbeitsschritte und Techniken beizubringen. Zunächst wird dabei auf die Genauigkeit geachtet, später auch auf die Schnelligkeit. Lehrlinge, die mehr Hilfe und Unterstützung brauchen als andere, wird sie gezielt gegeben.

Parallel dazu gibt es regelmäßig Theoriestunden. Dabei wird der Lehrstoff der jeweiligen Berufsschule mit den Lehrlingen vorbereitet, geübt und wiederholt. Diese konsequente Förderung, die in enger Zusammenarbeit mit den Berufsschulen erfolgt, führte dazu, dass Lehrlinge aus ÜBAs bei Lehrlingswettbewerben mittlerweile oft besser abschneiden als Lehrlinge aus Betrieben.

Wichtig ist in diesem Zusammenhang die Beibehaltung einzelner Berufsschultage. Nur so können die Lehrlinge von ÜBAs bestmöglich unterstützt werden. Leider wird jedoch von Berufsschulen auch Blockunterricht angeboten, der vor allem für die Lehrlinge aus ÜBAs, von denen viele einen schulischen Nachholbedarf haben, ungünstig ist.

Zu 2) Schulung des Sozialverhaltens:
Ebenso wichtig wie das fachliche Wissen ist die Schulung eines erwünschten Sozialverhaltens. Lehrlingen in den ÜBAs werden wichtige Tugenden wie Pünktlichkeit, Verlässlichkeit, Sauberkeit, Engagement und vor allem auch ein respektvoller Umgang vermittelt. Viele Lehrlinge reagieren auf kleinere und größere Konflikte unangebracht, wodurch sie ihre Beschäftigungsverhältnisse gefährden. Die geschulten Schulungskräfte versuchen das Verhalten der Jugendlichen in sozial verträglichere Bahnen zu lenken.

Zu 3) Viele Praktika:
Lehrlinge, die ihre Ausbildung überbetrieblich absolvieren, werden vom ersten Lehrjahr an für Praktika in Firmen geschickt. Dabei machen sie viele gute, aber auch schlechte Erfahrungen. Zu den schlechten Erfahrungen zählen, dass sich Lehrlinge als billige Arbeitskräfte ausgenutzt fühlen, einseitige und körperlich schwere Arbeit verrichten müssen oder Aufgaben zugeteilt bekommen, die mit ihrer beruflichen Ausbildung nichts zu tun haben.

Die Praxis in den Firmen bietet aber auch die Möglichkeit, ihre Fähigkeiten unter Beweis zu stellen. Viele bewähren sich dabei und werden eingeladen, ihre Lehre im Betrieb fortzusetzen. Diese Einladungen werden meist gerne angenommen, sie werden als sozialer Aufstieg gewertet.

Die überbetriebliche Lehre gilt unter Lehrlingen als eine Ausbildung „zweiter Klasse“. Zu diesem Ruf tragen zum einen Teil die Lehrlinge selbst bei, die es in den Betrieben nicht immer schaffen, die in sie gesetzten Erwartungen zu erfüllen, und zum zweiten Teil wird die niedrigere Entlohnung dafür verantwortlich gemacht. Von den Lehrlingen wird vor allem kritisiert, dass sich das erste und zweite Lehrjahr finanziell nicht voneinander unterscheiden, erst im dritten Lehrjahr erhöht sich für sie das Einkommen. Diese Regelung steht im Widerspruch zur Lehrlingsentschädigung in den einzelnen Branchen, die für jedes Lehrjahr eine Erhöhung des Einkommens vorsieht und zum Teil über 1.000 Euro liegt, während die Lehrlinge einer ÜBA im dritten Lehrjahr maximal knapp 700 Euro erhalten.

Über die Praktika erhöhen sich die Chancen vieler Lehrlinge, in einen Lehrbetrieb zu wechseln. Damit verbessert sich nicht nur ihre Einkommenssituation, sondern auch ihr sozialer Status. Dieses Ziel kann eher erreicht werden, wenn die Lehrlinge in einer ÜBA gut betreut und begleitet werden. Je kleiner die Gruppengröße, desto besser gelingt es den Ausbildungspersonen, die individuell unterschiedlichen Mängel von Lehrlingen zu beheben und ihnen ein berufliches Fortkommen zu ermöglichen.

Der Wechsel in einen Lehrbetrieb wird schwierig, wenn die verschiedenen Probleme von Lehrlingen in einer ÜBA nicht bearbeitet werden können. Ein wichtiger Faktor, warum Lehrlinge auch über diesen Weg keinen betrieblichen Lehrplatz finden, ist jedoch ein allgemeiner Lehrplatzmangel. Aus Sicht der interviewten Ausbildner/Ausbildnerinnen in ÜBAs hat die abnehmende Bereitschaft von Betrieben, Lehrlinge auszubilden, auch mit Ausbildungsvorschriften und sozial unangepasstem Verhalten von Lehrlingen zu tun.

Aus diesen Gründen funktioniert der Wechsel von einer ÜBA in einen Lehrbetrieb nicht immer so, wie sich die Jugendlichen das wünschen würden. Wenn Lehrlinge trotz aller Enttäuschungen weiterhin an der Ausbildung festhalten, haben sie dennoch gute Chancen, die Lehrabschlussprüfung zu schaffen. Eine erfolgreich abgeschlossene überbetriebliche Lehre ist besser als keine nachweisbare berufliche Ausbildung. In der Praxis zeigt sich, dass sich für Jugendliche mit einem Lehrbrief die Chancen am Arbeitsmarkt erhöhen und eine abgeschlossene Berufsausbildung eine wichtige Basis für eine erfolgreiche Berufskarriere darstellt.

Die meisten Jugendlichen sind jedoch bereit, die vom AMS angebotene Möglichkeit einer überbetrieblichen Berufsausbildung zu nutzen. Ein Jugendlicher drückt das stellvertretend für viele so aus:

Magomet (18): *„Seit meinem zwölften Lebensjahr möchte ich Maurer werden. Bei der Lehrstellensuche hatte ich keinen Erfolg. Zum Glück habe ich über das AMS die Möglichkeit, diesen Beruf zu lernen. Hier in der ÜBA gefällt es mir sehr gut, ich lerne den Beruf in der größten Firma mit den meisten Lehrlingen der Stadt."*

Dieser Jugendliche hat in der ÜBA die Chance, seinen Wunschberuf zu lernen. Eine betriebliche Ausbildung ist ihm bislang nicht möglich gewesen, dementsprechend positiv ist er gegenüber seinem Arbeitgeber eingestellt.

7.2 Überbetriebliche Ausbildung in Vorarlberg

Die ÜBA in Vorarlberg unterscheidet sich kaum von der in Wien. Hier wie dort steht die Förderung und Unterstützung der Lehrlinge, von denen die meisten einen Migrationshintergrund haben, im Mittelpunkt. Der Schwerpunkt liegt auch in Vorarlberg vor allem

- in der praktischen und theoretischen Schulung,
- im Einfordern eines gewünschten Sozialverhaltens und
- in einer gezielten Vermittlung von Praktika an besonders fähige Lehrlinge.

Der größte Unterschied liegt demnach darin, dass in Vorarlberg bei der Vermittlung von Praktikumsstellen sparsamer bzw. gezielter umgegangen wird als in Wien. Mehr als in Wien wird allerdings auch auf eine möglichst betriebsähnliche Arbeitskultur geachtet. Ansonsten sind die Herausforderungen ziemlich ähnlich, wie die folgenden Analyseergebnisse zeigen.

7.2.1 Praktische und theoretische Schulung

Ein Ausbildner erklärt, wie die Ausbildung im ÜAZ (Überbetriebliches Ausbildungszentrum) für Metallbearbeitung funktioniert: *„Wir machen das so: Im ersten Lehrjahr lernen die Jugendlichen Basiskenntnisse der Metallbearbeitung. Ab dem zweiten Lehrjahr wechseln sie dann in die Produktion. Im ersten Lehrjahr lernen sie die Grundlagen, Feilen, Sägen, Bohren, konventionell Drehen, konventionell Fräsen. Mit dem Wechsel in das zweite Lehrjahr kommen sie in die Abteilung Montage, Schweißerei, Zuschnitt, Werkzeugausgabe, Schleifen, CC-Drehen, CC-Fräsen, wobei in den beiden größten Abteilungen auch die Fertigungen durchgeführt werden.*

Wir sind darauf bedacht, dass wir Lehrlinge vermitteln, und arbeiten mit diversen Firmen zusammen. Wir vermitteln, je nach Bedarf der Firmen, ein Praktikum im Zeitrahmen von 14 Tagen, einen Monat oder auch mal länger. Im ersten Lehrjahr haben wir drei Lehrlinge vermittelt, im zweiten Lehrjahr sind es schon mehr, weil die leistungsmäßig weiter sind und mehr beim Praktikum zeigen können. Im dritten Lehrjahr geht es dann eher darum, dass die Jugendlichen nach der Lehre ein Jobangebot haben. Es handelt sich dabei immer um ausgewählte Lehrlinge."

Im ersten Lehrjahr werden die angehenden Metallfachkräfte demnach mit den Basiskompetenzen der Metallbearbeitung vertraut gemacht, danach arbeiten sie im ÜAZ in der Produktion. Lehrlinge, die sowohl fachlich als auch persönlich gefestigt sind, erhalten die Chance eines Praktikums mit der Option einer Übernahme in einem Lehrbetrieb bzw. sie werden nach erfolgreichem Lehrabschluss einer Firma empfohlen. Aus der Sicht der Lehrlinge stellt sich die Ausbildung im ÜAZ etwas differenzierter dar:

Es gibt Lehrlinge, die sich zur Ausbildung im ÜAZ sehr positiv äußern. Ein junger Mann mit türkischem Migrationshintergrund sagt: „*Diese Ausbildung ist gut, ich habe schon voll viel gelernt. Die Metallbearbeitung gefällt mir.*" Lehrlinge, die die Lerninhalte in der Berufsschule nicht gut beherrschen, werden im ÜAZ individuell gefördert, wer eine negative Note in der Schule hat, wird zusätzlich im ÜAZ geschult. Den betreffenden Lehrlingen ist das durchaus recht, einer sagt dazu: „*Hier wird mit uns auch schulisch gearbeitet. Ich habe einen Fünfer in Wirtschaftskunde und deshalb gibt es für mich jeden Mittwoch zwei Stunden Schulung.*"

Es gibt aber auch Lehrlinge, die ihre Ausbildung im ÜAZ kritisch bewerten. Eine häufig genannte Kritik bezieht sich auf das schmale Angebot von Praktika. Ein Lehrling im ÜAZ: „*Wenn eine Anfrage von draußen kommt, dann suchen die Ausbildner die Besten aus, sie wollen, dass der Wechsel in eine betriebliche Ausbildung klappt. Anfragen für ein Praktikum von draußen kommen aber nur selten vor.*"

Im ÜAZ wird ab dem zweiten Lehrjahr Produktionsarbeit im Auftrag von Fremdfirmen geleistet. Ein Lehrling dazu: „*Die Arbeit ist langweilig, die ganze Woche musst du auf Knöpfe drücken.*" Ähnlich äußert sich ein weiterer Jugendlicher: „*Wir machen hier immer das Gleiche. Wir lernen alles, was in der Theorie zu diesem Beruf gehört, aber in der Praxis drücken wir immer nur auf einen Knopf.*" Dass die Maschinen in den Werkstätten nicht mehr dem neuesten Stand der Technik entsprechen, wird ebenfalls kritisiert.

Aus den bisherigen Aussagen lässt sich das dahinterstehende Ausbildungskonzept erkennen. Ein wichtiges Ziel im ÜAZ ist es, die Lehrlinge an die Produktionsabläufe in den Firmen zu gewöhnen. Ein Ausbildner erklärt das Ausbildungskonzept mit folgenden Worten: *„Wir bereiten die Lehrlinge auf die freie Wirtschaft vor. Wir würden nichts erreichen, wenn wir die Jugendlichen hier in Watte hüllen und sie realitätsfern ausbilden. Wir arbeiten mit Betrieben zusammen und versuchen das so real wie möglich zu gestalten."* Schaffen es die jungen Leute, die mit diesem Konzept verbundenen Vorgaben zu erfüllen, sind sie gut für die Arbeit in der freien Wirtschaft vorbereitet.

7.2.2 Einfordern eines gewünschten Sozialverhaltens

Das Ziel eines Lehrabschlusses ist vielen Jugendlichen sehr wichtig. Eine Berufskarriere ohne Ausbildung ist für die meisten von ihnen nicht gut vorstellbar, was deutlich in den folgenden Worten eines Lehrlings zum Ausdruck kommt: *„Ich kenne Kollegen, die keinen Abschluss haben und keinen Job finden. Die haben keine Chance. Ich bin froh, dass ich diese Lehre machen kann. Eine Ausbildung zu haben ist wichtig, mit einer Hilfsarbeit gibt es keine Sicherheit und in der Firma ist man das Letzte. Man hat nur Geld, aber man ist im Arsch, man ist Hilfshackler und wird nicht als Mensch behandelt. Den können schon junge Kollegen herumkommandieren, das ist demütigend. Meinem Nachbarn ist das passiert, er ist 54 Jahre alt und ein 20-jähriger Geselle schaffte ihm eine Arbeit an. Das ist scheiße. Was denkt er, wer er ist? Mein Nachbar hat mehr Erfahrung, aber die nützt ihm nichts, weil er keine Ausbildung gemacht hat."*

Lehrlinge des ÜAZ kennen aus ihrer unmittelbaren sozialen Umgebung viele Beispiele, die zeigen, welchen Unterschied es macht, einen Berufsabschluss zu haben oder nicht, und streben deshalb einen erfolgreichen Lehrabschluss an. Dabei betrachten viele Lehrlinge die überbetriebliche Ausbildung durchaus kritisch. So klagen sie darüber, dass sie während der Arbeit nicht in ihrer Muttersprache kommunizieren dürfen, und bei Gesprächen mit ihren Ausbildungspersonen werden sie, was vielen peinlich ist, wiederholt sprachlich korrigiert. Wenn sie drei Mal auf das Abstempeln vergessen oder nicht pünktlich auf ihrem Arbeitsplatz sind, gibt es eine Verwarnung.

Schaffen es Lehrlinge, innerhalb eines Quartals keinen Tag zu fehlen und haben sie gute Noten in der Berufsschule, werden sie mit einem zusätzlichen Urlaubstag belohnt. Zeitgutschriften gibt es für die Bereitschaft für Überstunden. Als besonderes „Zuckerl" gilt auch das Praktikum, das ebenfalls nur ausgewählten Lehrlingen angeboten wird. Ein Ausbildner dazu: „*Wir schicken nur Lehrlinge zum Praktikum, wo wir sagen, der kommt nicht zu spät, hat gute Noten, macht etwas, ist kaum mal krank. Die anderen Lehrlinge müssen wir dahin bringen, dass sie die normalen Regeln, wie sie in Firmen vorausgesetzt werden, lernen, und erst dann können wir darüber sprechen, ihnen ein Praktikum zu vermitteln. Pünktlichkeit, Verlässlichkeit, Selbstständigkeit, die ganz normalen Tugenden, die man von einem Mitarbeiter in einem Betrieb erwartet, werden von den Jugendlichen verlangt.*"

Was die Ausbildungspersonen als wichtige Aufgabe sehen, wird von manchen Lehrlingen als störend empfunden. Da jedoch eine unqualifizierte Arbeit für die meisten von ihnen keine Alternative ist, akzeptieren sie letztlich dieses Ausbildungskonzept und nehmen sich vor, ihre Lehre erfolgreich abzuschließen. Immer wieder weisen die Jugendlichen auch darauf hin, dass ein erfolgreicher Lehrabschluss auch im Sinne ihrer Eltern ist. Dass die meisten Lehrlinge die Erwartungshaltungen ihrer Eltern nicht enttäuschen wollen und mit den Regeln im ÜAZ leben können, zeigt sich an der geringen Fluktuation. Ein Ausbildner dazu: „*Wir haben letztes Jahr 37 im ersten Lehrjahr aufgenommen, davon sind drei ausgeschieden und zwei oder drei werden in der freien Wirtschaft eine Lehrstelle finden. Somit wechseln ungefähr 30 Leute ins zweite Lehrjahr, das ist eigentlich relativ wenig Fluktuation.*"

Die geringe Fluktuation zwischen dem ersten und zweiten Lehrjahr muss allerdings relativiert werden, denn die meisten Abgänge gibt es im zweiten Lehrjahr, wie Lehrlinge, die kurz vor Ende des zweiten Lehrjahres stehen, berichten: „*Viele von uns haben schon aufgehört. Wir waren am Anfang 35, jetzt sind wir noch 17. Die anderen haben den Hut draufgeschmissen.*"

Die Lehrlinge nennen für die Reduktion ihrer Gruppengröße, in die allerdings auch Kolleginnen und Kollegen hinzugerechnet werden müssen, die während der überbetrieblichen Ausbildung eine Lehrstelle gefunden haben, folgende Ursachen: „*Bei uns gibt es leider Regeln wie im Kindergarten. Wir sind durch unsere Eltern alle türkischstämmig, es kommt vor, dass wir aus Versehen türkisch reden. Wenn wir das machen, müssen wir eine halbe Stunde länger bleiben. Wir hatten jetzt den Lehrlingswettbewerb und da wurden wieder Regeln aufgehängt, du musst das machen, das machen. Da bin ich mir vorgekommen, als ob man hier im Gefängnis ist. Wenn man in der Zehn-Uhr-Pause zehn Sekunden zu spät kommt, oder wenn man nicht nach dem Klingeln sofort in der Abteilung vor der Maschine steht, wird die Drei-Uhr-Pause gestrichen. Es gibt viele kindische Sachen. Wenn ich was frage, und der Satz ist nicht perfekt, dann antwortet der Ausbildner nicht, weil er sagt, das ist nicht Deutsch."*

Auch diese Aussagen müssen relativiert werden. Ein ehemaliger Lehrling des ÜAZ, der inzwischen in einen Lehrbetrieb gewechselt ist, meint dazu: *„Ich sehe ein, dass die Motivation verloren geht, wenn die Pause gestrichen wird und wenn man den Gang aufs Klo vorher anmelden muss, aber das ist auch in den Betrieben so üblich. Dort darf man auch nicht zu spät kommen oder einfach auf der Toilette verschwinden."*

Ein weiterer Lehrling, der über das ÜAZ einen Lehrbetrieb gefunden hat, sieht die hinter ihm liegende Ausbildung ebenfalls positiv: *„Ich bin vom ÜAZ weg, ich habe es jetzt gut. Wenn man sich im ÜAZ die Regeln angewöhnt, tut man sich beim Wechsel viel leichter. Im ÜAZ wird streng geschaut, ob die Benimmregeln eingehalten werden, das bringt schon was. Ich habe keinen Krankenstand, ich hatte noch nie einen. Aus meiner Erfahrung ist es auch kein Problem, ein Praktikum zu machen, die Ausbildner kommen sogar mit, um alles mit der Firma zu besprechen und einen guten Eindruck zu vermitteln. Unzufrieden reagieren die Ausbildner aber, wenn man die Probezeit nicht übersteht und wieder in das ÜAZ zurückgeschickt wird.*

Einen großen Unterschied macht die Praxis aus. Ich habe im neuen Betrieb in zwei Monaten mehr gelernt als im ÜAZ in zwei Jahren. Im ÜAZ lernt man, wie man die Maschinen bedient, aber das Problem ist, wir machen immer dasselbe. Ich kann jetzt bereits zehn verschiedene Maschinen bedienen. Das habe ich im ÜAZ nicht gelernt, weil es dort nicht so viele verschiedene Maschinen gibt."

7.2.3 Motivationsprobleme

Die Motivation der Jugendlichen lässt mitunter im Laufe der Zeit nach, was mit persönlichen, aber auch strukturellen Problemen zusammenhängt. Dazu gehören aus der Sicht von Lehrlingen:

1. eine unsichere Zukunftsperspektive und
2. ein angekratztes Image der ÜAZ-Ausbildung

Zur Zukunftsperspektive und zum Image sagen einige Lehrlinge: *„Wir lernen hier die Metallbearbeitung, das ist die niedrigste Stufe innerhalb der Metallberufe. Mit dieser Ausbildung ist es keine ausgemachte Sache, einen Job zu finden, es bedarf zusätzlich noch einiger Kurse. Wenn wir sagen, wir arbeiten im ÜAZ, dann hören wir oft Negatives. Da würden nur Jugendliche arbeiten, die nicht so gebildet sind und einen Migrationshintergrund haben.“*

Der Ruf des ÜAZ ist, wie die Jugendlichen oft aus Reaktionen in Gesprächen erfahren müssen, nicht gut. Gleichzeitig ist ihnen klar, dass die meisten es ohne dieses Unterstützungsangebot nicht schaffen würden, einen erfolgreichen Lehrabschluss zu erreichen. In den Gesprächen wird darauf verwiesen, dass einige Lehrlinge, die das ÜAZ erfolgreich abgeschlossen haben, viele Monate auf Arbeitssuche sind. Von anderen Lehrlingen wird erzählt, dass sie durch ein paar zusätzliche Kurse gute Voraussetzungen für eine spezialisierte Arbeit in Betrieben haben. Ein Lehrling dazu: *„Nach dieser Lehre kann man Kurse für CC-Fräser machen und sich später weiter spezialisieren.“* Insgesamt steigen auch in Vorarlberg die Chancen für eine gute Berufskarriere, wenn das ÜAZ erfolgreich abgeschlossen wird. Ein Rest Unsicherheit bleibt, wie sich das aus der folgenden Wortmeldung eines Lehrlings, der ein halbes Jahr vor dem Lehrabschluss steht, ablesen lässt: *„Jetzt habe ich schon das Zittern. Ich kenne einen Kollegen, der immer noch keine Arbeit gefunden hat, obwohl er diese Ausbildung letzten September abgeschlossen hat. Ich habe angefangen mich zu bewerben und leider schon eine Absage bekommen. In meiner Bewerbung stehen mein Deutschzeugnis, der Hauptschulabschluss und der Lehrbrief, mehr ist da nicht drinnen. Ich würde gerne in einer kleinen Schlosserei arbeiten.“*

Ein anderer Lehrling, der das ÜAZ kurze Zeit kennenlernen konnte und jetzt in einem Betrieb die Lehre weitermacht, meint:

„Wenn im Lehrbrief ÜAZ-Abschluss steht, dann denken sich die Firmen: Der kann das nicht gut, der ist nicht gut ausgebildet. Ich kenne einen, der im ÜAZ die Lehre gemacht hat. Er hatte viele Schwierigkeiten, bis er einen Arbeitsplatz gefunden hat. Er hat im WIFI einige Kurse gemacht und hat jetzt in der Schweiz einen guten Job gefunden. Nach der ÜAZ-Ausbildung einen WIFI-Kurs zu machen ist fast Pflicht."

Ein weiterer sehr wichtiger Punkt, der dem Image schadet und der es den Lehrlingen alles andere als leicht macht, das Ausbildungsziel nicht aus den Augen zu verlieren, betrifft das Einkommen. Dabei haben sie jedoch nicht Schülerinnen und Schüler in weiterführenden Schulen im Blick, sondern Jugendliche mit betrieblicher Lehrstelle. Lehrlinge des ÜAZ sagen dazu: *„Alle wollen gerne in einen Betrieb wechseln. Das Geld ist einer der Hauptgründe für diesen Wunsch. Wir bekommen 290 Euro, aber das reicht für keinen von uns. Wir arbeiten brutal viel für wenig Geld. Das Einkommen ist so niedrig, dass es sich nicht rentiert zu sparen. Im dritten Lehrjahr kriegen wir das, was die Kollegen im Betrieb im zweiten Lehrjahr bekommen, im dritten Jahr sind es im Betrieb schon 900 Euro. Da beträgt der Unterschied zu uns 300 Euro. Einige Firmen zahlen noch mehr. Es gibt zusätzlich eine Schmutzzulage, eine Nichtraucherprämie und wenn man mit dem Fahrrad in die Arbeit fährt, bekommt man auch etwas."*

Die Frage des Einkommens wird wiederholt problematisiert, etwa mit folgenden Worten: *„Besser wäre es, wenn wir im zweiten Lehrjahr, wie in den Betrieben üblich, mehr Geld bekommen würden. Es ist schlecht für die Motivation, wenn man im zweiten Lehrjahr gleich viel Geld wie im ersten bekommt. Das ist optisch und logisch nicht gut, es steigen auch die Ausgaben. Meine Kontaktlinsen kosten 600 Euro. Ich kann das nicht alleine zahlen, ich muss wieder zu den Eltern gehen. Ich kann mir auch meine Zahnspange nicht leisten, diese kostet 4.600 Euro, der Führerschein kommt auf 1.300 Euro. Es ist ein scheiß Gefühl, wenn du wegen des Geldes immer fragen musst. Du kannst nicht jedes Mal zu den Eltern gehen. Sie sagen: Du schaffst, musst selbst mit dem Geld auskommen.*

Ich habe einen Freund, er hat uns auf seine Geburtstagsparty eingeladen. Ich wollte ihm Geld geben, aber er hat gesagt: Es ist meine Party, ich zahle das selbst. Ich wünschte, ich könnte das auch von mir sagen. Andere zu meiner Geburtstagsparty einzuladen, kann ich mir nicht leisten. Eine

Alternative wäre, wenn es gelingen könnte, nach dem ersten Lehrjahr in eine betriebliche Ausbildung zu wechseln.“

Das geringe Einkommen wird in der überbetrieblichen Lehrausbildung als besonders großes Problem gesehen, was sich auch in der folgenden Wortmeldung zeigt: *„Man hat schon Motivation zum Arbeiten, aber dann kommt das Wochenende und da siehst, du hast kein Geld, und das ist schlecht für die Motivation. Wir arbeiten die ganze Woche und haben kein Geld, das wiederholt sich Woche für Woche. Dazu kommt noch etwas: Wenn wir die Schutzbrille kaputt machen, müssen wir für sieben Euro eine neue kaufen. Ein Messschieber kostet 25 Euro. Der Stundenlohn liegt aber nur bei zwei Euro. Wenn die Latzhose schmutzig ist, müssen wir eine Hose mieten.“*

Das Geld ist knapp, wie diese Ausführungen deutlich zeigen. Vor allem dass es keine Erhöhung nach dem ersten Lehrjahr gibt, wird von den Jugendlichen stark kritisiert. Wenn sie noch zusätzlich Geld für kaputtes oder verlorengegangenes Werkzeug oder wegen verschmutzter Kleidungsstücke aufwenden müssen, sehen sich die Lehrlinge besonders benachteiligt. Diese pädagogischen Maßnahmen sind wiederum aus der Erfahrung des Schulungspersonals notwendig, damit die Jugendlichen lernen, auf ihr Werkzeug und die Arbeitskleidung aufzupassen.

Ein ehemaliger Lehrling vom ÜAZ, der jetzt eine betriebliche Ausbildung macht, ist über seine Lehrlingsentschädigung sehr erfreut, er sagt: *„Die Bezahlung im ÜAZ ist natürlich ein Problem. Im ersten Jahr ist der Betrag von knapp 300 Euro noch okay, aber im zweiten Jahr braucht man mehr und ein 13. und 14. Gehalt wären auch gut.“*

Die Ausbildungspersonen sind mit den Klagen der Lehrlinge, die das niedrige Einkommen betreffen, vertraut, ein Ausbildner hat dazu folgende Meinung: *„Geld ist ein wichtiger Beweggrund. Viele Jugendliche sagen, dass es ihnen schwer fällt, mit 300 Euro auszukommen. Ich sag dann immer, aber was kriegt ihr alles für dieses Geld geboten? Es gibt, wenn es familiäre oder soziale Probleme gibt, zwei Sozialpädagogen im Haus, sie sind Ansprechpartner, die euch in sämtlichen Lebenslagen unterstützen oder Unterstützung vermitteln können.*

Ich bin zuständig für das schulische Fortkommen. Jeder Lehrling hat in der Woche zwei Stunden Anspruch auf Schulung, dabei wird er auf die

Schule vorbereitet, mathematische Grundlagen werden noch einmal verfestigt oder der Schulstoff im Voraus durchgearbeitet. Wenn dann während der Ausbildung Fragen zur schulischen Ausbildung kommen wie: Ich verstehe die Hausaufgaben nicht, oder: Können Sie mir das noch einmal erklären, das habe ich in der Schule nicht verstanden, dann bekommen sie diese Hilfe. Es werden Workshops zu verschiedenen Themen angeboten wie soziale Kompetenzen stärken, das Lernen zu lernen, Sprachkompetenz- und Bewerbungstraining finden statt. Das sind alles Angebote, die es in der freien Wirtschaft nicht gibt, das bietet nur das ÜAZ."

Die Lehrlinge haben nur bedingt Verständnis für diese Argumentation, vor allem die gleichbleibend niedrige Auszahlungssumme im zweiten Jahr können sie kaum akzeptieren. In diesem Zusammenhang finden sich nur wenige positive Aussagen. Eine davon stammt von einem Lehrling, der nach dem zweiten Lehrjahr in einem Betrieb in das ÜAZ wechseln musste, er erzählt: *„Ich verdiente schon knapp 600 Euro bei der Elektrotechnik, jetzt ist es die Hälfte, aber das Geld ist nicht so wichtig, eine Berufsausbildung ist wichtig."*

Interessant ist, dass Jugendliche, die zu Hause bei ihren Eltern wohnen, besonders große Geldprobleme haben. Äußerungen über ihren Lebensstil geben Einblicke, warum das so ist, sie erzählen: *„Das Geld reicht nur für ein Wochenende. Einmal im Monat gehen wir aus, die restlichen Wochenenden müssen wir zu Hause bleiben. Wir sind Jugendliche, wir müssen ausgehen. Alles kostet Geld. Ich muss das Benzin für das Auto zahlen, die Freundin kostet Geld, es ist einfach zu wenig."*

Einige Jugendliche helfen sich, indem sie nach zusätzlichen Einkommensmöglichkeiten Ausschau halten und diese nutzen. Ein Jugendlicher erzählt: *„Ich spiele Fußball, ich bekomme 50 Euro pro Punkt, wenn wir verlieren, bekommen wir nichts. Wir spielen in der Vorarlbergliga. Ich habe auch als Kellner gearbeitet, hatte dann aber keine Zeit mehr."* Die meisten Lehrlinge arbeiten nicht zusätzlich, sie brauchen das Wochenende zur Erholung.

Trotz ihrer Klagen über den geringen Verdienst im ÜAZ im Vergleich zur betrieblichen Lehre erkennen die meisten Jugendlichen, dass sie diese Möglichkeit einer Berufsausbildung nützen müssen, da ihnen klar ist: *„Hilfsarbeit hat keine Zukunft"*.

Zusammenfassend lässt sich sagen: In Vorarlberg erfolgt der Schwerpunkt der überbetrieblichen Ausbildung vor allem in der

1. fachlichen Berufsausbildung,
2. im Einfordern eines gewünschten Sozialverhaltens und
3. im gezielten Vermitteln von Praktikumsstellen.

Zu 1) Fachliche Berufsausbildung:
Die Lehrlinge werden je nach beruflichen Erfordernissen im ersten Jahr mit den Basiskompetenzen vertraut gemacht, parallel dazu erfolgt eine schulische Begleitung und im Bedarfsfall individuelle Förderung, um den Erfolg in der Berufsschule sicherzustellen. Im zweiten und dritten Lehrjahr kommen im ÜAZ Fertigungstechniken hinzu. Das ÜAZ übernimmt von Partnerbetrieben Arbeitsaufträge. Diese werden von den Lehrlingen unter Anleitung des Schulungspersonals nach strengen Zeitvorgaben und Qualitätsmaßstäben durchgeführt.

Zu 2) Einfordern eines gewünschten Sozialverhaltens:
Im ÜAZ wird großer Wert auf eine möglichst realitätsnahe Ausbildung gelegt. Wie in den Betrieben müssen die Lehrlinge pünktlich am Arbeitsort erscheinen, die Arbeitszeiten und alle gesetzlich vorgeschriebenen Pausen werden wie sonst überall genau eingehalten. Es gibt strenge Verhaltensregeln. Selbst genaue Sprachregelungen gibt es, um die Verständigung in deutscher Sprache zu erleichtern. Eine ununterbrochene Anwesenheit wird mit zusätzlichen Urlaubstagen honoriert, eine Übertretung bzw. Missachtung der Regeln mit Pausenentzug und zusätzlichen Schulungseinheiten sanktioniert.

Nicht alle Lehrlinge schaffen es, sich diesem Regelwerk unterzuordnen, und brechen daher die Ausbildung vorzeitig ab, viele nehmen sie aber auch murrend in Kauf, weil sie ihre berufliche Ausbildung erfolgreich abschließen möchten.

Zu 3) Praktika als Bonus:
Lehrlinge, die sich im ÜAZ vorbildlich verhalten, bekommen vorzugsweise die Möglichkeit, ein Praktikum in einer Firma zu machen. Nicht selten gelingt dabei auch eine Übernahme. Lehrlinge, die in einen Lehrbetrieb wechseln, profitieren von der Ausbildung im ÜAZ, sie haben kaum Umstellungsprobleme.

Zwei Gründe werden von Lehrlingen für ein vorzeitiges Ausscheiden bzw. für Motivationsprobleme genannt:

1. eine unsichere Zukunftsperspektive und
2. ein schlechter Ruf des ÜAZ, der vor allem mit dem niedrigen Einkommen zusammenhängt.

Zu 1) Unsichere Zukunftsperspektive:
Einige Jugendliche kennen Absolventinnen und Absolventen des ÜAZ, die es nach der Ausbildung nicht leicht hatten, ein Beschäftigungsverhältnis zu begründen. Durch solche unter den ÜAZ-Lehrlingen kursierenden Erzählungen sind einige stark verunsichert. Insgesamt ist die Zukunftsperspektive der Jugendlichen nach einem erfolgreichen Abschluss der Ausbildung im ÜAZ aber viel besser als jene, die sich nach einem Lehrabbruch auftut. Mit zusätzlichen Kursen gelingt es den ÜAZ-Absolventinnen und -Absolventen immer wieder, gute Jobs in Vorarlberg, in der Schweiz oder in Liechtenstein zu finden.

Zu 2) Schlechtes Image:
Das niedrige Einkommen setzt Jugendliche, die von zu Hause keine große Unterstützung erwarten können, zum Teil massiv unter Druck. Viele Lehrlinge beklagen sich über die besondere Unlogik, das erste und zweite Lehrjahr gleich niedrig zu honorieren. Da sie im ÜAZ auch noch Produktionsarbeit wie in einer Firma leisten, fühlen sie sich in der Einkommensfrage gegenüber den Lehrlingen in den Betrieben besonders benachteiligt. Als Gegenargument wird angeführt, dass das ÜAZ im Vergleich zu Betrieben eine viel bessere Unterstützungsarbeit während der Lehrausbildung leistet. Diesem Argument können die meisten Lehrlinge nichts entgegensetzen außer dem Einwand, dass sie dennoch gerne mehr Geld in ihren Taschen hätten.

7.3 Daten und Fakten

Arbeitsmarktpolitische Maßnahmen haben in der Lehrlingsausbildung in den letzten 15 Jahren erheblich an Bedeutung zugenommen. 2013 wurden knapp acht Prozent der Lehrlinge überbetrieblich ausgebildet. Wie bereits in Kapitel 6.5.7 dargestellt, bestehen dabei große regionale Unterschiede. Während in Wien der ÜBA-Anteil bei 19 Prozent lag, betrug er in Vorarlberg nur zwei Prozent. (Vgl. Biffl, Skrivanek 2015, 63f/Tabelle 7) Für Informationen zum Migrationshintergrund der ÜBA-/IBA-Lehrlinge muss auf die Evaluierungen der letzten Jahre zurückgegriffen werden. In der Schulstatistik wird nicht zwischen Berufsschülerinnen bzw. -schülern in betrieblicher bzw. überbetrieblicher Lehre oder integrativer Berufsausbildung unterschieden.[23] In den Arbeitsmarktdaten werden überbetrieblich ausgebildete Lehrlinge als Schulungsteilnehmerinnen und -teilnehmer geführt. In den Evaluierungen wurden unterschiedliche Konzepte von Migrationshintergrund verwendet. (Vgl. Bergmann et al. 2011; Friedl-Schafferhans, Hausegger 2013; Heckl et al. 2008; Lenger et al. 2010) Generell lässt sich aber feststellen, dass Jugendliche mit Migrationshintergrund in überbetrieblichen und integrativen Lehrausbildungen erheblich überrepräsentiert sind.

Überbetriebliche Lehrplätze werden in Österreich im Rahmen der aktiven Arbeitsmarktpolitik seit 1998 angeboten. Sie gelten als Ergänzung zum rückläufigen betrieblichen Lehrstellenangebot. Ihr Ziel ist der „zeitnahe Übertritt in ein betriebliches Ausbildungsverhältnis". Das derzeitige Modell, die Überbetriebliche Lehrausbildung (ÜBA), wurde im Ausbildungsjahr 2008/09 implementiert und löste die Lehrgänge gemäß Jugendausbildungssicherungsgesetz (JASG) ab. Eine im Rahmen der ÜBA absolvierte Lehre ist einer betrieblichen Lehrstelle gleichgestellt und schließt ebenfalls mit der Lehrabschlussprüfung ab. (Vgl. BMASK 2013, 32, Friedl-Schafferhans, Hausegger 2013, 29)

Die ÜBA wird in Österreich mit zwei Typen umgesetzt.

- In der ÜBA 1 erhalten die Jugendlichen einen Ausbildungsvertrag über die gesamte Lehrzeit. Die Ausbildung erfolgt in einer Ausbildungseinrichtung bzw. in einer Ausbildungseinrichtung in Kooperation mit einer betrieblichen Lehrwerkstätte.
- In der ÜBA 2 ist der Ausbildungsvertrag kürzer als die gesamte Lehrzeit. Sie wird in einer Ausbildungseinrichtung in Kooperation mit Praxisbetrieben durchgeführt.

---

23) E-Mail-Auskunft von Statistik Austria, 14. Oktober 2013.

Analog zur betrieblichen Lehre gliedert sich die ÜBA in einen schulischen und fachpraktischen Teil. Der schulische erfolgt durch den Besuch der Berufsschule, der fachpraktische in den Ausbildungseinrichtungen (ÜBA 1) bzw. Praxisbetrieben (ÜBA 2). Zusätzlich gibt es in der ÜBA „ausbildungsbegleitende Maßnahmen", die von der Trägerorganisation erbracht werden und sozialpädagogische Betreuung und gezielten Förderunterricht umfassen. Vor dem Eintritt in eine ÜBA absolvieren die Jugendlichen Vorschaltmaßnahmen zur Abklärung von Interessen und Neigungen, Überprüfung der Eignung und Erarbeitung der Ausbildungsperspektiven. (Vgl. Bergmann et al. 2011, 8ff., Friedl-Schafferhans, Hausegger 2013, 29)

- In den ÜBA-Jahrgängen 2008 bis 2010 hatten im Österreich-Schnitt von den Teilnehmerinnen und Teilnehmern des ÜBA-1-Modells 49 Prozent einen Migrationshintergrund.[24]
- 19 Prozent der Teilnehmerinnen und Teilnehmer waren türkischstämmig, 20 Prozent stammten aus Ländern des früheren Jugoslawien ab und zehn Prozent stammten aus anderen Ländern ab.
- Umgerechnet auf die Gruppe der ÜBA-Lehrlinge mit Migrationshintergrund waren somit jeweils ca. 40 Prozent aus Nachfolgestaaten Jugoslawiens und der Türkei sowie 20 Prozent aus anderen Ländern.
- Beim ÜBA-2-Modell, das in diesem Zeitraum in Wien noch nicht angeboten wurde, hatten 27 Prozent einen Migrationshintergrund. Elf Prozent der Teilnehmerinnen und Teilnehmer stammten aus der Türkei, neun Prozent aus Ländern des früheren Jugoslawien und sieben Prozent aus anderen Ländern ab. (Vgl. Bergmann et al. 2011, 35)
- Von den im Februar 2011 in Wien in eine ÜBA eingetretenen 770 Jugendlichen hatten 70 Prozent einen Migrationshintergrund gemäß Definition der Arbeitsmarktstatistik.
- Zwischen der ÜBA 1 und ÜBA 2 wurden keine Unterschiede festgestellt. 55 Prozent hatten eine ausländische Staatsbürgerschaft

24) Definition der Arbeitsmarktstatistik, d. h. ausländische Staatsbürgerschaft oder Einbürgerung (Mig1) oder Mitversicherungszeiten bei jemandem mit „Mig1".

oder waren eingebürgert worden, 15 Prozent waren bei jemandem mitversichert gewesen, der ausländische Staatsbürgerschaft besaß oder eingebürgert worden war. (Friedl-Schafferhans, Hausegger, 30f., 47)

Bei der Evaluierung der Jahrgänge 2008 bis 2010 wurde in der regionalen Darstellung nicht zwischen den ÜBA- und IBA-Lehrlingen differenziert. In der zusammengefassten Darstellung hatte Wien mit 61 Prozent den höchsten Anteil von Teilnehmerinnen und Teilnehmern mit Migrationshintergrund, das Burgenland mit 16 Prozent hingegen den niedrigsten. Kärnten und die Steiermark hatten ähnlich niedrige Anteile. In Niederösterreich hatte ein Viertel der Teilnehmerinnen und Teilnehmer einen Migrationshintergrund. In Salzburg, Oberösterreich und Tirol lagen die Anteile bei mehr als einem Drittel. In Vorarlberg hatte die Hälfte der Teilnehmerinnen und Teilnehmer einen Migrationshintergrund. In den westlichen Bundesländern Vorarlberg und Tirol, aber auch in Niederösterreich sind türkischstämmige Jugendliche anteilsmäßig die größte Gruppe in der ÜBA/IBA. In den anderen Bundesländern, außer Wien, sind Jugendliche aus dem ehemaligen Jugoslawien die größere Gruppe. In Wien sind beide Gruppen gleich bedeutend, je 26 Prozent der Teilnehmerinnen und Teilnehmer stammten aus der Türkei oder einem Nachfolgestaat des ehemaligen Jugoslawien ab. (Vgl. Biffl, Skrivanek 2015, 32/Abbildung 7)

Türkischstämmige Jugendliche sind demnach besonders stark in einer ÜBA vertreten, während Jugendliche aus den Nachfolgestaaten Jugoslawiens vergleichsweise häufiger eine betriebliche Lehrstelle finden.

7.3.1 Integrative Berufsausbildung (IBA)

Die Integrative Berufsausbildung (IBA) wurde Ende des Jahres 2003 mit einer Ergänzung im Berufsausbildungsgesetz eingeführt und richtet sich an benachteiligte Jugendliche zur Erlangung eines Berufsabschlusses. Sie löste die „Vorlehre" ab. Die IBA bietet die Möglichkeit, eine Lehre mit verlängerter Lehrzeitdauer oder eine Teilqualifizierung zu absolvieren. Die gesetzliche Lehrzeitdauer kann um ein, in Ausnahmefällen bis zwei Jahre verlängert werden. Eine Teilqualifizierung dauert ein bis drei Jahre und umfasst bestimmte Teile eines Berufsbildes eines Lehrberufes, eventuell ergänzt um Berufsbilder aus anderen Lehrberufen. Zielgruppe der IBA sind Personen, denen vom AMS keine reguläre Lehrstelle vermittelt werden konnte und die

- am Ende der Pflichtschulzeit einen Sonderpädagogischen Förderbedarf (SPF) hatten oder zumindest teilweise nach dem Sonderschullehrplan unterrichtet wurden,
- keinen oder einen negativen Hauptschulabschluss haben,
- eine Behinderung im Sinne des Behinderteneinstellungsgesetzes haben bzw. des jeweiligen Landesbehindertengesetzes,
- aufgrund persönlicher Vermittlungshemmnisse in absehbarer Zeit keine reguläre Lehrstelle finden.

Des Weiteren muss das AMS bestätigen, dass keine reguläre Lehrstellenvermittlung möglich ist und es muss die Betreuung durch einen Berufsausbildungsassistenten/eine Berufsausbildungsassistentin gewährleistet sein. Wenn die IBA durch das AMS gefördert wird, ist ein Berufsorientierungscoaching üblich. Erfolgt die Förderung durch das Bundessozialamt, ist ein Clearingprozess vorgesehen. Eine verlängerte Ausbildung im Rahmen der IBA endet mit der Lehrabschlussprüfung und ist somit einer „regulären" Lehrausbildung gleichgestellt. Die Teilqualifizierung kann mit einer Abschlussprüfung über die im Ausbildungsvertrag festgelegten Inhalte und Ziele abgelegt werden. Das Abschlussprüfungszeugnis wird von der Lehrlingsstelle ausgestellt. (Vgl. Heckl et al. 2008, 21–23)

Regional ist ihr Stellenwert unterschiedlich. Die höchsten Anteile an IBA-Lehrlingen haben Wien, das Burgenland und die Steiermark. Die niedrigsten Anteile verzeichnen Salzburg und Niederösterreich. In Wien, im Burgenland und auch in der Steiermark hat somit nicht nur die ÜBA, sondern auch die IBA einen (relativ) wichtigen Stellenwert. In Salzburg haben beide Maßnahmen vergleichsweise wenig Anteile. In Niederösterreich hat die IBA eine relativ geringe Verbreitung, während es bei den ÜBA-Anteilen – mit Abstand zu den beiden erstgereihten Wien und Burgenland – an dritter Stelle steht. Im österreichischen Durchschnitt absolvieren die IBA-Lehrlinge vor allem eine Lehre mit verlängerter Lehrzeit. Im Burgenland, in Salzburg und auch in Vorarlberg haben auch Teilqualifizierungen größere Anteile. (Vgl. Biffl, Skrivanek 2015, 33/Abbildung 8)

Auch in der IBA sind Jugendliche mit Migrationshintergrund überrepräsentiert:

- Von den IBA-Lehrlingen im Zeitraum September 2003 bis September 2007 hatten im österreichischen Durchschnitt 25 Prozent einen Migrationshintergrund.[25]
- Wien verzeichnete auch hier den höchsten Anteil mit 64 Prozent, die niedrigsten Anteile hatten die Steiermark und das Burgenland mit acht Prozent bzw. neun Prozent.
- Salzburg, Tirol, Oberösterreich und Vorarlberg lagen etwa im Österreich-Schnitt (24 bis 27 Prozent).
- Niederösterreich und Kärnten hatten auch vergleichsweise niedrige Anteile (zehn bis zwölf Prozent). (Vgl. Heckl et al. 2008, 50)
- Bei den IBA-Jahrgängen 2008/09 und 2009/10 hatten 45 Prozent einen Migrationshintergrund (Definition gemäß Arbeitsmarktstatistik). 18 Prozent der Teilnehmerinnen und Teilnehmer stammten aus der Türkei, 18 Prozent aus den Nachfolgestaaten Jugoslawiens und neun Prozent aus anderen Staaten ab. (Vgl. Bergmann et al. 2011, 35)

7.4 Zusammenfassung

Ergebnisse der quantitativen Analyse:

- Jugendliche mit Migrationshintergrund sind in überbetrieblichen und integrativen Lehrwerkstätten deutlich überrepräsentiert.
- Türkischstämmige Jugendliche sind besonders stark in einer ÜBA vertreten, während Jugendliche aus den Nachfolgestaaten Jugosla-

---

25) Die Anteile sind mit den vorangehend angeführten nicht direkt vergleichbar. Hier wurde der „Migrationshintergrund“ mittels Datenblatt erhoben, wobei nicht angeführt wird, wie „Migrationshintergrund“ definiert wurde. Die Evaluierung umfasste jene Jugendlichen, die von den Berufsausbildungsassistentinnen/-assistenten zwischen September 2003 und 31. Dezember 2005 betreut wurden oder zwischen 1. Jänner 2006 und 30. September 2007 eine IBA begonnen haben. (Heckl et al. 2008, 50)

wiens vergleichsweise häufiger eine betriebliche Lehrausbildung absolvieren.
- Jugendliche mit Migrationshintergrund sind vom Lehrstellenmangel bzw. von den Schwierigkeiten, eine Lehrstelle zu finden, überproportional betroffen. Das gilt für Mädchen wie Burschen gleichermaßen.

Ergebnisse der qualitativen Analyse:
Die ÜBAs in Wien und Vorarlberg legen den Schwerpunkt auf
- die fachliche Ausbildung in Theorie und Praxis,
- ein sozial angepasstes Verhalten und
- auf Praktika.

Fachliche Ausbildung in Theorie und Praxis:
Die fachliche Ausbildung bezieht sich auf die Vermittlung von Theorie und Praxis. Für die praktische Ausbildung stehen den Lehrlingen vor allem in Vorarlberg moderne Lehrwerkstätten zur Verfügung. Die Ausbildungspersonen leisten neben praktischer Anleitung auch theoretische Hilfestellung. Diejenigen Lehrlinge, die mehr Unterstützung brauchen, werden entsprechend gefördert. Die Zusammenarbeit mit den Berufsschulen und die Förderung der einzelnen Lehrlinge funktioniert, je nach Träger, manchmal so gut, dass Lehrlinge bei Prüfungen in der Berufsschule und bei Lehrlingswettbewerben besser abschneiden als Lehrlinge, die eine betriebliche Lehrausbildung absolvieren.

Eine wichtige Voraussetzung für eine gute Förderung ist, wenn die Berufsschule nicht Blockunterricht, sondern einzelne Berufsschultage anbietet. Nur bei Einzeltagen ist es dem Schulungspersonal der ÜBAs möglich, den Jugendlichen eine bestmögliche Unterstützung und Hilfestellung zu geben.

Vermittlung eines erwünschten Sozialverhaltens:
Ein weiterer Schwerpunkt liegt in der Vermittlung von wichtigen Tugenden wie Pünktlichkeit, Verlässlichkeit, Sauberkeit, Engagement und respektvollem Umgang. Werden diese wichtigen Tugenden von den Lehrlingen angenommen, sind die Voraussetzungen für eine gute berufliche Zukunft gegeben.

Die Praktika werden angeboten, damit die Lehrlinge die Möglichkeit erhalten, ihre besonderen persönlichen und fachlichen Fähigkeiten unter Beweis zu stellen. Wechseln Lehrlinge in einen Lehrbetrieb, wird dies als sozialer Aufstieg und zu Recht als großer Erfolg gewertet.

Der Unterschied einer ÜBA zu einem Lehrbetrieb liegt vor allem darin, dass in einem Betrieb oft schneller gearbeitet werden muss und die Lehrlingsentschädigung höher als das Schulungsgeld ist. Der Wechsel in eine Firma gelingt meist nur in den ersten zwei Ausbildungsjahren. Im dritten Lehrjahr finden kaum noch Übernahmen statt. Bereits im ersten, aber vor allem im zweiten Lehrjahr findet eine starke Absetzbewegung von Jugendlichen statt. Die Abbruchrate hängt oft mit der Qualität der Ausbildung und den Berufsaussichten nach Abschluss einer Lehre zusammen. Viele Lehrlinge wechseln auch mehrmals die Berufsausbildung oder begnügen sich mit Gelegenheitsjobs. Die Motivation der Lehrlinge wird auch vom vergleichsweise niedrigen Schulungsgeld beeinträchtigt. Es gibt allerdings gesicherte Daten, dass ein Abschluss der Ausbildung bessere Arbeitsmarktchancen bietet als ein Abbruch. Die Chancen am Arbeitsmarkt erhöhen sich nachweislich durch einen erfolgreichen Lehrabschluss: „Bildungsabbrecher verdienen weniger, sind eher in gefährdeten Branchen tätig und landen häufiger in der Arbeitslosigkeit. Das zeigt einmal mehr das ‚Bildungsbezogene Erwerbskarrierenmonitoring (BibEr)' der Statistik Austria."[26]

Praktika:
Bei den Praktika ist ein großer Unterschied zwischen Wien und Vorarlberg festzustellen. In Wien nimmt die Vermittlung von Praktika für möglichst alle Lehrlinge einen wichtigen Stellenwert ein, in Vorarlberg praktizieren in einer Firma hingegen vorwiegend nur diejenigen Lehrlinge, die mit den zahlreichen Regeln im ÜAZ am besten zurechtkommen und bei denen die Erfolgschancen für eine Übernahme in einen Betrieb besonders hoch liegen. Die Mehrzahl der

26) Vgl. http://www.search.ask.com/web?q=Bildungsbezogene+Erwerbskarrierenmonitoring%2BStatistik+Austria

Lehrlinge macht im ÜAZ Produktionsarbeit für Fremdfirmen, die unter gleichen Regeln wie in Betrieben ablaufen. Schaffen es die Jugendlichen, diese Ausbildung bis zum Schluss durchzuhalten, haben sie in der Regel später keine großen Probleme mehr, sich in den Betrieben als gute Mitarbeiterinnen und Mitarbeiter zu bewähren.

8. Die Berufsschule

Es wurde schon darauf hingewiesen, dass Jugendliche mit Migrationshintergrund in der Lehre und somit in der Berufsschule unterrepräsentiert sind. Laut Schulstatistik lag an den Berufsschulen der Anteil an Schülerinnen und Schülern mit anderen Umgangssprachen als Deutsch im Schuljahr 2012/13 bei zwölf Prozent. Dieser niedrige Anteil ist umso erstaunlicher, da der Anteil der Schülerinnen und Schüler mit anderen Umgangssprachen an der PTS bei 28 Prozent, an den Hauptschulen bei 21 Prozent und an den Neuen Mittelschulen bei 28 Prozent lag. Der Anteil an den berufsbildenden mittleren Schulen (BMS) lag dagegen bei 21 Prozent und im AHS- bzw. BHS-Bereich lag ihr Anteil bei 15 Prozent.

Wenn man sich allerdings die Arbeitsmarktdaten anschaut, die einen besseren Rückschluss auf einen Migrationshintergrund erlauben, weisen von den 100.000 Lehrlingen im Jahresdurchschnitt 2012 15 Prozent einen Migrationshintergrund auf. In Wien wird dieser Prozentsatz mit 35 Prozent ausgewiesen und nimmt damit insgesamt die Spitzenstellung in Österreich ein. Mit 21 Prozent Lehrlingen mit Migrationshintergrund weist in dieser Statistik Vorarlberg den zweithöchsten relativen Wert in Österreich auf.

Welche besonderen Herausforderungen für Jugendliche mit Migrationshintergrund mit dem Besuch der Berufsschule verbunden sind und wie sie den Schulalltag erleben, wird in diesem Abschnitt näher untersucht.

8.1 Geringes Basiswissen

Insgesamt wundern sich Berufsschullehrpersonen über das geringe Basiswissen vieler Lehrlinge. So meint ein Lehrer: *„Die Arbeit in der Berufsschule macht Spaß, ist aber auch mühselig, weil bei den Lehrlingen oft viele Grundlagen fehlen. Das fängt in Mathematik mit den Additionen an, geht weiter über das Multiplizieren, Subtrahieren, Dividieren, Bruchrechnen bis hin zur Flächenberechnung. Man sagt sich, was haben die Jugendlichen, die neun Jahre in der Schule waren, dort getan? Beim Lesen verstehen die Lehrlinge den Sinn des Gelesenen nicht. Das stellt viele Lehrlinge vor Probleme. Hier in der Berufsschule können wir dieses*

Basiswissen nicht mehr vermitteln, da geht es um die berufliche Ausbildung, die Schüler brauchen ein Fachwissen, das sie zur Ausübung ihres Berufes befähigt. Wenn sie es nicht verstehen, erklären wir es auch wiederholt, aber die Zeit dafür ist beschränkt."

Die Aussage des Berufsschullehrers illustriert auf individueller Ebene die Ergebnisse aus den Schülerleistungsvergleichstests, wonach ein Teil der Absolventinnen und Absolventen der Sekundarstufe I zum Teil große Wissenslücken hat.

8.2 Überforderung

Für Lehrlinge mit einer eher durchschnittlichen bis schlechten Schulkarriere stellt die Berufsschule eine besondere Hürde auf dem Weg zur beruflichen Qualifizierung dar. Dass die Berufsschule Lehrlingen einiges abverlangt, kommt in der folgenden Aussage einer künftigen Friseurin, die kurz vor dem dritten Lehrjahr steht, gut zum Ausdruck: *„Ich lerne für Fachkunde und auch wenn es einen Test oder eine Schularbeit gibt. Ich will einen guten Erfolg und nicht nur durchkommen. Im ersten Jahr hatte die Hälfte der Klasse viele Fünfer. Ich und noch zwei Kolleginnen waren die einzigen mit einem guten Erfolg. Am Anfang waren wir in der Berufsschule 30 Lehrlinge, die in zwei Klassen aufgeteilt worden sind, jetzt sind wir nur mehr eine Klasse mit 22 Schülern. Einige hatten keinen Bock mehr und haben aufgehört."* Nahezu ein Drittel schaffte hier nicht den Aufstieg in das zweite Berufsschuljahr. Das bedeutet aber nicht, dass alle gescheitert sind. Nicht wenige wechseln in einen anderen Lehrberuf, weil sie während der Praxis erkennen, den falschen gewählt zu haben.

Dass jedoch die Zahl der Lehrlinge vom ersten bis zum dritten bzw. vierten Lehrjahr zum Teil dramatisch abnimmt, lässt sich aus den Interviews in nahezu allen Ausbildungssparten beobachten. Einzelhandelslehrlinge erzählen: *„Wir waren am Anfang jeweils 20 Leute in zwei Klassen, jetzt sind wir nur mehr zwölf Lehrlinge. Aus zwei Klassen wurde eine. Die einen wurden gekündigt, die anderen haben gewechselt, andere sind wieder beim AMS und eine ist schwanger."*

Lehrpersonen, die in den Berufsschulen unterrichten, bestätigen diese Aussagen, eine sagt: *„Viele Klassen reduzieren sich innerhalb eines halben Jahres bis zu einem Jahr von über 20 auf unter zehn Lehrlinge."*

Das bedeutet, dass es ein großer Anteil von Lehrlingen neben persönlichen Gründen auch schulisch nicht schafft, die Lehrzeit positiv zu beenden. Berufsschülerinnen und Berufsschüler, die eine überbetriebliche Ausbildung absolvieren, haben einen erhöhten Betreuungsbedarf. Lässt sich dieser nicht gut organisieren, ist die Abbruchrate besonders hoch.

Eine hohe Ausfallsrate lässt darauf schließen, dass die Betreuung nicht optimal läuft. Ein Maurerlehrling einer ÜBA erzählt: *„Wir haben im ersten Jahr mit 30 angefangen, jetzt sind wir nur mehr elf. Ich bin noch mit zwei weiteren heute in der Schule, zwei sind im Krankenstand, sechs Leute sind heute weg. Mehr als die Hälfte von uns wurde gekündigt, die anderen sind in einer Firma. Hauptgrund der Kündigungen sind Fehlzeiten und unentschuldigte Tage."*

Dass die Berufsschule besonders für Lehrlinge mit Migrationshintergrund eine hohe Hürde darstellt, bestätigen viele Jugendliche. Einer erzählt:

Bland (19): *„Ich habe mich nach der Schule bei vielen Firmen beworben und Aufnahmetests gemacht, aber diese Prüfungen waren sehr schwer. Ich habe auch schon während meiner überbetrieblichen Ausbildung einige Praktika gemacht. Immer hat es geheißen: Wir können dich aufnehmen, aber wenn es dann so weit war, kam eine Absage. Zuletzt habe ich mit meinem Kollegen fünf Wochen bei der Firma K. ein Praktikum gemacht. Sie haben gesagt: Wenn ich ein positives Zeugnis von der Berufsschule habe, kann ich kommen. Leider war das Zeugnis negativ, wir hatten Blockunterricht. Ich muss jetzt das erste Lehrjahr wiederholen."*

Dieser junge Mann ist ziemlich verzweifelt. Mit seinen geringen Schul- und Sprachkenntnissen fällt ihm das Lernen sehr schwer. Aufgrund des Blockunterrichts in der Berufsschule können ihm die Ausbildungspersonen der ÜBA keine adäquate Unterstützung bieten. Die Anforderungen der Berufsschule sind ihm zu hoch, was das berufliche Weiterkommen und den gewünschten Wechsel in eine betriebliche Ausbildung sehr schwierig machen.

Dieses Beispiel und ähnliche zeigen, dass für die Ausübung eines Berufes Fachwissen unbedingt notwendig ist. Naheliegend ist auch, dass Lehrlinge mit Lernschwierigkeiten oder keinem ausreichenden

Basiswissen viel Unterstützung brauchen, die sie im Normalfall fast ausschließlich in den ÜBAs und kaum in den Lehrbetrieben erhalten. Die organisatorische Form des Blockunterrichtes anstatt einzelner Berufsschultage, wie sie teilweise von Berufsschulen angeboten werden, beeinträchtigen die Chancen benachteiligter Lehrlingsgruppen. Bei einem Blockunterricht geht der große Vorteil der ÜBAs verloren, sie können die Lehrlinge nicht mehr gezielt auf schriftliche Tests und Schularbeiten vorbereiten. Diese Aufgabe obliegt dann den Lehrpersonen in den Berufsschulen, denen dafür jedoch meist zu wenig Zeit zur Verfügung steht.

Eine optimale Unterstützung ist nur möglich, wenn die Berufsschulen gut mit den verschiedenen Trägern, die eine ÜBA betreiben, kooperieren. Ein Blockunterricht verschlechtert die Unterstützung. Ein Ausbildner erklärt, warum das so ist: *„Im Blockunterricht ist es so, dass die Schüler jeden Tag Stoff machen. Das Schlechte daran ist, dass sie überfordert sind und keine ausreichende Unterstützung bekommen. Gehen sie hingegen tageweise in die Berufsschule und kennen sie sich nicht aus, dann können sie zu mir kommen und ich oder meine Kollegen helfen ihnen. Sie gehen zur Nachhilfelehrerin im Haus und wir erklären ihnen alles, weil wir die Zeit dazu haben. Im Blockunterricht geht das nicht, da haben wir nur Einfluss auf das, was dort gelernt wird. Wir können sie darauf vorbereiten, aber wir können sie nicht unterstützen, wenn es um die Tests und Prüfungen geht.*

Wenn es den tageweisen Unterricht gibt, können wir auch über Sachen reden, die sich der Lehrling in der Schule nicht zu fragen traut, weil er Angst hat, sich zu blamieren. Für die Firma ist der Block gut, weil der Lehrling nur einige Wochen weg ist und danach wieder das ganze Jahr zur Verfügung steht. Für die lernschwachen Lehrlinge ist dieses System nicht gut, weil sie weniger Unterstützung bekommen und bei den Prüfungen schlechter abschneiden.“

Ein weiterer Ausbildner im Bereich Elektrotechnik sieht das auch so: *„Wir bereiten die Jugendlichen auf den gesamten Block vor, aber wenn es um den Test geht, können die Fragen nicht durchgemacht werden. Die Hauptforderung wäre, dass wir wenigstens für die überbetriebliche Ausbildung wieder vom Block weg kommen. Ich sehe schon ein, dass das für das Gewerbe ein großes Problem ist, weil sie die Lehrlinge brauchen und nicht jede Woche zwei Tage darauf verzichten können. Über-*

betrieblich sind die Einzeltage ganz, ganz toll, weil man dann als Ausbildner besser eingreifen kann.

Ich kann das von meiner Warte aus sagen, von den 27 Leuten, die ich letztes Jahr betreut habe, hatten wir 18 mit einem guten und sehr guten Berufsschulerfolg. Jetzt schaut es so aus, dass von 16 Leuten fünf einen Fleck haben. Im ersten Jahr sagt das noch etwas weniger aus, weil einige von der Schule mit vielen Lücken zu uns kommen, aber im zweiten Lehrjahr wirkt es sich aus, ob sie Förderung bekommen oder nicht, ohne Blockunterricht schneiden meine Leute viel besser ab."

Lehrlinge, die überbetrieblich ausgebildet werden, sehen das genauso und sagen dazu: *„Hier wird man unterstützt. Aber es gibt auch Ausbildner, die keine Unterstützung geben, und es gibt auch Lehrlinge, die keine Unterstützung annehmen. Blockunterricht ist schlecht, im ersten Lehrjahr hatten alle einen Fünfer, niemand kapierte etwas. Ich hatte gleich drei Fünfer im ersten Semester. Jetzt hatten wir wieder Blockunterricht, in fünf Tagen mussten wir fünf Schularbeiten schreiben. Der Block dauert im ersten Jahr fünf Wochen und danach sechs Wochen. Jede Woche gibt es Wiederholungen und in der vorletzten Woche werden die großen Tests und Schularbeiten gemacht. 70 Prozent der Noten werden in der vorletzten Woche festgelegt. Wenn du einen Fünfer hast, wirst du zur Nachprüfung eingeladen, aber da hat man sowieso keine Chance, weil ja zu wenig Zeit ist, um zu lernen."*

Ein anderer Lehrling ist überfordert, er klagt über den großen Lernumfang, er erzählt: *„Ich habe die Abschlussprüfung am Freitag gemacht, es gab sieben Fragenkataloge mit über 90 Fragen. Wer kann alle 90 Fragen lernen? Wo ist die Zeit, das zu lernen? Die Berufsschule dauert bis 17.00 Uhr, dann kommst du müde nach Hause, wie viel kannst du da noch lernen?"*

Dieser Lehrling weiß aus eigener Erfahrung, wie schwierig für ihn ein Blockunterricht ist. Da er in der Berufsschule mehr oder weniger auf sich selbst angewiesen ist und keine entsprechende Unterstützung organisieren kann, ist für ihn ein positives Zeugnis nur sehr schwer zu erreichen.

Lehrlinge mit Migrationshintergrund haben vielfach sprachliche Probleme und große Wissenslücken und brauchen daher ein spezifisches Förderprogramm. Eine individuelle Förderung und Unterstützung in einer ÜBA ist für die einzelnen Jugendlichen sehr wichtig. Einer meint: *„Für mich hat es einen großen Vorteil, dass ich hier meine Lehre machen kann. Schulisch wäre ich zu schwach gewesen, hier habe ich Hilfe und Unterstützung."*

Dieses Argument wird von vielen Lehrlingen mit Migrationshintergrund genannt: *„Hier* (in der ÜBA) *kann man besser lernen. Im ersten Lehrjahr hatten wir zwei Tage Berufsschule, und im zweiten und dritten Jahr nur mehr einen Tag. So können wir uns auf die Prüfungen gut vorbereiten. In der Schule war ich nicht so gut, während dieser Ausbildung hat es einmal ‚Klick' gemacht, ich habe erkannt, dass ich mich auf das Leben vorbereiten muss, und seither geht es mir gut. Langsam sind die Noten besser geworden, ich bin froh, dass ich da bin."*

Lehrlinge mit Unterstützungsbedarf fühlen sich in einer ÜBA gut aufgehoben. Hier bekommen sie die nötige Hilfe, die sie brauchen, um die Herausforderungen der Berufsschule gut zu meistern.

Lehrlinge, die leicht lernen, votieren eher für den Blockunterricht und begründen das so: *„Früher gab es zwei Tage oder nur einen Tag Berufsschule pro Woche. Für schlechte Schüler ist das gut. Für mich nicht, ich bin gut in der Schule. Ich habe fünf Wochen Unterricht und dann ist es vorbei. Ich habe alles hinter mir, das ist besser für mich."*

Zusammenfassend lässt sich sagen: Lehrlinge und auch Lehrpersonen machen die Erfahrung, dass zwischen einem Drittel bis rund die Hälfte aller Berufsschulanfängerinnen und -anfänger im Laufe der Lehrausbildung ausscheiden. Einige Jugendliche wechseln in andere Berufsbranchen, ein beträchtlicher Teil aber scheitert an den Herausforderungen, die mit dem Besuch einer Berufsschule verbunden sind. Sowohl persönliche als auch schulische Gründe lassen sich für die hohe Abbruchrate benennen. Besonders Lehrlinge, die eine überbetriebliche Ausbildung absolvieren, haben große Probleme, wenn sie nicht ausreichend unterstützt werden können, weil es anstatt einzelner Berufsschultage einen Blockunterricht gibt. Eine optimale Unterstützung dieser Lehrlinge ist nur möglich, wenn die Berufsschule Einzeltage anbietet und es einen engen Austausch zwischen Ausbildungspersonen in den Betrieben und den Lehrpersonen einer Berufsschule gibt.

Die Lehrpersonen in den Berufsschulen werden von den Lehrlingen überwiegend als unterstützend erlebt. Den Lehrpersonen ist es allerdings nicht möglich, die Leistungen der Lehrlinge positiv zu bewerten, wenn grundlegende Fachkenntnisse fehlen.

Lehrlinge, die eine betriebliche Ausbildung absolvieren, haben meist bessere Voraussetzungen, die Prüfungen in der Berufsschule, egal ob sie im Blockunterricht oder in Tagesform unterrichtet werden, gut zu schaffen. Firmen, die Lehrlinge aufnehmen, lassen sich von den Bewerberinnen und Bewerbern die Schulnoten vorlegen und zusätzlich sichern sie sich oft mit Aufnahmetests ab, um die besten Kandidatinnen und Kandidaten auszuwählen.

8.3 Inhomogene Lehrlingsgruppen

Lehrpersonen in den Berufsschulen stehen vor vielen Herausforderungen. Eine der größten ist die Bandbreite von Lehrlingen mit unterschiedlichem Wissensniveau. Im Extremfall sitzen hier Maturantinnen und Maturanten neben Jugendlichen, die Schwierigkeiten mit Deutsch als Unterrichtssprache haben. Eine Lehrperson in Vorarlberg erzählt: *„Fördern und Fordern sind bei uns die Schlagwörter. Ab 40 Schülern können wir drei Gruppen bilden. Es gibt Leistungs- und Normgruppen. Meistens gibt es pro Jahrgang eine Leistungsgruppe und zwei Normgruppen. So können wir die Leistungsunterschiede ein wenig auffangen, aber die Heterogenität ist natürlich immer gegeben."*

Die einen Lehrlinge fühlen sich in der Berufsschule stark gefordert und sagen zum Beispiel: *„Das Lernen ist mir manchmal zu viel. Ich habe gute Noten, dennoch ist es sehr viel Stoff, den wir durchmachen"*, andere meinen hingegen: *„Im Vergleich zur Regelschule ist die Berufsschule nicht schwer. Der Vorteil ist: Hier machen wir alles in der Schule, in der Pflichtschule aber bekommst du jeden Tag Übungen mit nach Hause."*

Besonders Lehrlinge, die zuvor eine weiterführende Schule besuchten, fühlen sich in der Berufsschule eher unterfordert, eine sagt: *„Wenn ich die Berufsschule mit der HAK vergleiche, dann machen wir hier fast nichts. Ich sitze da und höre irgendwelche Sachen, die ich in fünf Minuten zusammengefasst auch anhören könnte."*

Im Unterschied zu Vorarlberg gibt es in Wien kaum Leistungsgruppen, was die Geduld einiger Lehrlinge, die zum Beispiel gute Englischkenntnisse besitzen, überstrapaziert. Einzelhandelslehrlinge erzählen: „*Das Niveau in Englisch ist leider sehr dürftig. Das Englisch, das wir hier lernen, habe ich in der Volksschule gelernt. Ich habe vorher ein Gymnasium und die HAK bis zur zweiten Klasse gemacht.*" Ein Kollege, der vorher im Gymnasium war, ergänzt: „*Ich will kein Halloween, ich will lernen, wie ein Kunde auf Englisch fragt, welche Wurst das ist, und ich als Verkäufer möchte darauf die richtige Antwort geben. Aber das geht hier nicht, weil viele Mitschüler nicht einmal wissen, wie die Farben in Englisch heißen. In Deutsch lernen wir, wie man die Artikel anwendet. Das ist kindisch. Dieses Niveau ist einfach viel zu niedrig. Ich ärgere mich, dass ich da sitzen muss und nichts lerne. Die Leistungsunterschiede in der Klasse sind zu groß, sie sollten Leistungsgruppen machen, damit die besseren Schüler auch etwas von der Berufsschule haben.*"

Einige Lehrlinge machen sich in diesem Zusammenhang Gedanken über das österreichische Schulsystem und kommen zu folgendem Schluss: „*Die großen Leistungsunterschiede in der Berufsschule sind ein generelles Problem, die Ursachen liegen im Pflichtschulbereich. Man sollte die Pflichtschule nicht abschließen dürfen, wenn nicht nachgewiesen werden kann, dass ich Deutsch, Englisch und Mathe kann. Die Leute sollen solange in die Schule gehen, bis sie das ausreichend können. Wir hatten zum Beispiel einen Schüler in der Klasse, der kein Wort Deutsch verstanden hat. Er hat an einer kleinen Aufgabe sechs Wochen arbeiten müssen, bis er sie endlich gelöst hat. Ein Mädchen war dabei, das sogar mit dem Taschenrechner keine Additionen durchführen konnte. Solche Schüler, die kein Basiswissen haben, haben nichts davon, wenn sie sich in die Berufsschule setzen. Sie sind einfach nicht reif dafür.*"

Diese Aussagen zeigen, dass es in den Berufsschulen nicht immer gelingt, allen Lehrlingen mit ihren unterschiedlichen Vorkenntnissen gerecht zu werden. Die einen Lehrlinge sind unter-, die anderen überfordert.

Dass sich die Berufsschulen grundsätzlich um alle Lehrlinge sehr bemühen, zeigt sich darin, dass es für Leistungsschwächere Förderunterricht gibt. Es stellt sich aber immer wieder heraus, dass es in der Berufsschule dafür zu spät ist. Eine Lehrperson dazu: „*Dinge, die in der Volksschule passiert sein sollten, können wir nicht mehr aufholen, das geht nicht. Bei uns werden die Schüler aufgefordert, möglichst selbstständig Arbeitsaufträge durchzuführen. Wenn jedoch das sinnverstehende Lesen nicht da ist oder die Grundrechnungsarten nicht beherrscht werden, dann sind solche Ansätze zum Scheitern verurteilt.*"

Die Unterstützung und Förderung geht manchmal sehr weit, wie die folgenden Ausführungen einer engagierten Lehrperson in einer Berufsschule in Wien zeigen: „*Ich habe vier Jahre lang Schüler, die eine überbetriebliche Lehrstelle hatten, intensiv betreut. Ich war für die Schüler: Mutter, Sekretärin, Lehrerin und Ansprechpartnerin für alles. Ich habe die Schüler in der Früh angerufen, ich habe sie aufgeweckt und sie daran erinnert, dass sie sich auf den Weg in die Schule machen sollen. Ich habe ihnen wiederholt gesagt, dass die Lehre wichtig ist, ich habe sie motiviert, dass sie weitermachen. Nach vier Jahren waren von ursprünglich 20 noch 16 Schüler da. In der Regel fallen die Gruppen im Laufe von drei Jahren auf zehn Schüler zusammen. Von den 16 haben 14 die Lehrabschlussprüfung geschafft und einer mit Migrationshintergrund hat die Meisterschule gemacht und arbeitet jetzt in einer großen Autofirma.*"

Ohne diese besonders engagierte Unterstützung könnte diese Erfolgsbilanz nicht gezogen werden. Der Einsatz der Lehrerin ging dabei weit über das normale Aufgabenspektrum ihres Berufes hinaus. Dieses Beispiel zeigt allerdings sehr gut, was mit einer besonders engagierten Betreuung möglich ist und wie umfassend Lehrlinge oft Hilfe und Unterstützung brauchen.

Auf der anderen Seite gibt es aber auch viele Lehrlinge, die sich in der Berufsschule von der praktischen Arbeit erholen. Vor allem Lehrlinge, die bereits in der KMS gute Schulnoten hatten oder eine höhere Schule besucht und abgebrochen haben, fühlen sich in der Berufsschule keineswegs überfordert. Ein Lehrling erzählt: „*Im Gymnasium habe ich nichts gelernt, ich habe nur aufgepasst. Das war dann auch mein Tod. In der Berufsschule brauche ich außer Fachkunde eigentlich nichts lernen, ich merke mir alles gleich. Der Berufsschultag ist eine willkommene Abwechslung für mich.*"

Ein guter Berufsschulerfolg erhöht die Übernahmechancen von Lehrlingen, die überbetrieblich ausgebildet werden. Beim Wechsel in eine betriebliche Ausbildung spielen die Berufsschulnoten eine wichtige Rolle. Dazu ein Beispiel: „*Dort wo ich jetzt bin, habe ich mich beworben*“, erzählt ein Lehrling, der mit einer überbetrieblichen Berufsausbildung angefangen hat. „*Ich habe einen Tag geschnuppert und man hat mir gesagt, dass es eigentlich kein Problem ist, wenn ich bei ihnen die Lehre fortsetze. Sie haben mich gefragt, ob für mich der Wechsel vorstellbar ist. In der Schule hat man nachgefragt, ob meine Noten in Ordnung sind. Ich habe nur Einser und Zweier. Man hat Vorteile, wenn man gute Berufsschulnoten hat.*“

Um von einer ÜBA in einen Lehrbetrieb zu wechseln, braucht es nicht nur gute praktische Fähigkeiten, auch die Berufsschulnoten spielen dabei eine große Rolle.

Eine erfahrene Lehrperson in Wien schätzt die unterschiedlichen Motivationslagen der Lehrlinge so ein: „*Der Migrationshintergrund spielt bei uns keine Rolle, sehr wohl aber, ob ein Schüler eine betriebliche oder eine überbetriebliche Lehrstelle hat. Wenn einer einen Lehrplatz in einem Betrieb hat, dann ist er im Normalfall bereit, alles zu tun, um diesen Platz zu behalten. Wenn einer in einer Maßnahme ist, dann treten oft Probleme auf. Grundsätzlich sind Lehrlinge mit überbetrieblichem Hintergrund leistungsmäßig schwächer. Das kann sich im Sozialverhalten zeigen und natürlich auch schulisch.*“

Dass Lehrlinge einer ÜBA in den Berufsschulen insgesamt schlechter abschneiden als andere, stimmt jedoch nur zum Teil. Es hängt vor allem davon ab, wie gut die einzelnen Lehrlinge in der ÜBA unterstützt werden. Eine Lehrperson sieht folgenden Zusammenhang: „*Es gibt Unterschiede unter den verschiedenen Trägern. Einige sind sehr um einen engen Kontakt zur Berufsschule bemüht und bereiten ihre Lehrlinge gut auf die Prüfungen vor, andere nehmen ihren Auftrag nicht so genau.*“ Lehrpersonen in Berufsschulen erzählen auch, dass es nicht selten vorkommt, dass Lehrlinge zur Lehrabschlussprüfung nicht antreten. Der Grund dafür scheint Prüfungsangst, aber auch das Wissen zu sein, das berufliche Fachgebiet nicht ausreichend zu beherrschen.

Damit bestätigt sich wieder die besondere Bedeutung einer möglichst guten Unterstützung von Jugendlichen mit Migrationshintergrund, die sich vermehrt über eine ÜBA beruflich qualifizieren müssen. Eine gute Förderarbeit in den ÜBAs wird mit Erfolgserlebnissen der Lehrlinge in den Berufsschulen belohnt.

Zusammenfassend lässt sich sagen: Lehrpersonen in Berufsschulen fällt es nicht leicht, eine gute Balance zwischen „Fördern und Fordern" herzustellen. Die Leistungsunterschiede zwischen den Lehrlingen sind oft sehr groß. In Schulen, wo es nicht möglich ist, Leistungsgruppen zu bilden, kann entweder nur gefördert oder gefordert werden. Lehrlinge, die bereits eine weiterführende Schule besucht haben, beklagen sich über die Vermittlung von einfachen Basiskenntnissen in Englisch und Deutsch. Lehrlinge, die kaum Deutsch sprechen, sind hingegen schnell überfordert.

Es zeigt sich, dass Lehrlinge mit großen Wissenslücken, die überbetrieblich ausgebildet werden und sowohl von den Ausbildungspersonen des jeweiligen Trägervereines als auch von Lehrpersonen in Berufsschulen gut unterstützt und gefördert werden, meist einen erfolgreichen Lehrabschluss schaffen. Allerdings bedarf es dazu eines besonders starken persönlichen Einsatzes des Schulungspersonals und der Lehrpersonen.

Lehrlinge, die eine betriebliche Berufsausbildung absolvieren, setzen in der Regel alles daran, ihren Lehrplatz nicht zu gefährden, und sind hoch motiviert, gute Schulleistungen zu bringen. Lehrlinge, die überbetrieblich ausgebildet werden und erkennen, wie wichtig ein guter Schulerfolg ist, können ebenfalls einen gewünschten Wechsel in einen Lehrbetrieb schaffen, wenn sie dabei die angebotenen Unterstützungsangebote nützen.

8.4 Lehre mit Matura

Für Lehrlinge, denen die Berufsschule leicht fällt, bietet sich die Möglichkeit an, parallel zur Lehre die Berufsreifeprüfung zu absolvieren. Diese setzt sich aus den vier Bereichen Deutsch, Englisch, Mathematik und einem Fachbereich zusammen. Allerdings erfordert es von den Lehrlingen einige Disziplin, wenn sie dieses Ziel erreichen wollen. Eine angehende Verkäuferin erzählt: *„Ich habe mich für die Berufsmatura angemeldet. Ich wollte hingehen, hatte dann aber doch keine Lust. Bis 21.00 Uhr sitzt man in der Schule. Zuerst arbeiten und danach noch lernen ist zu viel. Auch wenn es nur ein paar Stunden sind, muss man extra hinfahren, aufpassen, mitmachen und es ist nicht einmal hundert Prozent fix, dass du die Matura schaffst."*

Ein HGA-Lehrling im dritten Lehrjahr einer ÜBA besucht die Abendschule und lernt für die Berufsmatura. Sie erzählt: *„Ich mache jetzt die Berufsreifeprüfung. Mit Englisch bin ich bald fertig, die restlichen Bereiche muss ich noch machen. Wenn man das nicht selber will, geht es nicht. Ich bin die einzige im Haus, die das macht. Für ein Fach brauche ich eineinhalb Jahre. Der Vorteil dieser Matura ist, dass man nur das lernt, was man wirklich braucht."*

Diese Maturantin hat bald die erste von vier Teilprüfungen geschafft. Die meisten Lehrlinge, die Erfahrungen mit der Berufsreifeprüfung gesammelt haben, gaben dieses Vorhaben wieder auf. Sie nennen folgende Gründe: *„Mir ist das zu stressig geworden. Nach der Arbeit in die Schule fahren, Hausübungen machen, lernen, Prüfungen dort, Prüfungen hier, das war mir zu viel."*

Auch Lehrpersonen bestätigen, dass die Berufsreifeprüfung eine große Herausforderung darstellt. Eine Lehrperson in Vorarlberg sagt dazu: *„Am Donnerstagnachmittag fangen wir damit im ersten Lehrjahr an, im zweiten und dritten Lehrjahr ist das immer am Freitagnachmittag, weil die Betriebe den Lehrlingen da eher frei geben. Im ganzen Land sind es ungefähr zehn Prozent der Lehrlinge, die dieses Angebot nützen. Die Betriebe haben finanziell keine Nachteile, sie werden gefördert. Im ersten Jahr gibt es eine Ausfallsquote von 50 Prozent, das kommt daher, weil sich die Lehrlinge überschätzen. So nebenbei lässt sich diese zusätzliche Ausbildung nicht machen. Schule, Arbeit und Lehre unter einen Hut zu bringen ist vielen zu viel."*

Für die überwiegende Zahl von Lehrlingen ist es schwierig, die Berufsreifeprüfung neben der Arbeit unterzubringen. Es gibt auch viele Lehrplätze, wo es sich zeitlich nicht ausgeht. Eine Einzelhandelskauffrau, die durchaus interessiert wäre, führt an: *„Bei der Firma, wo wir die Lehre machen, gibt es nicht die Möglichkeit, einmal pro Woche bereits um 17.00 Uhr nach Hause zu gehen, um rechtzeitig in die Abendschule zu kommen. Wir arbeiten am Abend oft bis 21.00 Uhr. Außerdem hätten wir dann keine Freizeit mehr."*

Ein Berufsschullehrer in Wien, der sich über die Berufsreifeprüfung zu seiner jetzigen Lehrtätigkeit hochgearbeitet hat und inzwischen auch studiert, schlägt einige Änderungen vor, um diese attraktiver zu machen: *„Die Berufsreifeprüfung ist, so wie sie derzeit organisiert ist,* *eine große Hürde. Viel sinnvoller wäre es, nach der Lehre ein Jahr anzuhängen und die Matura im letzten Jahr komprimiert zu machen. Momentan läuft das parallel, was sehr viel Disziplin erfordert. Es muss auch der Betrieb einverstanden sein. Wenn der Chef negativ gegen die ‚Lehre mit Matura' eingestellt ist, dann hat der Jugendliche keine Chance, da passiert bereits eine Vorselektion. Das ist nicht optimal. Besser wäre es, das Ganze nach hinten zu verlängern. Derjenige, der die Matura machen will, hängt noch ein Jahr dran."*

Als eine von zwei Möglichkeiten wird dieses Modell in der Schweiz praktiziert. *„Eine Berufsmaturitätsschule (BMS) wird in der Schweiz und in Liechtenstein von Schülern mit mittlerer Reife innerhalb von drei bis vier Jahren parallel zu einer beruflichen Grundbildung besucht. Dies geschieht entweder nach einer regulären Berufslehre in einjährigem Vollzeitunterricht oder in zwei Jahren nebenberuflich in Teilzeitunterricht. Mit dem Abschluss der BMS wird dem Schüler die Berufsmaturität zuerkannt, die als Fachhochschulreife zum prüfungsfreien Eintritt und zum Studium einer einschlägigen Fachrichtung an einer Fachhochschule berechtigt."*[27]

Eine „Lehre mit Matura" ist nur für wenige Lehrlinge tatsächlich ein attraktives Angebot. Der damit zusammenhängende große zeitliche Aufwand verlangt ein hohes Maß an Disziplin. Zusätzlich hängt es von den Arbeitszeiten und vom Wohlwollen des jeweiligen Lehrbetriebes ab, ob dieses Ziel unterstützt wird. In den ÜBAs kommen nur wenige Anfragen zu diesem Thema. Diejenigen Lehrlinge, die sich dieses Ziel vornehmen, werden gerne unterstützt. Ein oder zwei zusätzliche Jahre, wie in der Schweiz und Liechtenstein üblich, könnte zu einer Attraktivierung dieses Angebotes beitragen.

Von den Ausbildungspersonen wird die Möglichkeit, mit der Lehrausbildung auch die Matura zu erlangen, positiv gesehen. Ein Ausbildner sagt dazu: *„Ein Handwerk zu beherrschen ist eine gute Geschichte, damit ist man überlebensfähiger. Handwerker werden gebraucht, wenn das Wasserrohr platzt, der Schlüssel abbricht, das Auto nicht fährt. Ich kann studiert sein wie ich will, aber da brauche ich*

---

27) Vgl. http://de.wikipedia.org/wiki/Berufsmaturit%C3%A4tsschule

Hilfe. Ein Handwerker hilft sich selbst, der kann das. Das Leben geht ohne Handwerker nicht, der Weg nach oben sollte halt offen sein.“

Zusammenfassend lässt sich sagen: Vor allem für Lehrlinge, die ihre Ausbildung überbetrieblich machen, ist die Berufsreifeprüfung nur ein Randthema. Selbst Lehrlingen, die gute Voraussetzungen hätten, die zusätzliche Ausbildung neben der Lehre zu machen, fällt es schwer, die dafür nötige Disziplin und Zeit aufzubringen. Nicht selten lässt sich der Besuch einer Abendschule mit den Arbeitszeiten nicht vereinbaren und viele Betriebe zeigen keine Bereitschaft, ihre Lehrlinge deshalb früher aus der Arbeit weggehen zu lassen.

Ein oder zwei zusätzliche Jahre gleich im Anschluss an die Lehre könnte zu einer Attraktivierung dieses Angebotes beitragen, wobei sich allerdings die Frage der Finanzierung stellt.

8.5 Zusammenfassung

Die Berufsschulen in Wien und Vorarlberg haben vor allem mit zwei Problemen zu kämpfen:

1. mit dem geringen Basiswissen vieler Lehrlinge und
2. mit der Inhomogenität der Lehrlinge innerhalb einer Klasse.

Die einen Lehrlinge fühlen sich über-, die anderen unterfordert. In Berufsschulen, in denen keine Leistungsgruppen gebildet werden, ist dieses Problem besonders groß. Die Berufsschule stellt vor allem für Lehrlinge, die in ihrer bisherigen Schullaufbahn nur wenige Erfolgserlebnisse sammeln konnten, eine weitere Hürde da. Insgesamt wird versucht, den Lehrlingen entgegenzukommen, und die meisten Lehrlinge erleben die Lehrpersonen als unterstützend. Vielen Lehrlingen gelingt es in der Berufsschule sehr gut, den Bezug zu ihrer praktischen Arbeit herzustellen, was sich positiv auf ihre Motivation auswirkt. Lehrlinge, die in ÜBAs sind, schätzen die wertvolle Unterstützung und Förderung durch Lehrpersonen und Ausbildungspersonen.

Ein positiver Abschluss der Berufsschule ist für Lehrlinge eine gute Voraussetzung für eine erfolgreiche berufliche Zukunft. Für Lehrlinge, die überbetrieblich ausgebildet werden, wird die in Blockform organisierte Berufsschule mitunter zu einer großen, nahezu unüberbrückbaren Hürde. In diesem Fall greift die spezielle und individuelle Förderung in den überbetrieblichen Einrichtungen nicht mehr in der Weise, wie das bei der Organisationsform der einzelnen Berufsschultage möglich ist.

Lehrpersonen von Berufsschulen klagen oft über ein fehlendes Basiswissen der Lehrlinge, was eine gute fachliche Berufsausbildung sehr erschwert. Kommt noch eine geringe Motivation für das Lernen hinzu, sind negative Noten vorprogrammiert.

Vor allem im Laufe des ersten Lehrjahres wechseln viele Jugendliche den Beruf oder brechen die Ausbildung ab, weil sie überfordert sind. Ein Abbruch hängt dabei nicht immer mit den besonderen Herausforderungen der Berufsschule zusammen, sondern unter Umständen schlicht und einfach damit, dass viele Jugendliche es nicht schaffen, pünktlich und verlässlich zu sein.

In den ÜBAs wird versucht, den Lehrlingen die grundlegenden sozial erwünschten Verhaltensweisen beizubringen und die individuellen Lernschwächen zu beseitigen. Viele Lehrlinge mit Migrationshintergrund haben das Problem, dass sie aufgrund einer anderen Familiensprache und einer ungünstigen Organisationsstruktur des österreichischen Schulsystems (Fehlen von Ganztagsschulen) eine besondere Förderung und Unterstützung brauchen. Je besser die Kooperation mit den Berufsschulen funktioniert, desto höher sind die Erfolge von benachteiligten Lehrlingsgruppen in der Berufsschule. ÜBAs, die ein konsequentes Unterstützungs- und Förderprogramm verfolgen, können damit gute Erfolge erzielen. Es kommt weniger oft zu Lehrabbrüchen, die Zahl derjenigen, die erfolgreich in einen Lehrbetrieb wechseln, nimmt zu, und die Erfolgserlebnisse in den BS werden häufiger.

Eine Lehre mit Matura nimmt vor allem im Bereich der ÜBAs keinen hohen Stellenwert ein. Auch Lehrlinge ohne Lernschwierigkeiten können das Angebot aus organisatorischen Gründen nicht immer nutzen. Oft geht sich der Schulbesuch zeitlich nicht aus und/oder die Ausbildungsbetriebe unterstützen dieses ambitionierte Vorhaben nicht. Ein attraktiveres Modell könnte vermehrt Jugendliche ansprechen, die in erster Linie die Matura ins Auge fassen und eine zusätzliche Lehrausbildung derzeit nicht in Erwägung ziehen.

9. Zusammenfassung und abschließende Überlegungen

In dieser Studie wird der wichtigen Frage nachgegangen, warum es unter den Lehrlingen in Österreich vergleichsweise wenige mit Migrationshintergrund gibt, warum Jugendliche mit Migrationshintergrund zum einen eher eine vollzeitschulische Ausbildung einschlagen und zum anderen in überbetrieblichen Lehrausbildungen stark überrepräsentiert sind.

Österreich ist ein Zuwanderungsland. 15 Prozent der Österreicherinnen und Österreicher sind im Ausland geboren. Zwischen den Bundesländern gibt es große Unterschiede.

An den PTS lag der Anteil von Schülerinnen und Schülern mit einer anderen Umgangssprache im Schuljahr 2012/13 bei 28 Prozent. Der Anteil an Lehrlingen mit Migrationshintergrund betrug 2012 zwischen zwölf und 15 Prozent (unterschiedliche Datenbasis und Definitionen in Schul- und Arbeitsmarktstatistik). Wien liegt in dieser Statistik zahlenmäßig und anteilsmäßig mit 35 Prozent österreichweit an erster, Vorarlberg anteilsmäßig an zweiter Stelle mit 21 Prozent.

Die Lehre ist ein traditionell „männlicher" Ausbildungsweg, und zwar unabhängig von der in der Schulstatistik erfassten Umgangssprache. In allen Gruppen liegt der Anteil der weiblichen Lehrlinge bei etwa einem Drittel (deutsche, türkische, bosnisch-kroatisch-serbische, andere Umgangssprache). Die Lehrlinge mit Migrationshintergrund sind im Durchschnitt etwas älter als ihre Kolleginnen und Kollegen ohne Migrationshintergrund.

2012 stammten drei Viertel der Lehrlinge mit Migrationshintergrund aus Nicht-EU-Staaten. In Wien überwiegen Lehrlinge mit einem ex-jugoslawischen Hintergrund, in Vorarlberg ist der Großteil türkischstämmig.

Bei jungen Frauen mit anderer Umgangssprache als Deutsch konzentriert sich die duale Berufsausbildung im Wesentlichen auf vier Berufe: Bürokauffrau, Friseurin, Verkäuferin und Restaurantkauffrau. Bei den Burschen mit Migrationshintergrund gibt es fünf Favoriten:

Elektrotechnik, Installateur, Maler, Allgemeiner Handel und Restaurantfachmann.

Die Wahl der Lehrberufe ist abhängig vom Angebot. Die bevorzugten Lehrplätze werden österreichweit auch am häufigsten angeboten. Die von den jungen Frauen gewählten Berufe sind jedoch oft charakterisiert durch ein niedriges Einkommen, verbunden mit prekären Beschäftigungsverhältnissen. Sie haben in ihren bevorzugten Lehrberufen geringere Aufstiegsmöglichkeiten und ihr Erwerbsleben ist durch viele Brüche gekennzeichnet.

Von den Schülerinnen und Schülern mit Migrationshintergrund an Polytechnischen Schulen wechselt nur ein gutes Drittel in eine duale Berufsausbildung. In den ersten Berufsschulklassen stammt knapp ein Drittel der Lehrlinge aus einer weiterführenden Schule. In Wien ist der Anteil der Jugendlichen, die die erste Berufsschulklasse wiederholen müssen, mit 18 Prozent besonders hoch. In den anderen Bundesländern liegt dieser Wert bei zehn Prozent. Der Grund für diesen Unterschied liegt vor allem darin, dass die Poly in vielen ländlichen Regionen bewusst als gute Vorbereitungsschule für eine Lehre von Schülerinnen und Schülern gewählt wird, während im urbanen Umfeld die Poly den Ruf einer „Restschule“ hat. (Vgl. Hofer, 2012) In einigen Bundesländern ist zusätzlich der Lehrstellenmarkt sehr angespannt, dies betrifft insbesondere Wien.

Österreichweit standen laut AMS-Statistik Übersicht Juni 2015 4.909 Lehrstellensuchenden 2.684 sofort verfügbare offene Lehrstellen gegenüber. Mehr als die Hälfte der offenen Lehrstellen (53,7 Prozent) wurden in nur drei Bereichen (Handel, Tourismus und Friseur/Kosmetik/Fußpflege) angeboten. (Quelle: WKO Lehrlingsstatistik) Die Anzahl der Lehrbetriebe nimmt kontinuierlich ab. Von 41.139 Lehrbetrieben im Jahr 2000 sank die Zahl bis 2013 auf 33.595 Betriebe, die Lehrlinge aufnehmen. 2006 wurden insgesamt 125.961 Lehrlinge ausgebildet, die Zahlen für das Jahr 2014 weisen einen Stand von 115.068 Lehrlingen auf. (Quelle: WKO Lehrlingsstatistik)

Für die Regelung des Zugangs in die betriebliche Ausbildung sind die Lehrbetriebe die zentralen Akteure. Sie führen zum Teil umfangreiche betriebliche Aufnahmetests durch, um die Besten aufzunehmen. Benachteiligt sind in diesem Konkurrenzkampf Jugendliche, deren „inkorporiertes Kapital“ (Bourdieu 1997) gering ist, die oft kein gutes Abschlusszeugnis vorweisen oder über ein größeres Wissensdefizit verfügen.

9.1 Zusammenfassung

Aus der durchgeführten Literatur- und Datenanalyse sowie aus den mehr als 100 Interviews mit Jugendlichen mit Migrationshintergrund in Wien und Vorarlberg, zahlreichen Gesprächen mit Eltern aus einzelnen Zuwanderungsgruppen sowie mit Ausbildungs- und Lehrpersonen lassen sich fünf wichtige Themenschwerpunkte definieren:

1. Die sensible Phase des Übergangs von der Schule in die Lehre.
2. Die Auswirkungen des sozioökonomischen und soziokulturellen Hintergrunds auf den Schulerfolg und die Bildungsbeteiligung der Jugendlichen.
3. Die unterschiedlichen Erfahrungen mit der betrieblichen Berufsausbildung.
4. Die besondere Bedeutung der überbetrieblichen Berufsausbildung für Jugendliche aus sozioökonomisch schwachen Familien.
5. Die besonderen Herausforderungen in den Berufsschulen zur Erreichung eines positiven Lehrabschlusses.

9.1.1 Die sensible Phase des Übergangs von der Schule in die Lehre

Jugendliche mit Migrationshintergrund haben gegen Ende der Pflichtschulzeit durchschnittlich eher Defizite in Grundkompetenzen als Jugendliche ohne Migrationshintergrund. Mit schlechteren Noten/geringeren Kompetenzen sind sie im Wettbewerb um betriebliche Lehrstellen im Nachteil. Sie haben auch ein höheres Risiko, den Bildungsweg nach Ende der Schulpflicht zu beenden oder weiterführende Schulen abzubrechen.

Die qualitative Analyse des Übergangs von der Schule in eine Karriere mit Lehre zeigt für die Untersuchungsgruppe von Jugendlichen mit Migrationshintergrund in Wien und Vorarlberg folgende Ergebnisse:

- Auffällig viele Wiener Jugendliche haben zunächst eine Fortsetzung ihrer Schulkarriere im Auge. In Vorarlberg gilt bei vielen Jugendlichen bereits im schulpflichtigen Alter die Lehre als eine gute Option. Zwei Gründe lassen sich dafür anführen: Erstens lässt sich in Vorarlberg eine höhere Erwerbsbeteiligung beider Elternteile von Jugendlichen mit Migrationshintergrund nachweisen, was bei der Lehrplatzsuche hilfreich ist, und zweitens ist das betriebliche Lehrstellenangebot vergleichsweise größer als in Wien.
- Die Zielsetzung, eine weiterführende Schule zu besuchen, wird vielfach selbst dann getroffen, wenn die Voraussetzungen für eine erfolgreiche Schulkarriere nicht gegeben sind. Gründe für die oftmals nicht passende Ausbildungswahl sind:
  - eine weit verbreitete Unkenntnis über die besonderen Herausforderungen der verschiedenen schulischen Ausbildungszweige,
  - eine manchmal geradezu eklatante falsche Einschätzung der eigenen Fähigkeiten,
  - eine oftmals unrealistisch hohe Bildungserwartung der Eltern,
  - ein niedriges Image der dualen Berufsausbildung, wobei sie diese nicht kennen oder mit dem niedrig bewerteten „zanat" aus ihren Herkunftsländern verwechseln.
- Viele Jugendliche mit Migrationshintergrund gehen auch in eine weiterführende Schule, weil sie am Lehrstellenmarkt nicht unterkommen. Das Ergebnis des Festhaltens an unrealistischen Ausbildungszielen ist, dass sich viele Jugendliche mit schlechten Schulnoten und/oder einem Schulabbruch notgedrungen auf Lehrstellensuche begeben, was die erfolgreiche Lehrplatzsuche wiederum stark erschwert.
- Einige Jugendliche erkennen, dass schlechte Schulzeugnisse und/oder ein Schulabbruch ihre Chancen am Lehrstellenmarkt verschlechtern, und schaffen es noch rechtzeitig gegenzusteuern. Sie schließen erfolgreich eine schulische Ausbildung ab bzw. zögern, weil sie ihre Eltern nicht enttäuschen wollen, den Schulabbruch lange hinaus und begeben sich danach auf Lehrstellensuche, was ihre Chancen am Lehrstellenmarkt durchaus erhöht.
- Ohne das Angebot von überbetrieblichen Berufsausbildungen wäre vielen Jugendlichen der Weg zu einer Lehre versperrt. Nicht selten zeigt sich im Zuge eines Praktikums, dass ihre handwerkli-

chen und persönlichen Fähigkeiten sehr gut sind, sodass es ihnen gelingt, die Aussagekraft der Schulzeugnisse zu relativieren.

- Jugendliche, die keine Ausbildung machen wollen und finanziell unter Druck stehen, tendieren vermehrt dazu, über Schwarz- und Gelegenheitsarbeiten schnelles Geld zu verdienen. Die Ausübung einer unqualifizierten beruflichen Tätigkeit wird aber früher oder später als berufliche Sackgasse erkannt. Mit einer späteren Ausbildung wird versucht, die beruflichen Möglichkeiten zu erweitern und für eine stabilere Einkommenssituation zu sorgen.
- Viele Jugendliche aus sozioökonomisch schwachen Familien leiden darunter, dass sie in der Schule wenig bis keine Anerkennung erfahren haben. Ihr Selbstvertrauen ist manchmal so erschüttert, dass sie sich keine weitere Ausbildung zutrauen. Nach ein, zwei Jahren Pause versuchen einige wieder zaghaft, nicht zuletzt auf Druck ihrer Eltern, sich den Herausforderungen einer beruflichen Ausbildung zu stellen.
- Jugendliche aus sozioökonomisch schwachen Familien reagieren notgedrungen oft sehr flexibel, was ihre berufliche Ausbildung betrifft. Damit schaffen sie sich nicht selten überraschend gute Voraussetzungen für eine erfolgreiche Berufsausbildung.
- Regionale Unterschiede: Die Ergebnisse der Befragungen in Wien und Vorarlberg zeigen, dass Jugendliche in Vorarlberg im Gegensatz zu Wien oft mehrere betriebliche Lehrstellenangebote bekommen. Nach einem ersten Scheitern gibt es noch einen zweiten oder gar dritten betrieblichen Lehrversuch, ehe die Jugendlichen auf eine überbetriebliche Ausbildungseinrichtung angewiesen sind. In Wien haben Jugendliche aus sozioökonomisch schwachen Familien kaum die Chance, von einem betrieblichen Lehrplatz zu einem anderen zu wechseln, ihnen bleibt oft als einzige Alternative die überbetriebliche Ausbildung. In Vorarlberg bildet die Lehre nach wie vor einen „traditionellen Ausbildungsweg“, der von vielen Jugendlichen ergriffen wird. In Wien ist der Lehrstellenmarkt sehr angespannt und vergleichsweise weniger Jugendliche eines Altersjahrgangs absolvieren eine Lehre. So zählte die Lehrlingsstatistik für Vorarlberg im Jahr 2014 insgesamt 7.542 Lehrlinge, das bevölkerungsmäßig nahezu fünf Mal so große Wien bildete 2014 mit 17.406 Lehrlingen hingegen nur etwas mehr als doppelt

so viele Lehrlinge aus wie Vorarlberg. (Vgl. WKÖ, Lehrlingsstatistik)

- Aus den Befragungen der Jugendlichen aus schwachen sozioökonomischen Familien zeigt sich ein weiterer regionaler Unterschied: In Wien führt der erste Weg bei der Lehrstellensuche oft direkt zum AMS, in Vorarlberg wird das AMS meist erst nach längerer ergebnisloser Lehrplatzsuche kontaktiert.
- In Vorarlberg geben Unternehmen an, dass die Sprachkenntnisse der Lehrlinge keine besonderen Schwierigkeiten bei der Aufnahme darstellen. In Wien finden Jugendliche oft keinen betrieblichen Lehrplatz, weil ihre Deutschkenntnisse oft nicht ausreichen, um im großen Segment Handel bzw. Gastronomie unterzukommen.
- Jugendliche mit Schwierigkeiten, einen Lehrplatz zu finden, sehen darin teils eine absichtliche Ausgrenzung und fühlen sich persönlich diskriminiert.

9.1.2 Auswirkungen des sozioökonomischen, soziokulturellen Hintergrundes

Für die Bildungswege und den Bildungserfolg hat in Österreich die sozioökonomische Position der Familien der Schulkinder einen beträchtlichen Einfluss, wie Schülerleistungsvergleichstests sowie Analysen der sozioökonomischen Struktur der Schüler und Schülerinnen nach Schultyp wiederholt zeigen. Dass Kinder und Jugendliche mit Migrationshintergrund bei verschiedenen Bildungsindikatoren im Durchschnitt eine schlechtere Position einnehmen, hat damit zu tun, da sie in höherem Ausmaß in sozioökonomisch benachteiligten Familien aufwachsen. Ein Indikator dafür ist der Schulabschluss der Eltern. Von den Eltern der Volksschulkinder der vierten Schulstufe im Schuljahr 2010 haben im österreichischen Gesamtdurchschnitt neun Prozent maximal einen Pflichtschulabschluss, bei Eltern mit Migrationshintergrund liegt dieser Wert bei 26 Prozent. Bei Eltern mit türkischer Herkunft hat mehr als die Hälfte höchstens einen Pflichtschulabschluss (55 Prozent).

Auch der Anteil von Eltern mit niedrigem Berufsstatus ist bei Familien mit Migrationshintergrund im Durchschnitt deutlich höher als bei Familien ohne Migrationshintergrund. Damit korrespondiert ein niedrigeres Nettohaushaltseinkommen: Nur ein Zehntel der Schülerinnen und Schüler, deren Eltern in der Türkei geboren wurden, leben in Haushalten mit mehr als 2.400 Euro pro Monat. Bei Kindern, deren Eltern in Österreich geboren wurden, liegt dieser Prozentwert bei mehr als einem Drittel. Bei türkischstämmigen Eltern ist besonders oft ein Elternteil primär im Haushalt tätig. Statistische Analysen der Ergebnisse aus Schülerleistungsvergleichstests, wie die PISA-Erhebungen der OECD oder die Überprüfung der Bildungsstandards, veranschaulichen den Einfluss des Sozialstatus. Wird dieser berücksichtigt, verringern sich die beobachteten Leistungsunterschiede zwischen Jugendlichen mit und ohne Migrationshintergrund deutlich.

In sozioökonomisch benachteiligten Familien ist die Unterstützungsleistung der Eltern für Kinder auf eine „abstrakte“ Ebene beschränkt. Es gibt Lob für gute Schulleistungen und die Ermahnung zu lernen, direkte Unterstützung beim Lernen können die Eltern kaum geben.

Trotz oder gerade wegen einer vielfach sozioökonomischen Schlechterstellung der Eltern fällt auf, dass zum Beispiel türkischstämmige Eltern überproportional oft einen Hochschulabschluss für ihre Kinder anstreben. Bei Eltern aus dem ehemaligen Jugoslawien ist es die Matura, während bei den in Österreich geborenen Eltern die Lehre überproportionale Anteile hat. Insgesamt bemühen sich Jugendliche, wenn sie sich für eine duale Berufsausbildung entschlossen haben, in der Regel sehr um einen Lehrplatz und schicken viele Bewerbungen.

Innerhalb der Zuwanderungsgruppen ist bei den interviewten Jugendlichen ein soziokultureller Unterschied vor allem zwischen der türkischen Zuwanderungsgruppe und der BKS-Gruppe sowie anderen Gruppen festzustellen. Aus den Aussagen der Jugendlichen lässt sich ableiten, dass die Erwerbseinbindung beider Elternteile in fast allen Migrationsgruppen höher als in der türkischen Community ist, wo die Mütter öfter primär im Haushalt tätig sind. Dies deckt sich mit den Ergebnissen der repräsentativen Elternbefragung von Lachmayr und Leitgöb (2011), in der festgestellt wurde, dass in den exjugoslawischen Haushalten überproportional häufiger beide Elternteile einer Vollzeitbeschäftigung nachgehen, während bei den türkischstämmigen Eltern häufig ein Elternteil primär im Haushalt tätig ist. In den Interviews erzählten vor allem türkischstämmige Jugendliche aus Wien davon, während in Vorarlberg eher beide Elternteile erwerbstätig sind – allerdings eher im geringqualifizierten Bereich. Bei den interviewten Jugendlichen mit BKS-Hintergrund sind dahingegen häufig beide Eltern erwerbstätig.

Aus den Ergebnissen der zahlreichen Interviews lassen sich aus einer geringen Erwerbseinbindung der Mütter und den meist eher unqualifizierten Berufstätigkeiten der Väter folgende zwei Punkte ableiten, die sich ungünstig auf die betreffenden Jugendlichen auswirken:

1. Sie lernen frühzeitig Phasen der Arbeitslosigkeit kennen.
2. Ihre Eltern können mangels beruflichen Netzwerks weniger bei der Lehrstellensuche unterstützen. Die Jugendlichen sind eher als andere auf überbetriebliche Ausbildungsangebote angewiesen.

Ad 1) Jugendliche, deren Väter oder ältere Geschwister oft arbeitslos sind, gewöhnen sich an diesen Zustand, der zu einer zwar unangenehmen, aber aus ihrer Sicht normalen Begleiterscheinung des Alltagslebens wird. Das AMS in Bezug auf Jobs und Geldleistungen zu kontaktieren wird zu einer Selbstverständlichkeit.

Ad 2) Es zeigt sich ein auffälliger Zusammenhang zwischen Jugendlichen mit geringen Chancen und dem Umstand, dass deren Eltern eine unqualifizierte Arbeit ausüben oder arbeitslos sind. Da diese Eltern eher schwach am österreichischen Arbeitsmarkt etabliert sind, haben sie kaum Möglichkeiten, ihren Kindern bei der Lehrstellen- oder Jobsuche zu helfen. Das Angebot einer überbetrieblichen Berufsausbildung ist für diese Gruppe besonders wichtig. Dieser Zusammenhang lässt sich auch aus den vorliegenden Daten ableiten, wonach Jugendliche mit BKS-Hintergrund weniger stark auf einen überbetrieblichen Lehrausbildungsplatz angewiesen sind als türkischstämmige Jugendliche, deren Eltern zum Großteil unqualifizierte Arbeiten ausüben.

Jugendliche, auf die diese zwei Punkte zutreffen, erben tendenziell die soziale Position ihrer Eltern. Oft setzt sich für diese Gruppe die „Reproduktion sozialer Ungleichheit“ (Bourdieu) in Gang. (Vgl. Müller 2014)

9.1.3 Unterschiedliche Erfahrungen mit der betrieblichen Berufsausbildung

Die duale Ausbildung wird traditionell von den Sparten Gewerbe und Handwerk, Industrie und Handel getragen. 71 Prozent der Lehrlinge wurden österreichweit in diesen Sparten ausgebildet. 2013 kamen statistisch gesehen auf eine offene Lehrstelle 1,7 Lehrstellensuchende. In Wien war dieses Verhältnis 4,7, in Vorarlberg 1,3. Nimmt man die Anzahl der Lehrlinge, die sich meist aus Mangel an einem betrieblichen Ausbildungsplatz überbetrieblich ausbilden lassen, hinzu, kommen österreichweit 5,6 Jugendliche auf eine offene Lehrstelle. Die entsprechenden Zahlen für Wien und Vorarlberg lauten 17,6 bzw. 5,4.

Die Zahl der Jugendlichen in einer betrieblichen Lehre ist im Jahre 2013 auf etwa 105.000 zurückgegangen. (1980 wurden noch 194.000 Jugendliche ausgebildet.) In Wien, im Burgenland und der Steiermark war der Rückgang der Lehrlinge am stärksten, in Vorarlberg am geringsten. Der Rückgang zieht sich durch fast alle Branchen, die überbetriebliche Ausbildung hat hingegen eine klar steigende Tendenz. In Wien liegt der Anteil überbetrieblicher Lehrstellen bei 19 Prozent und Jugendliche mit Migrationshintergrund sind in den ÜBAs überrepräsentiert. In Vorarlberg ist das Verhältnis zwischen Lehrstellensuchenden und offenen Lehrstellen relativ ausgeglichen und es gibt nur wenige überbetriebliche Lehrstellen (zwei Prozent der Lehrlinge). Diese Strukturen weisen insbesondere für Wien darauf hin, dass Jugendliche mit Migrationshintergrund im Wettbewerb um betriebliche Lehrstellen im Nachteil sind.

Generell spielen Schulnoten und Testergebnisse, aber vor allem auch „gute Umgangsformen“ eine wichtige Rolle. Inwiefern die Unterrepräsentation von Jugendlichen mit Migrationshintergrund auf die Rekrutierungspraktiken der Lehrbetriebe zurückzuführen ist, ist in Österreich bislang nicht untersucht worden. Untersuchungen aus der Schweiz und Deutschland haben ergeben, dass Jugendliche mit Migrationshintergrund sich öfter bewerben müssen, um zu einem Vorstellungsgespräch eingeladen zu werden, häufiger keine Rückmeldung von Lehrbetrieben auf ihre Bewerbung erhalten und auch häufiger direkt eine Absage bekommen.

Die Ergebnisse der qualitativen Analyse: Jugendliche mit durchschnittlichen bis schlechten Zeugnissen finden nach Beendigung ihrer Schulkarriere weder in Vorarlberg noch in Wien leicht eine Lehrstelle. Selbst wenn sie es schaffen, einen Lehrvertrag zu bekommen, ist es keineswegs sicher, dass sie die Lehre erfolgreich abschließen. In den überbetrieblichen Ausbildungseinrichtungen finden sich nicht wenige Lehrlinge, die Erfahrungen mit einer betrieblichen Lehrausbildung sammeln konnten. Leider handelt es sich dabei oft um ausgesprochen schlechte Erfahrungen. Nicht immer sind für das Scheitern allein die Betriebe verantwortlich. Auch Schwierigkeiten im Umgang mit Kollegen oder im Umgang mit Konflikten können zum Abbruch der Lehre durch die Jugendlichen führen. Aus den Erzählungen von Lehrlingen lassen sich aber auch übereinstimmende Schwierigkeiten einer Lehre in Betrieben feststellen:

- fehlendes Verständnis bis hin zu Respektlosigkeit von Vorgesetzten
- fehlende Wertschätzung
- offenes Misstrauen
- keine systematische Einschulung
- überwiegend berufsfremde und niedrige Tätigkeiten
- Früh-, Nacht- und Wochenendarbeit
- Überstunden
- niedriges Einkommen

Die Summe aller, aber auch einzelne Punkte wirken sich sehr negativ auf die Motivation der betreffenden Lehrlinge aus. Weil sich die meisten Lehrlinge ihre berufliche Zukunft nicht verbauen wollen, halten dennoch viele bis zum Lehrabschluss durch, nehmen sich aber vor, danach sofort zu kündigen. Nicht wenige Lehrlinge geben schon früher auf und wechseln in eine andere Fachrichtung oder setzen ihre Ausbildung überbetrieblich fort.

Lehrlinge, die mit den angeführten Punkten während ihrer Ausbildung kaum in Berührung kommen, die sich gefordert, anerkannt und wertgeschätzt fühlen, sind mit ihrer Lehrzeit sehr zufrieden. In Vorarlberg ist diese Kultur verbreiteter als in Wien, was mit der geringeren Diskrepanz zwischen Angebot von Lehrstellen und Nachfrage von Jugendlichen im Vergleich zu Wien zusammenhängen dürfte.

Lehrlinge beklagen sich häufig über eine fehlende Vertrauensbasis zu ihren Vorgesetzten, sie erhalten oft keine Einschulung, fühlen sich als fünftes Rad am Wagen oder ausgenutzt. Besonders häufig schildern sie, dass sie respektlos behandelt werden. Oft wird ihnen in den Betrieben deutlich vermittelt, auf der untersten Stufe der Hierarchie zu stehen. Wenn solche unangenehmen Formen sozialer Interaktionen häufig auftreten, tragen sie zu einer Verunsicherung und in weiterer Folge zur Demotivation der Lehrlinge bei.

Lehrlinge berichten von ausgesprochen unangenehmen Arbeitsaufträgen, die sie ausführen müssen. Das Putzen und Reinigen ist in jeder Branche laut ihren Erzählungen fester Bestandteil des Lehrlingsdaseins. Das Zuschieben von unangenehmen Arbeitsaufträgen an Lehrlinge funktioniert meist gut, weil viele Lehrlinge eine mögliche Weiterbeschäftigung nach der Lehre nicht gefährden wollen.

Viele Lehrlinge, die unzufrieden mit ihrem Lehrverhältnis sind, beklagen sich, weil sie nur fachliche Teilkenntnisse während ihrer praktischen Ausbildung erwerben. Neben dem Stress, dadurch womöglich die Lehrabschlussprüfung nicht zu schaffen, stört sie die damit verbundene Geringschätzung. Sie reagieren mit Frustration, weil sie sich ausgenutzt fühlen, und nehmen sich vor, spätestens nach Abschluss der Lehre den Betrieb zu wechseln, nicht wenige brechen die Lehre ab.

Fehlende Anerkennung, ein unhöflicher Umgangston und hoher Arbeitsdruck ist eine sehr ungünstige Kombination, die sich negativ auf die Zufriedenheit der Lehrlinge auswirkt. Kommen noch Misstrauen und gesundheitliche Probleme hinzu, kann das zum Abbruch der Lehre führen.

Neben diesen unangenehmen Begleiterscheinungen wird auch die Höhe der Lehrlingsentschädigung kritisiert. Besonders dann, wenn Lehrlinge erkennen, dass sie gleich viel oder sogar mehr als die altgediente, aber viel besser verdienende Stammbelegschaft leisten, fühlen sie sich ungerecht behandelt. Vor allem weibliche Lehrlinge, die zum Großteil in Niedriglohnbranchen ihre Lehre absolvieren und auf Trinkgeld angewiesen sind, kritisieren die geringen Einkommensmöglichkeiten.

Ein weiteres großes Feld von Unzufriedenheit bezieht sich auf die unterschiedlichen Arbeitszeitregelungen. Lehrlinge leisten nicht selten in Wien und Vorarlberg zahlreiche Überstunden, sie müssen zum Teil schon um 4.00 Uhr früh aufstehen, erzählen von zweistündigen Mittagspausen und zwölfstündigen Arbeitstagen, von denen sie völlig übermüdet nach Hause kommen. An das Arbeiten an Wochenenden, inklusive Sonn- und Feiertag, gewöhnen sie sich besonders schwer. Als besondere Belastung empfinden sie dabei die soziale Ausgrenzung, die mit einer Wochenendarbeit verbunden ist.

Im Unterschied zu den genannten belastenden Faktoren gibt es auch Lehrlinge, die mit ihrer Situation sehr zufrieden sind. Ein besonders auffälliges Merkmal von positiven Lehrverhältnissen ist, dass den Jugendlichen neben Anerkennung, erwiesenem Respekt, Unterstützung und Ernstnehmen ihrer Bedürfnisse auch eine berufliche Herausforderung wichtig ist. Lehrlinge wollen etwas ausprobieren und nicht nur zuschauen oder niedrige Arbeitsaufträge ausführen. Lehrlinge zeigen ein fachliches Interesse und freuen sich über erworbene Fachkenntnisse.

9.1.4 Erfahrungen mit der überbetrieblichen Berufsausbildung

Jugendliche mit Migrationshintergrund sind in überbetrieblichen und integrativen Lehrausbildungen erheblich überrepräsentiert. Türkischstämmige Jugendliche sind besonders stark in einer ÜBA vertreten, während Jugendliche aus den Nachfolgestaaten Jugoslawiens vergleichsweise häufiger eine betriebliche Lehrausbildung absolvieren.

In allen Bundesländern haben Lehrlinge mit Migrationshintergrund häufiger eine überbetriebliche Lehrstelle inne als Lehrlinge ohne Migrationshintergrund. In Wien und Vorarlberg ist ihr Anteil doppelt so hoch wie bei den Lehrlingen ohne Migrationshintergrund.

Jugendliche mit Migrationshintergrund sind vom Lehrstellenmangel bzw. von den Schwierigkeiten eine Lehrstelle zu finden überproportional betroffen. Das gilt für Mädchen wie Burschen gleichermaßen.

Die überbetrieblichen Ausbildungszentren in Wien und Vorarlberg legen den Schwerpunkt auf

1. die fachliche Ausbildung in Theorie und Praxis,
2. sozial angepasstes Verhalten und
3. auf Praktika.

Fachliche Ausbildung in Theorie und Praxis:
Die fachliche Ausbildung bezieht sich auf die Vermittlung von Theorie und Praxis. Für die praktische Ausbildung stehen den Lehrlingen zum Großteil moderne Lehrwerkstätten zur Verfügung. Die Ausbildungspersonen leisten neben praktischer Anleitung auch theoretische Hilfestellung. Diejenigen Lehrlinge, die mehr Unterstützung brauchen, werden entsprechend gefördert. Die Zusammenarbeit mit den Berufsschulen und die Förderung der einzelnen Lehrlinge funktioniert, je nach Träger, manchmal so gut, dass Lehrlinge bei Prüfungen in der Berufsschule und bei Lehrlingswettbewerben besser abschneiden als Lehrlinge, die eine betriebliche Ausbildung absolvieren.

Eine wichtige Voraussetzung für eine gute Förderung ist, wenn die Berufsschule nicht Blockunterricht, sondern einzelne Berufsschultage anbietet. Nur bei Einzeltagen ist es dem geschulten Personal der überbetrieblichen Ausbildungseinrichtungen möglich, den Jugendlichen bestmögliche Unterstützung und Hilfestellung zu geben.

Vermittlung eines erwünschten Sozialverhaltens:
Ein weiterer Schwerpunkt liegt in der Vermittlung von wichtigen Tugenden wie Pünktlichkeit, Verlässlichkeit, Sauberkeit, Engagement und respektvollem Umgang. Werden diese wichtigen Tugenden von den Lehrlingen angenommen, sind die Voraussetzungen für eine gute berufliche Zukunft gegeben.

Die Praktika werden angeboten, damit die Lehrlinge die Möglichkeit erhalten, ihre besonderen persönlichen und fachlichen Fähigkeiten unter Beweis zu stellen. Wechseln Lehrlinge in eine betriebliche Berufsausbildung, wird dies als sozialer Aufstieg und zu Recht als großer Erfolg gewertet.

Der Unterschied zwischen einer überbetrieblichen und betrieblichen Ausbildung liegt vor allem darin, dass in einem Betrieb oft schneller gearbeitet werden muss und die Lehrlingsentschädigung höher als das Schulungsgeld ist. Der Wechsel in einen Lehrbetrieb gelingt meist nur in den ersten zwei Ausbildungsjahren. Im dritten

Lehrjahr finden kaum noch Übernahmen statt. Bereits im ersten, aber vor allem im zweiten Lehrjahr kommt es zu vielen Abbrüchen. Die Abbruchrate hängt oft mit der Qualität der Ausbildung und den Berufsaussichten nach Abschluss einer Lehre zusammen. Viele Lehrlinge wechseln auch mehrmals die Berufsausbildung oder begnügen sich mit Gelegenheitsjobs. Die Motivation der Lehrlinge wird auch vom vergleichsweise niedrigen Schulungsgeld untergraben. Aus Sicht der Ausbildungspersonen erhöht der Abschluss einer Ausbildung die Chancen am Arbeitsmarkt.

Praktika:
Im Bereich der Praktika ist ein großer Unterschied zwischen Wien und Vorarlberg festzustellen. In Wien nimmt die Vermittlung von Praktika für möglichst alle Lehrlinge einen wichtigen Stellenwert ein, in Vorarlberg praktizieren in einer Firma hingegen eher diejenigen Lehrlinge, die mit den zahlreichen Regeln im überbetrieblichen Ausbildungszentrum am besten zurechtkommen und bei denen die Erfolgschancen für eine Übernahme in einen Betrieb besonders hoch liegen.

9.1.5 Herausforderung: Berufsschule

Generell sind die Berufsschulen in Wien und Vorarlberg vor allem mit zwei Problemen konfrontiert:

1. mit dem geringen Basiswissen vieler Lehrlinge und
2. mit der Inhomogenität der Lehrlinge innerhalb einer Klasse.

Die einen Lehrlinge fühlen sich über-, die anderen unterfordert. In Berufsschulen, in denen keine Leistungsgruppen gebildet werden, ist dieses Problem besonders groß.

Die Berufsschule stellt vor allem für Lehrlinge, die in ihrer bisherigen Schullaufbahn nur wenige Erfolgserlebnisse sammeln konnten, eine weitere Hürde da. Insgesamt wird versucht, den Lehrlingen entgegenzukommen und die meisten Lehrlinge erleben die Lehrpersonen als unterstützend. Vielen Lehrlingen gelingt es in der Berufsschule sehr gut, den Bezug zu ihrer praktischen Arbeit herzustellen, was sich positiv auf ihre Motivation auswirkt. Lehrlinge, die überbetrieblich ausgebildet werden, schätzen die wertvolle Unterstützung und Förderung durch das Lehr- und Ausbildungspersonal.

Für Lehrlinge, die überbetrieblich ausgebildet werden, wird die Berufsschule mitunter zu einer großen, nahezu unüberbrückbaren Hürde, wenn sie in Blockform organisiert ist. In diesem Fall greift die spezielle und individuelle Förderung nicht in der Weise, wie es beim wöchentlichen Berufsschulbesuch möglich ist.

Lehrpersonen von Berufsschulen klagen oft über ein fehlendes Basiswissen von Lehrlingen, was eine gute fachliche Berufsausbildung sehr erschwert. Kommt noch eine geringe Motivation für das Lernen hinzu, sind negative Noten vorprogrammiert.

Vor allem im Laufe des ersten Lehrjahres wechseln viele Jugendliche aus Überforderung den Beruf oder brechen die Ausbildung ab. Ein Abbruch hängt nicht immer mit den besonderen Herausforderungen der Berufsschule zusammen, sondern mit disziplinären Gründen, wenn Jugendliche es nicht schaffen, pünktlich und verlässlich zu sein.

In den überbetrieblichen Ausbildungseinrichtungen wird versucht, den Lehrlingen die grundlegenden sozial erwünschten Verhaltensweisen beizubringen und die individuellen Lernschwächen zu beseitigen. Je besser die Kooperation mit den Berufsschulen funktioniert, desto höher sind die Erfolge von Lehrlingsgruppen aus sozioökonomisch schwachen Familien in der Berufsschule. Überbetriebliche Ausbildungseinrichtungen, die ein konsequentes Unterstützungs- und Förderprogramm verfolgen, können damit gute Erfolge erzielen. Es kommt weniger oft zu Lehrabbrüchen, die Zahl derjenigen, die erfolgreich in eine betriebliche Ausbildung wechseln, nimmt zu und die Erfolgserlebnisse in den Berufsschulen werden häufiger.

Das Modell „Lehre mit Matura“ nimmt vor allem im Bereich der überbetrieblichen Berufsausbildung keinen hohen Stellenwert ein. Auch für Lehrlinge ohne Lernschwierigkeiten ist dieses Angebot keine gut umsetzbare Option. Oft geht sich der Schulbesuch zeitlich nicht aus und auch die Ausbildungsbetriebe unterstützen dieses ambitionierte Vorhaben nicht immer. Ein attraktiveres Modell könnte vermehrt Schülerinnen und Schüler ansprechen, die zwar die Matura ins Auge fassen, gleichzeitig aber an einer Lehrausbildung interessiert sind.

9.2 Abschließende Überlegungen und Empfehlungen

Dass in Vorarlberg die Lehre einen hohen Stellenwert hat, zeigte sich im Zuge des Besuchs von Berufsschulen, Lehrwerkstätten und Betrieben für die Interviews auf „Schritt und Tritt“. Die Werkstätten in den Berufsschulen sind modern ausgestattet, die Betriebe haben ein traditionell enges Verhältnis zu den Berufsschulen und ein großes Interesse, den Lehrlingen eine optimale Voraussetzung für eine gute Ausbildung zu bieten. In Wien versprühen viele Berufsschulen eher den Charme der Gründerzeit um 1900, es handelt sich meist um architektonisch beeindruckende Bauten, die in einer Zeit errichtet worden sind, als auch in Wien das Gewerbe vielfältige Berufsmöglichkeiten bot.

Der vorliegende Forschungsbericht zeichnet sich darin aus, die großen Herausforderungen der beruflichen Ausbildung von jungen Menschen, die oft keine guten Voraussetzungen für einen problemlosen Einstieg ins Berufsleben haben, zu benennen. Diese Studie zeigt, wo es Schwachstellen in der Qualifizierung gibt, und vor allem, wie die Jugendlichen selbst ihre Ausbildungssituation wahrnehmen und bewerten.

Diese Studie stellt junge Menschen in den Mittelpunkt, die zum Großteil in Österreich geboren sind und deren Eltern und Vorfahren aus anderen Ländern kommen.

Familien mit einem BKS-Migrationshintergrund sind, wie diese Forschungsarbeit gut zeigt, in vielen Bereichen in Österreich angekommen. Auch unter den Jugendlichen türkischer Herkunft gibt es viele talentierte und sehr fähige Frauen und Männer, die keine größeren Probleme haben, einen guten Arbeitsplatz zu finden und wichtige Aufgaben in unserer Gesellschaft zu übernehmen. In dieser Zuwanderungsgruppe zeigt sich allerdings deutlicher als in anderen, wie nachhaltig ein geringer Bildungsgrad und Berufsstatus der Eltern auf ihre Nachkommen wirkt. Länger und stärker als in anderen Gruppen hält sich hier die vielfach marginalisierte Stellung der ehemaligen „Gastarbeiter“. Nach Goffman (1967) bleiben einer stigmatisierten Gruppe zwei Richtungen einer Identitätspolitik, eine „In-group-Ausrichtung“ oder eine „Out-group-Ausrichtung“. Das Problem liegt in der fehlenden Anerkennung. Jugendliche, denen in Österreich weder in der Schule noch später beim Eintritt in das Berufsleben Anerkennung zuteil wird, fühlen sich benachteiligt.

Jugendliche beurteilen sowohl in Wien als auch in Vorarlberg die Situation in den überbetrieblichen Ausbildungseinrichtungen ähnlich kritisch. Beide Gruppen sagen, dass sie sich schämen würden, in einer Einrichtung zu sein, die das Image hat, überwiegend nur von Schulversagerinnen und -versagern sowie Leuten mit Migrationshintergrund besucht zu werden. Beide Gruppen erachten das Schulungsgeld im Vergleich zu ihren Arbeitsleistungen als zu niedrig und nicht wenige beenden diese Art der Berufsausbildung, weil sie die Hürden der Berufsschule nicht schaffen oder keine konkrete berufliche Perspektive mit ihrer Ausbildung verbinden. Hier wie dort gibt es aber auch viele Jugendliche, die dieses Angebot dankbar annehmen und die damit verbundenen Chancen gut nutzen. Deutlich wird auch zum Ausdruck gebracht, dass Jugendliche in überbetrieblichen Lehrwerkstätten von engagierten Ausbildnerinnen und Ausbildnern im Gegensatz zu vielen betrieblichen Ausbildungsplätzen überwiegend sehr gut geschult und auf die Lehrabschlussprüfung bestmöglich vorbereitet werden.

Diese Studie weist auf viele Zusammenhänge hin, die in dieser Deutlichkeit nicht zu erwarten waren. So kommt klar zum Ausdruck, dass für die interviewten Jugendlichen die Ausbildungsqualität der überbetrieblichen Einrichtungen meist besser als die betriebliche ist. In vielen Betrieben fühlen sich Lehrlinge über- oder unterfordert und geringgeschätzt. Die ÜBA erweist sich als eine überaus wichtige sozial- und arbeitsmarktpolitische Innovation für Jugendliche, die ohne diese Einrichtung kaum Chancen auf eine Berufsausbildung hätten. Durch die individuelle Betreuung in den ÜBAs werden Jugendlichen sowohl praktisch als auch theoretisch wertvolle Hilfestellungen geboten, sodass die Chancen auf einen positiven Berufsabschluss gewahrt sind. Ohne das Angebot der ÜBA, das durch eine Erhöhung des Schulungsgeldes im zweiten Ausbildungsjahr noch attraktiver gestaltet werden sollte, würden viele Jugendliche mit Ausbildungs- und Berufseinstiegsschwierigkeiten keine berufliche Zukunft haben. Die damit verbundenen materiellen Sorgen und die negativen psychischen

Auswirkungen auf eine Generation, die sich ohne ihr Zutun auf die Verliererstraße gedrängt sieht, wären um vieles größer.

Diese Studie zeigt auch klar, wo es für junge Menschen, deren Eltern nicht in Österreich geboren sind, besondere Probleme gibt, die mit gezielten Maßnahmen weitgehend beseitigt werden können. Einen äußerst wichtigen Ansatzpunkt bilden dabei auch Reformen im Schulsystem.

Empfehlungen

- Gestaltung des Unterrichts
  Um soziale Ungleichheit zu reduzieren und Risikoschülerinnen und -schüler besonders zu fördern, sollten Maßnahmen der Differenzierung und Individualisierung des Unterrichts weiter gestärkt werden, wobei weiterer Forschungsbedarf zur Gestaltung des Unterrichts besteht. Insbesondere die Erhöhung der Unterrichtsqualität, guter Fachunterricht sowie strukturierter und disziplinierter Unterricht werden dabei als erfolgreiche Ansatzpunkte gesehen. (Vgl. Bruneforth, Weber, Bacher 2012, 217)
- Ganztagsschule
  Bei Eltern mit Migrationshintergrund wird festgestellt, dass die Unterstützung ihrer Kinder in schulischen Belangen öfter eher abstrakt ist, wie etwa die Ermutigung zu lernen, Zuspruch und Lob, sie ihren Kindern aber weniger konkrete Hilfestellung beim Lernen geben können. Durch die durchschnittlich schwächere sozioökonomische Position, insbesondere von türkischen Haushalten, fehlen den Kindern und Jugendlichen daheim oft auch geeignete Lern- und Rückzugsräume. Ganztägige Schulformen können dazu beitragen, Lernunterstützung und Lernräume zu bieten, die von den Familien/Eltern kaum erbracht werden kann (Stichwort Berufstätigkeit, Alleinerziehende).
- Organisation des Berufsschulunterrichts
  Ein weiterer wichtiger Ansatzpunkt, um die Chancen für Jugendliche aus sozioökonomisch schwachen Familien zu erhöhen, ist die Ausrichtung der Berufsschule auf die Interessen der Berufsschülerinnen und -schüler. Gegenwärtig bestimmen die Betriebe, welche Form des Unterrichts angeboten werden soll. Der Blockunterricht ist nur für Lehrlinge von Vorteil, die keine Probleme haben, den

Lernstoff zu verarbeiten. Vor allem für Lehrlinge, die überbetrieblich ausgebildet werden, ist die Tagesform ideal, weil dann die individuelle Unterstützung und Förderung der Lehrlinge besonders gut greift und die Wissensdefizite abgebaut werden können.

- Qualität der betrieblichen und überbetrieblichen Ausbildung
Diese Studie weist auch darauf hin, dass die Qualität der betrieblichen und der überbetrieblichen Berufsausbildung ein unterschiedliches Niveau aufweisen. Die betriebliche Lehrausbildung braucht professionelle Rahmenbedingungen, die eine Ausbildung auf möglichst hohem fachlichem Niveau sichern soll. Dass junge Menschen als billige Arbeitskräfte missbraucht werden, auf ihre Gesundheit kaum Rücksicht genommen, ihnen nur unqualifizierte Arbeiten zugewiesen werden, sie respektlos behandelt und zu vielen Überstunden genötigt werden, entspricht nicht einem verantwortungsvollen Umgang und einem professionellen Ausbildungsprogramm. Ein solcher Umgang schadet dem Image der dualen Berufsausbildung. Die Betriebe erhalten für die Ausbildung von Lehrlingen österreichweit einen AMS-Förderbetrag von rund 150 Millionen Euro pro Jahr. Aufgrund des enormen Einsatzes öffentlicher Mittel wäre es nur konsequent, wenn der Qualität der Ausbildung eine größere Beachtung geschenkt werden würde. Missständen sowie Diskriminierungen von jungen Menschen sollte durch entsprechende Überprüfungen Einhalt geboten werden.
Auch in den überbetrieblichen Ausbildungseinrichtungen ist eine unterschiedliche Qualität der Betreuung festzustellen, die immer wieder überprüft werden muss. Von Steuergeldern finanzierte Einrichtungen leisten gute Arbeit, wenn es ihnen gelingt,
    - möglichst viele Lehrlinge in eine betriebliche Lehre überzuführen,
    - die Abbruchrate möglichst niedrig zu halten,
    - dass Lehrlinge nach der Ausbildung erfolgreich am Arbeitsmarkt Fuß fassen und sie im Bedarfsfall dabei Unterstützung erhalten.
- Lehre mit Matura
Aus den Schilderungen der Jugendlichen scheint die „Lehre mit Matura“ für viele nicht umsetzbar. Eine Ursache dafür kann sein, dass dieses Bildungsziel von den Betrieben unter Hinweis auf eine

damit verbundene Einschränkung des Arbeitseinsatzes abgelehnt wird. Auch die Doppelbelastung aus „normalem" Lehrlingsalltag und zusätzlichen Schul- und Lernzeiten am Abend kann für die Jugendlichen zu hoch sein. Die Erreichbarkeit des tertiären Bildungssystems im Zuge einer dualen Berufsausbildung kann zur Erhöhung der Attraktivität der Lehre beitragen. Es wird angeregt zu prüfen, wie die Umsetzung dieser Möglichkeit stärker als bisher unterstützt werden kann. Bei Jugendlichen mit Migrationshintergrund könnte dazu beitragen, dass ihre Eltern gezielter darüber informiert werden.

- Eltern als Bildungspartner
  Die Bildungs- und Aufstiegsorientierung der Eltern mit Migrationshintergrund sowie die hohe Lern- und Anstrengungsbereitschaft der Kinder sind ein Potential, das bislang zu wenig ausgeschöpft wird. Ein Handlungsbedarf ergibt sich aus der Beobachtung, dass die Unterstützungsleistung von Eltern mit Migrationshintergrund im Allgemeinen eher abstrakt ist. Vielfach wird von Schwierigkeiten berichtet, die Eltern mit Migrationshintergrund als Bildungspartner zu gewinnen. Forschungen empfehlen, damit schon im vorschulischen und Volksschulbereich zu beginnen, damit einerseits die Grundlagen für eine Unterstützung bei den Übergangsentscheidungen geschaffen werden. Andererseits scheint auch die Kontaktaufnahme desto schwieriger, je länger kein Kontakt gepflegt wurde. Für das Erreichen der Eltern durch die Schule sowie die aktive Beteiligung werden verschiedene Empfehlungen gemacht. Zu nennen sind die Verankerung einer aktiven Elterneinbindung im Schulleitbild, die Einrichtung einer Arbeitsgruppe innerhalb der Lehrkräfte, die für die Elternarbeit Konzepte erarbeitet und die Klassenlehrkräfte in die Elternarbeit einbindet, niederschwellige Angebote und Weiterbildungsangebote für Eltern, wie z. B. Elterncafés und Sprachkurse, Einbindung in Schulaktivitäten, z. B. Mitgestaltung von Projekttagen, zielgruppenorientierte Basisinformationsangebote zum Aufbau des Schulsystems (Schultypen, Übergangsvoraussetzungen) sowie zu den schulinternen Abläufen (Elternsprechtage, Funktion des Mitteilungsheftes, Bedeutung von Korrekturzeichen in Tests und Schulaufgaben). (Vgl. auch Lentner 2011b, 188f.; Linde, Linde-Leimer 2013)

- Verbesserung der Bildungschancen
  Insgesamt geht es darum, möglichst allen Jugendlichen, ob mit oder ohne Migrationshintergrund, den Zugang zu **allen** in Österreich verfügbaren Bildungseinrichtungen und Ausbildungsangeboten zu erleichtern. Dazu gehört auch die duale Ausbildung.

Die Frage, warum Jugendliche mit Migrationshintergrund in der Lehre unterrepräsentiert sind, reicht somit über den dualen Ausbildungsbereich hinaus. Aufgrund der Struktur des österreichischen Bildungswesens werden Jugendliche mit Migrationshintergrund häufiger in die berufsbildende Ausbildung gesteuert (Überrepräsentation an Hauptschulen/Neuen Mittelschulen, Überrepräsentation in arbeitsmarktpolitischen Maßnahmen, Unterrepräsentation an Unterstufengymnasien und weiterführenden Schulen). Es ist somit eine Anforderung an das Bildungssystem insgesamt, Kindern und Jugendlichen mit Migrationshintergrund mehr Chancen und Wahlmöglichkeiten im und durch das Bildungssystem zu ermöglichen.

Eine begrüßenswerte Maßnahme ist die in Umsetzung befindliche Ausbildungsgarantie von jungen Menschen bis 18 Jahre. Wenn sie so umgesetzt wird wie geplant, bedeutet diese gesetzliche Maßnahme, dass künftig eine Ausbildung kein Gnadenakt mehr von betrieblichen und überbetrieblichen Ausbildungsangeboten ist. Wichtig ist, dass Jugendliche, die in strukturschwachen Regionen leben, sowie Jugendliche mit fehlenden Voraussetzungen möglichst individuell gut gefördert und betreut werden, um ihnen eine Ausbildung ihrer Wahl zu ermöglichen. Ein solches Ausbildungsangebot kann das Abgleiten in Schwarz- und Gelegenheitsarbeiten, die langfristig keine Perspektiven haben, deutlich vermindern und ihre Chancen am Arbeitsmarkt erhöhen. Eine oft kurzfristige Rückkehr von Jugendlichen, die in Österreich aufgewachsen sind, ins Herkunftsland ihrer Eltern kann gebremst werden, wenn es für diese wichtige Gruppe von Österreicherinnen und Österreichern gute berufliche Perspektiven gibt.

Literatur

Anwaltschaft für Gleichbehandlung (2012): Teil II des Gleichbehandlungsberichts für die Privatwirtschaft 2010 und 2011. Gemäß § 24 des Bundesgesetzes über die Gleichbehandlungskommission und die Gleichbehandlungsanwaltschaft. Hg. v. Bundesministerin für Frauen und Öffentlichen Dienst im Bundeskanzleramt Österreich. Wien. Online verfügbar unter http://www.gleichbehandlungsanwaltschaft.at/DocView.axd?CobId=49985, zuletzt geprüft am 2. April 2014.

Arnold, R. (1982): Beruf, Betrieb, betriebliche Bildungsarbeit. Einführung in die Betriebspädagogik. Frankfurt a. M.

Baćević, J. (2006), Pogled unazad: antropološka analiza uvođenja usmerenog obrazovanja u SFRJ, In: Antropologija 1, 104–126.

Beicht, Ursula; Granato, Mona (2011a): Prekäre Übergänge vermeiden – Potenziale nutzen. Junge Frauen und Männer mit Migrationshintergrund an der Schwelle von der Schule zur Ausbildung; Expertise. Bonn. Online verfügbar unter http://library.fes.de/pdf-files/wiso/08224.pdf, zuletzt geprüft am 7. März 2013.

Beicht, Ursula; Granato, Mona; Ulrich, Joachim G. (2011b): Mindert die Berufsausbildung die soziale Ungleichheit von Jugendlichen mit und ohne Migrationshintergrund? In: Mona Granato; Reinhold Weiß; Dieter Münk (Hg.): Migration als Chance. Der Beitrag der beruflichen Bildung. Bertelsmann W. Verlag, S. 177–207.

Beicht, Ursula (2011c): Junge Menschen mit Migrationshintergrund: Trotz intensiver Ausbildungsstellensuche geringere Erfolgsaussichten. Bielefeld

Bergmann, Nadja; Lechner, Ferdinand; Matt, Ina; Riesenfelder, Andreas; Schelepa, Susanne; Willsberger, Barbara (2011): Evaluierung der überbetrieblichen Lehrausbildung (ÜBA) in Österreich. Studie im Auftrag des Bundesministeriums für Arbeit, Soziales und Konsumentenschutz, Sektion VI – Arbeitsmarkt. L&R Sozialforschung. Wien.

Biffl, Gudrun; Steinmayr, Andreas; Wächter, Natalia (2008): Lebens- und Erwerbssituation arbeitsmarktferner Jugendlicher in Tirol. Studie im Auftrag der amg Tirol. Krems.

Biffl, Gudrun; Skrivanek, Isabella (2015): Jugendliche mit Migrationshintergrund in der Lehre – Strukturen, Barrieren, Potentiale", Schriftenreihe Migration und Globalisierung, Krems (Edition Donau-Universität).

Biffl, Gudrun; Faustmann, Anna; Rössl, Lydia; Skrivanek, Isabella (2012): STEPS_2 – begleitende Evaluierung: Schnittstelle Arbeitsmarkt. Individuelle und strukturelle Hürden bei der Erwerbsintegration von (arbeitsmarktfernen) Personen, insbesondere solchen mit Migrationshintergrund, in der Steiermark. Donau-Universität Krems, Department für Migration und Globalisierung. Krems.
Online verfügbar unter http://www.forschungsnetzwerk.at/downloadpub/2012_biffl_etal_steps2_stmk_endbericht.pdf, zuletzt geprüft am 8. März 2013.

Biffl, Gudrun; Skrivanek, Isabella (2011): Schule – Migration – Gender. Studie im Auftrag des Bundesministeriums für Unterricht, Kunst und Kultur. Donau-Universität Krems, Department für Migration und Globalisierung. Krems. Online verfügbar unter http://www.bmukk.gv.at/medienpool/21041/schule_migration_gender_eb.pdf, zuletzt geprüft am 8. März 2013.

Bock-Schappelwein, Julia; Huemer, Ulrike; Pöschl, Andrea (2006): WIFO-Weißbuch: Mehr Beschäftigung durch Wachstum auf Basis von Innovation und Qualifikation. Teilstudie 9: Aus- und Weiterbildung als Voraussetzung für Innovation. Hg. v. K. Tichy; G. Walterskirchen; E. Aiginger: Österreichisches Institut für Wirtschaftsforschung. Wien. Online verfügbar unter http://www.wifo.ac.at/wwa/downloadController/displayDbDoc.htm?item=S_2006_WEISSBUCH_09_BILDUNG_27448$.PDF, zuletzt geprüft am 6. Februar 2013.

Boos-Nünning, Ursula (2011): Migrationsfamilien als Partner von Erziehung und Bildung. Expertise im Auftrag der Abteilung Wirtschafts- und Sozialpolitik der Friedrich-Ebert-Stiftung. Hg. v. Abteilung Wirtschafts- und Sozialpolitik der Friedrich-Ebert-Stiftung. Bonn (WISO Diskurs).

Bourdieu, Pierre (1997): Das Elend der Welt, Konstanz.

Bourdieu, Pierre (1992): Ökonomisches Kapital – Kulturelles Kapital – Soziales Kapital. In: Margareta Steinrücke (Hg.): Die verborgenen Mechanismen der Macht. VSA-Verlag. Hamburg (Schriften zu Politik & Kultur).

Bruneforth, Michael; Weber, Michael; Bacher, Johann (2012): Chancengleichheit und garantiertes Bildungsminimum in Österreich. In: Barbara Herzog-Punzenberger (Hg.): Nationaler Bildungsbericht Österreich 2012. Fokussierte Analysen bildungspolitischer Schwerpunktthemen. Band 2. Graz: Leykam, S. 189–227.

Brüggemann, Tim; Rahn, Sylvia (Hg.) (2013): Berufsorientierung: ein Lehr- und Arbeitsbuch, Münster.

Bundesministerium für Arbeit, Soziales und Konsumentenschutz-BMASK (2013): Arbeitsmarktpolitik im Jahr 2012. Wien. Online verfügbar unter http://www.sozialministerium.at/cms/site/attachments/2/7/9/CH2124/CMS1249975678352/arbeitsmarktpolitik_2012_kompl_vers_27.8.13.pdf, zuletzt geprüft am 10. Februar 2014.

BMWFJ. (2012): Die Lehre: Duale Berufsausbildung in Österreich. Wien: Bundesministerium für Wirtschaft, Familie und Jugend.

Dobischat, Rolf; Kühnlein, Gertrud; Schurgatz, Robert (2012): Ausbildungsreife. Ein berufsbildungspolitisch ungeklärter und umstrittener Begriff in der Übergangspassage Jugendlicher von der Schule in die Berufsausbildung. Expertise für die Hans-Böckler-Stiftung Düsseldorf. Essen, Dortmund.

Dornmayr, Helmut (2010): Einstiegsqualifikationen von Wiener Lehrstellensuchenden. Empirische Erhebung bei Wiener Lehrbetrieben. Studie im Auftrag der Wirtschaftskammer Wien. Institut für Bildungsforschung der Wirtschaft. Wien.

Dornmayr, Helmut; Schlögl, Peter; Schneeberger, Arthur; Wieser, Regine (2006): Benachteiligte Jugendliche – Jugendliche ohne Berufsausbildung. Qualitative und quantitative Erhebungen, Arbeitsmarkt- und bildungspolitische Schlussfolgerungen. Hg. v. AMS Österreich Arbeitsmarktforschung und Berufsinformation. Institut für Bildungsforschung der Wirtschaft; Österreichisches Institut für Berufsbildungsforschung. Wien. Online verfügbar unter http://www.forschungsnetzwerk.at/downloadpub/Benachteiligte_Jugendliche.pdf, zuletzt geprüft am 8. März 2013.

Dornmayr, Helmut; Wieser, Regine (2010): Bericht zur Situation der Jugendbeschäftigung und Lehrlingsausbildung in Österreich. 2008–2009. Österreichisches Institut für Berufsbildungsforschung; Institut für Bildungsforschung der Wirtschaft; Österreich. Wien.

Dornmayr, Helmut; Wieser, Regine; Henkel, Susanna (2007): Einstiegsqualifikationen von Lehrstellensuchenden. Studie im Auftrag von AMS Österreich. Institut für Bildungsforschung der Wirtschaft; Österreichisches Institut für Berufsbildungsforschung. Wien. Online verfügbar unter http://www.forschungsnetzwerk.at/downloadpub/Endbericht-Einstiegsqualifikationen.pdf, zuletzt geprüft am 8. März 2013.

Dornmayr, Helmut; Wieser, Regine; Mayerl, Martin (2012): Bericht zur Situation der Jugendbeschäftigung und Lehrlingsausbildung in Österreich. 2010–2011, Endbericht. Studie im Auftrag des Bundesministeriums für Wirtschaft, Familie und Jugend. Österreichisches Institut für Berufsbildungsforschung; Institut für Bildungsforschung der Wirtschaft; Österreich. Wien. Online verfügbar unter http://www.ibw.at/components/com_redshop/assets/document/product/1340967976_jugendbeschaeftigung_2010_2011.pdf, zuletzt geprüft am 8. März 2013.

Ebbinghaus, Margit; Loter, Katarzyna (2010): Besetzung von Ausbildungsstellen. Welche Betriebe finden die Wunschkandidaten – welche machen Abstriche bei der Bewerberqualifikation – bei welchen bleiben Ausbildungsplätze unbesetzt? Eine Untersuchung zum Einfluss von Struktur- und Anforderungsmerkmalen. Hg. v. Bundesinstitut für Berufsbildung (BIBB). Bonn. Online verfügbar unter http://www.bibb.de/de/55671.htm, zuletzt geprüft am 4. Dezember 2013.

Friedl-Schafferhans, Michaela; Hausegger, Trude (2013): Begleitende Evaluierung der Überbetrieblichen Berufsausbildung 2 in Wien. Vergleichende Analyse der ÜBA-Februarlehrgänge 2011 differenziert nach ÜBA-Modell. Studie im Auftrag des AMS Wien. Unter Mitarbeit von Katrin Maierhofer und Christina Koller. Prospect Unternehmensberatung GmbH. Wien.

Girtler, Roland (2001): Methoden der Feldforschung, Wien.

Goffman, Erving (1977): Asyle. Über die soziale Situation psychiatrischer Patienten und anderer Insassen, Baden-Baden.

Gogolin, Ingrid (2001): Die Verantwortung der Grundschule für Bildungserfolge und -misserfolge. In: Bildung und Qualifizierung von Migrantinnen und Migranten. Anhörung des Forum Bildung am 21. Juni 2001 in Berlin. (Materialien des Forum Bildung)

Grieger, Nadine (2014): Arbeitsmarktlage Ende August 2014, ams, Wien.

Gruber, Elke (2004): Berufsbildung in Österreich – Einblicke in einen bedeutenden Bildungssektor. In F. Verzetnitsch; P. Schlögl; A. Prischl; R. Wiesner: Jugendliche zwischen Karriere und Misere (S. 17–38). Wien: ÖGB-Verlag.

Haberfellner, Regina (2012): Ethnische Ökonomien als (potenzielle) Arbeitgeberbetriebe. Hg. v. AMS Österreich. Wien (AMS Report, 82/83). Online verfügbar unter http://www.forschungsnetzwerk.at/downloadpub/AMS_report_82_83.pdf, zuletzt geprüft am 8. März 2013.

Häfele, Eva; Greussing, Kurt – AK-Vorarlberg (Hg.) (2013): Endstation Bildungsabbruch? Feldkirch.

Hannes, Caterina (2011): Ein retrospektiver Blick auf den Arbeitsmarkteinstieg von jungen Erwachsenen mit Migrationshintergrund in Oberösterreich. In: A. Poschalko et al.: Berufsorientierung und Berufseinstieg von Jugendlichen mit Migrationshintergrund in Oberösterreich. Institut für Kinderrechte & Elternbildung (IKEB); analyseberatung und interdisziplinäre forschung (abif). Wien, S. 122–155.

Heckl, Eva; Dörflinger, Céline; Dorr, Andrea; Klimmer, Susanne (2008): Evaluierung der integrativen Berufsausbildung (IBA). Studie im Auftrag des Bundesministeriums für Wirtschaft und Arbeit. KMU Forschung Austria. Wien.

Hofer, Konrad (2012): Berufsvorbereitung in der Polytechnischen Schule, Studie für AK-Wien.

Hofer, Konrad (2009): Motive für die Berufswahl, Studie für AK-Wien.

Imdorf, Christian (2010): Die Diskriminierung „ausländischer“ Jugendlicher bei der Lehrlingsauswahl. In: Ulrike Hormel, Albert Scherr (Hg.): Diskriminierung. Grundlagen und Forschungsergebnisse. Wiesbaden: VS Verlag für Sozialwissenschaften, S. 197–219.

Lachmayr, Norbert; Leitgöb, Heinz (2011): Expertise zur sozialen Selektion beim Bildungszugang: Schwerpunkt MIGRATION. Im Auftrag der AK Wien. Hg. v. Österreichischen Institut für Berufsbildungsforschung. Wien.

Lassnigg, Lorenz (2012): Die berufliche Erstausbildung zwischen Wettbewerbsfähigkeit, sozialen Ansprüchen und Lifelong Learning – eine Policy-Analyse. In: Barbara Herzog-Punzenberger (Hg.): Nationaler Bildungsbericht Österreich 2012. Fokussierte Analysen bildungspolitischer Schwerpunktthemen. Band 2. Graz: Leykam, S. 313–354.

Lechner, Ferdinand; Riesenfelder, Andreas; Schelepa, Susanne; Wetzel, Petra (2008): Qualitative Analysen im Zusammenhang mit Erwerbskarrieren von Lehrlingen in Wien. Bericht im Auftrag der Arbeiterkammer Wien. L&R Sozialforschung. Wien.

Lenger, Birgit; Löffler, Roland; Dornmayr, Helmut (2010): Jugendliche in der überbetrieblichen Berufsausbildung. Eine begleitende Evaluierung. Studie im Auftrag des AMS Österreich und der Arbeiterkammer Wien. Unter Mitarbeit von Bernadette Allinger. Österreichisches Institut für Berufsbildungsforschung; Institut für Bildungsforschung der Wirtschaft. Wien. Online verfügbar unter http://www.oeibf.at/db/calimero/tools/proxy.php?id=14394.

Lentner, Marlene (2011a): Berufsorientierung und Berufsberatung von Jugendlichen mit Migrationshintergrund. Am Beispiel Oberösterreich, SP 2 – Modellprojekt. Studie und Handlungsleitfaden. Institut für Berufs- und Erwachsenenbildungsforschung an der Universität Linz. Linz. http://www.land-oberoesterreich.gv.at/files/publikationen/So_ENDBERICHT%20_Berufsorientierung_Jugendliche_Migrationshintergrund_Druckversion.pdf, zuletzt geprüft am 9. März 2013.

Lentner, Marlene (2011b): Jugendliche mit Migrationshintergrund am Übergang Pflichtschule – Sekundarstufe II. In: WISO 34. (2), S. 137–152.

Linde, Susanne; Linde-Leimer, Klaus (2013): „damit niemand rausfällt!“ Grundlagen, Methoden und Werkzeuge für Schulen zur Verhinderung von frühzeitigem (Aus-)Bildungsabbruch. Im Auftrag des Bundesministeriums für Unterreicht, Kunst und Kultur. Hg. v. blickpunkt identität. Wien.

Löffler, Roland; Helling, Kathrin (2011): Überbetriebliche Lehrlingsausbildung in Tirol. Evaluierung des Maßnahmenzeitraumes 2009/2010. Endbericht. Österreichisches Institut für Berufsbildungsforschung. Wien.

Mecheril, Paul; Plößer, Melanie (2009): Differenz und Pädagogik. Online verfügbar unter http://forschenwirgemeinsam.univie.ac.at/uploads/media/Differenz_und_PC3%A4dagogik_Mecheril_Paul.pdf, zuletzt geprüft am 9. März 2013.

Milenović, G. (1985): Ostvarivanje i pravci usavršavanja nove koncepcije srednjeg usmerenog obrazovanja, In: Nastava i vaspitanje, XXXIV (4), (610–640).

Moser, Winfried; Bilgili, Marcel (2010): Berufswechsel nach der Lehre. Das Phänomen des Berufswechsels in den ersten Berufsjahren nach der Lehrausbildung am österreichischen Arbeitsmarkt. Wien.

Müller, Hans-Peter (2014): Pierre Bourdieu, Berlin.

Nusche, Deborah; Shewbridge, Claire; Rasmussen Lamhauge, Christian (2010): OECD-Länderprüfungen Migration und Bildung. Österreich. Deutsche Ausgabe veröffentlicht vom Bundesministerium für Unterricht, Kunst und Kultur mit Genehmigung der OECD. Wien. Online verfügbar unter http://www.oecd.org/education/innovation-education/44584913.pdf, zuletzt geprüft am 28. März 2014.

Österreichischer Gewerbeverein (Hg.) (2011): Kompetenzerwartungen der Unternehmer an Schülerinnen und Schüler am Ende der Sekundarstufe I. ÖGV Unternehmerbefragung. Wien.

Poschalko, Andrea; Mosberger, Brigitte; Hannes, Caterina; Hackl, Marion; Wenty, Marion; Moser, Winfried (2011): Berufsorientierung und Berufseinstieg von Jugendlichen mit Migrationshintergrund in Oberösterreich. Unter Mitarbeit von Karola Neumüller und Josef Nußdorfer. Institut für Kinderrechte & Elternbildung (IKEB); Analyseberatung und interdisziplinäre forschung (abif). Wien.

Putz, Sabine (2014): Arbeitsmarkt & Bildung – Jahreswerte 2013. Hg. v. AMS Österreich. Wien (AMS Info, 265). Online verfügbar unter http://www.forschungsnetzwerk.at/downloadpub/AMSinfo265.pdf, zuletzt geprüft am 12. März 2014.

Remschmidt, Helmut (2013): Adoleszenz – seelische Gesundheit und psychische Krankheit. In: Deutsches Ärzteblatt 110 (25), S. 423–424, zuletzt geprüft am 31. Jänner 2014.

Riesenfelder, Andreas (2007): Branchenbezogene Erwerbskarrieren von Lehrlingen in Wien. Bericht im Auftrag der Abteilung Lehrlings- und Jugendschutz der Arbeiterkammer Wien. L&R Sozialforschung. Wien.

Schmid, Kurt; Hafner, Helmut (2011): Reformoptionen für das österreichische Schulwesen. Internationaler Strukturvergleich und notwendige Reformen aus Sicht der Unternehmen. Studie im Auftrag der Wirtschaftskammer Österreich. Wien (IBW-Forschungsbericht, 161).

Schneider, Jan; Yemane, Ruta; Weinmann, Martin (2014): Diskriminierung am Ausbildungsmarkt. Ausmaß, Ursachen und Handlungsperspektiven. Hg. v. Forschungsbereich beim Sachverständigenrat deutscher Stiftungen für Integration und Migration (SVR).

Schreiner, Claudia (Hg.) (2007): PISA 2006. Internationaler Vergleich von Schülerleistungen. Erste Ergebnisse. Graz: Leykam.

Schreiner, Claudia; Breit, Simone (Hg.) (2014a): Standardüberprüfung 2013. Englisch, 8. Schulstufe. Landesergebnisbericht Wien. Bundesinstitut für Bildungsforschung, Innovation & Entwicklung des österreichischen Schulwesens. Wien. Online verfügbar unter https://www.bifie.at/system/files/dl/10_BiSt-UE_E8_2013_Landesergebnisbericht_WIEN.pdf, zuletzt geprüft am 11. Februar 2014.

Schreiner, Claudia; Breit, Simone (Hg.) (2014b): Standardüberprüfung 2013. Englisch, 8. Schulstufe. Bundesergebnisbericht. Bundesinstitut für Bildungsforschung, Innovation & Entwicklung des österreichischen Schulwesens. Wien. Online verfügbar unter https://www.bifie.at/system/files/dl/01_BiSt-UE_E8_2013_Bundesergebnisbericht.pdf, zuletzt geprüft am 11. Februar 2014.

Schreiner, Claudia; Breit, Simone (Hg.) (2014c): Standardüberprüfung 2013. Mathematik, 4. Schulstufe. Landesergebnisbericht Wien. Bundesinstitut für Bildungsforschung, Innovation & Entwicklung des österreichischen Schulwesens. Wien. Online verfügbar unter https://www.bifie.at/system/files/dl/10_BiSt-UE_M4_2013_Landesergebnisbericht _WIEN.pdf, zuletzt geprüft am 11. Februar 2014.

Schreiner, Claudia; Breit, Simone (Hg.) (2014d): Standardüberprüfung 2013. Mathematik, 4. Schulstufe. Bundesergebnisbericht. Bundesinstitut für Bildungsforschung, Innovation & Entwicklung des österreichischen Schulwesens. Wien. Online verfügbar unter https://www.bifie.at/system/files/dl/01_BiSt-UE_M4_2013_Bundesergebnisbericht.pdf, zuletzt geprüft am 11. Februar 2014.

Schreiner, Claudia; Schwantner, Ursula (Hg.) (2010): PISA 2009. Internationaler Vergleich von Schülerleistungen. Erste Ergebnisse Lesen, Mathematik, Naturwissenschaft. Graz: Leykam.

Schwantner, Ursula; Toferer, Bettina; Schreiner, Claudia (Hg.) (2013): PISA 2012. Internationaler Vergleich von Schülerleistungen. Erste Ergebnisse Lesen, Mathematik, Naturwissenschaft. Graz: Leykam.

Segert, Astrid (2009): Kleinunternehmen und Jugendliche mit Migrationshintergrund, Chancen für die Erwerbsintegration. Kurzbericht. Studie im Auftrag der Wirtschaftskammer Wien und der Stadt Wien MA 27. Institut für Höhere Studien. Wien. Online verfügbar unter http://www.ihs.ac.at/pdf/soz/KU09.pdf, zuletzt geprüft am 8. März 2013.

Smiljanić, Đ. (1986), Zajednička osnova (prva faza) srednjeg usmerenog obrazovnja. In: Nastava i vaspitanje, XXXV (4), (634–649).

Stanzinger, Tamara (2012): Beratungserfahrungen der Gleichbehandlungsanwaltschaft zur Diskriminierung aufgrund der ethnischen Zugehörigkeit am Arbeitsmarkt. In: Zohreh Ali-Pahlavani; Cornelia Mittendorfer (Hg.): Gleichbehandlung. Anspruch und Wirklichkeit am Beispiel ethnischer Diskriminierung. Wien, S. 113.

Statistik Austria (Hg.) (2013): Österreich. Zahlen, Daten, Fakten. Wien: Statistik Austria, Online verfügbar unter https://www.statistik.at/web_de/static/oesterreich._zahlen._daten._fakten_029266.pdf, zuletzt geprüft am 11. Februar 2014.

Statistik Austria (2014): Standard-Dokumentation Metainformationen (Definitionen, Erläuterungen, Methoden, Qualität) zur Schulstatistik, Bearbeitungsstand: 7. März 2014, Wien: Statistik Austria. Online verfügbar unter http://www.statistik.at/web_de/wcmsprod/groups/gd/documents/stddok/030946.pdf#pagemode=bookmarks, zuletzt geprüft am 25. Juni 2014.

Statistik Austria (2015a): Bevölkerung mit Migrationshintergrund im Überblick (Jahresdurchschnitt 2014). Abgerufen von: http://www.statistik.gv.at/web_de/statistiken/bevoelkerung/bevoelkerungsstruktur/bevoelkerung_nach_migrationshintergrund/ index.html am 9. April 2015.

Statistik Austria (2015b): Bevölkerung mit Migrationshintergrund nach Bundesländern (Jahresdurchschnitt 2014). Abgerufen von: http://www.statistik.gv.at/web_de/statistiken/bevoelkerung/bevoelkerungsstruktur/bevoelkerung_nach_migrationshintergrund/ index.html am 9. April 2015.

Šuvar, S. (1977): Škola i tvornica: u susret reformi odgoja i obrazovanja, Zagreb, Školskaknjiga.

Unterwurzacher, Anne (2007): „Ohne Bildung bist du niemand!" Bildungsbiographien von Jugendlichen mit Migrationshintergrund. In: Hilde Weiss (Hg.): Leben in zwei Welten. Zur sozialen Integration ausländischer Jugendlicher der zweiten Generation. VS Verlag für Sozialwissenschaften (GWV), S. 71–96.

Vogtenhuber, Stefan; Lassnigg, Lorenz; Bruneforth, Michael (2012): Indikatoren A: Kontext des Schul- und Bildungswesens. In: Michael Bruneforth; Lorenz Lassnigg (Hg.): Nationaler Bildungsbericht Österreich 2012. Das Schulsystem im Spiegel von Daten und Indikatoren. Band 1. Graz: Leykam, S. 15–30.

Wieser, Regine; Häntschel, Gregor, öibf (Hg.) (2012): Motivation von Jugendlichen in der betrieblichen Lehrausbildung.

Wirtschaftskammer Österreich: Lehrlingsstatistik, 2000, 2006 und 2014.

Wladasch, Karin; Liegl, Barbara (Hg.) (2010): Vielfalt und Chancengleichheit im Betrieb. Ein Leitfaden für den Umgang mit Vielfalt und die Herstellung von Chancengleichheit in österreichischen Unternehmen. Online verfügbar unter http://www.chancengleichheit.at/NR/rdonlyres/71B31BD1-7452- 4D6D-8BDE-33BB00761695/0/VielfaltUndChancengleichheitImBetrieb1.pdf, zuletzt geprüft am 19. März 2012.

Aus dem Internet:

http://oesterreich.com/bildung/berufsbildung-in-oesterreich 5. Juni 2015

http://www.search.ask.com/web?q=Bildungsbezogene+Erwerbskarrierenmonitoring%2BStatistik+Austria) 12. April 2015

http://de.wikipedia.org/wiki/Berufsmaturit%C3%A4tsschule 15. Juli 2014

http://www.verfassungen.net/yu/verf74-i.htm 26. Jänner 2014

https://www.wko.at/Content.Node/Interessenvertretung/ZahlenDatenFakten/Daten_zum_Thema_Lehrlinge.html 4. August 2015

http://pescanik.net/usmereno-dualno-obrazovanje/ 5. März 2015

http://www.vreme.com/cms/view.php?id=1278157 12. März 2015

http://www.pks.rs/Vesti.aspx?IDVestiDogadjaji=16157 27. Jänner 2015

http://www.blic.rs/Vesti/Ekonomija/539180/Vucic-Uvodjenje-dualnog-sistema-obrazovanja-da-bi-srednjoskolci-saznali-sta-je-rad 5. März 2015